书卷留声 二万里

四十年书评文集

葛承雍 著

中西书局

本书获得

陕西师范大学人文科学高等研究院

资助出版

谨以此书

奉献给四十年来帮助支持过我的先生、老师、同仁

作 者 简 介

　　葛承雍,中国文化遗产研究院教授,中华炎黄文化研究会副会长。中央美术学院丝绸之路艺术研究协同创新中心特聘研究员,敦煌研究院丝绸之路与敦煌研究中心兼职研究员。西北大学中国文化研究中心特聘教授,西北大学文化遗产学院博士生导师。1993年起为国务院特殊津贴专家,1998年入选国家"百千万人才工程"。自1981年以来在国内外发表学术论文250余篇,出版有《大唐之国》《胡汉中国与外来文明》等20种著作,多次获得国家社科学术优秀成果奖。

　　现为陕西师范大学人文科学高等研究院学术委员会主任、特聘教授。

作者在敦煌月牙泉

目
MU LU
录

第三章　人文睿思下的遗产保护 / 089

开卷之语　　书卷留声二万里

　　我今年六十六岁了,虽然躯体一天一天将要老去,但心底依然一天一天澎湃。因为我一直沉浸在一个理想的读书国度里,岁月深处还有书香自然飘洒,时光不老,记忆犹新。

　　自从退休之后,我又开始新的学术起点,也是自由支配人生开始的标志,很多同行还是不停地找我为他们写书评,美其名曰职务退休学术不休,"老骥伏枥,志在千里",其理论是撰写书评就是替别人读书。但我更多想的是如何发声,能让那些有价值的书籍不止千里,而是国内万里留声,海外万里留音,合起来就是二万里。本书书名"书卷留声二万里"即来源于此。

　　回眸青年时走过的道路,我们经常会被历史的浪潮裹挟,二十世纪八十年代在中国这片刚刚解冻的大地上,释放出压抑已久的欢欣,其激发的共鸣曾使年轻人头眩。记得自己第一次写书评时还不甚清晰阅读的思路,不知道书评的价值,只是觉得应该说出阅读后的一点感想。老先生们曾教导我说:书评写得有趣但不低俗,严肃却不正襟危坐。既不能无病呻吟,又不能小资文艺,但是不能缺少审美趣味,即使再加一点无伤大雅的吃喝玩乐,也让我们轻盈、透明地生活在读书之乐里。

　　可实际上,我爱读理论性强的书籍,更喜欢读有反思性特征的图书,过去爱说"文如其人",这是中国非常流行又流传悠久的表述,一是指文章著述与作者性格相联系,二是指作者个性学识给文章作品灌注了生气才情。不管是什么著述总要渗透作者自己的思想,或是打上作者自己的人格上的印记。"文如其人"从这个意义而言，人品与文品是统一的。

但是，也不能据此在"人与文"之间绝对地划等号，表面儒雅、仪表堂堂而实际人格猥琐、极端贪婪的人经常在学界出现，变化无常、行为下作而故作高论、自诩孤傲的人也比比皆是，即使学问较好而人品很差的作者也时有所见，因为每个人所处社会位置不同，醉心沽名钓誉却声称淡泊名利，梦想当官高位却长吟林泉山野。从这个角度看，人格断裂与文章好坏遮蔽了我们的眼睛，"人不如文"也是个体人物需要具体分析，更要经过时间的检验。

一代有一代之学问，一代有一代之文风。呼吸着不同时代的气息就会有着被濡染的不同文风，阅读史料会发现新问题的好文章，需要高人；重构历史浓缩几千年文明的大文章，则需高手。中国人虽然是过去中国文化的传人，但是过去的中国文化不等同于现代的中国文化，有糟粕有精华，传统与现代早已经变换了内容。

古人曰"见书如面"，这个书既是书信手札，也是书籍图录，这是一种手与心的温暖本真。每当前辈老师或是同仁后辈送来他们的著作书稿时，都使我心灵一颤，"嘤其鸣矣，求其友声"，从友人的书籍可以一窥作者的精神面貌，相知相重，同声相应，中国历史上传为美谈的伯牙鼓琴、知音知己故事很多，花落花开，别样人生，很多老先生的学术著作读来犹如回忆录，不敢说是字字是情、句句是泪，但是许多背后的故事令人动容。我记得 2015 年 11 月史前考古论坛召开时，陕西考古研究院让我为时年 80 岁的原领导巩启明先生的著作出版讲话，回忆起他们班同学最终只有两三人从事考古工作，能出版著作的少之又少，沮丧伤感充满了那个时代。

云在青天书在手，书给读者带来独特的文化空间和人文魅力。绝大多数人读书后喜欢用"沉默是金"来表示自己的深刻，可是一次次的沉默究竟对出版或阅读的书籍是好是坏并不知晓，一本书也许就是一个学者一辈子的思想结晶，琳琅满目的图书鱼龙混杂，一半是海水一半是火焰，因而需要书评留声，保存久远。

在出版社做过十年总编辑，从手下流淌过的图书成百上千，可是感觉到书卷有声的也就那么几本。在人文社科领域，世界上最管用的书也就百十本，其他延伸繁衍和注水稀释太多,一生能读到几十本好书就不容易了。

人们都希望自己的著作能留下声音,中国现在每年出版二三十万种图书,几十亿册的印量,其中能让人们愿意倾听的有多少种呢? 又有多少书能让人们听到真实的话语呢? 其实大家都心知肚明,都不吱声,一批批出版物倾巢而倒,或化为纸浆成为再生品,或包封未拆就被当作废品卖掉。所以我在写书评时尽量不作廉价的赞美,不作无聊的吹捧,守住底线不唱高调,如果说我们承受着上一代留下的痛声,就不能再把苦难哭声传给下一代,那么我们从历史中吸取的唯一教训,就是从来不能只有一种声音,多元社会更不能噤声。

其实我一直浸润在先贤们的书香氛围中,有好多巨著长篇赐赠予我,自己是不敢写书评的,更不敢题跋撰序,扪心自问中暗暗瞧不起自己,比前贤矮了大半截,没资格也不配写,很多常识性的典故不懂,涉及跨界性的知识不懂,自然科学的复杂论述更是不懂,我的老师孙机先生屡次纠正我在先秦文物读音上的错误,因为我根本就没有这方面的常识,知识的匮乏常常使我羞愧不已。孙机先生的一系列著作面市后,我不敢给他写书评,生怕出错冒犯。中山大学蔡鸿生先生的一系列著作出版后,我读后收获匪浅,激动不已,他多次给我讲过从通识到共识的学理,朗朗之声长久回响在我的耳旁,也是若干年后我才冒昧给他写了一篇书评。历史总是以里程碑式的总结收场,书评的文字也是历史的记录,但愿能给人们留下声音,即使声音暂时无法到达的地方,科学文明的微音也要留存。

中国是超级史学大国,研究历史的人太多太多,又普遍高产,密度很紧,但治学不为媚时语的人较少,独寻史论启真知的人更少,书海中我只能选择性阅读,很多好友的著作拜读后没有写过一篇书评,心里觉得欠了他们人情,要说的话都被同行们说得很中肯很到位了,我再发声就是做作了。现在发不发声似乎并不重要,因为没有了年轻时的情绪激动,不会忍不住拔高赞美,我们不是处在一个"无声的中国",总有人会发声的。所以我写的一些书评尽量体悟作者们的难处,批评的声音留在台下慢慢叙说。

人们常说"美人迟暮、英雄末路、江郎才尽",是人生三大悲哀,然而惊醒梦中人的是幻觉的破灭,想想二十世纪五十年代出生的人,真是成败荣辱不算什么,多少工友无奈下岗,多少同学早早退休,又有不少同事已经离开人世,人生一串串记忆牵连神经,扯出乡愁,很多人拼尽全力却始终在原地踏步,即使有过短暂的踌躇满志,最终还是平淡地活在当下。我对他们都抱以历史的温情和敬意。

凭卷追思,我把四十年来积攒下来的治学书评,慢慢汇集起来供大家阅读,没有什么大气磅礴的构架,只是为人们展现一段书籍之外、山河之间的别样文化历史。

第一章

中外交流时空下的丝路胡风

在万国朝拜的文化交流中，也有万国竞争的波澜，历史上中外关系不总是和平相处、死水微澜，而随着每一个大国的崛起，汲取其他文明的长处，融入世界，绕不过戛戛独造的贡献，在这些精彩论述的图书之中，引导着读者一步步走向不同凡响的文明境地。

市舶之城：海事也是人事

——读《广州海事录——从市舶时代到洋舶时代》

海上丝绸之路是近年驶向世界新的研究热点，水下考古、外销瓷、沉船发现、陶瓷比较和海洋贸易吸引着人们迫切出海的目光。相关的商船分类、港口空间、建筑遗址等也纷纷涉及，传统的重人崇文的历史研究似乎已经过时了。但是急匆匆踏上海船却发现对海丝沿线的港口城市知之甚少，即使像广州这样最重要的古代大海港城市也是沧桑巨变、雾里看花。

广州这座海风吹拂、容纳八方的城市，自古以来如何以开放的心态拥抱异域文明，千年间如何悄然改变着城市居住的肌理，外来种族如何与中华文化磨合相融，海盗抢掠与正常商贸如何在边缘处博弈，如此等等问题令人踟蹰，徘徊不前。人们往往大而化之空喊口号，或是回避史实默然无语，接地气的广州历史研究太弱，犹如在海船上摇神荡意，晃悠晕眩。然而蔡鸿生先生新近出版的《广州海事录》，勾勒出广州千年前的足迹，诉说着人们的见识，填补了许多人所不知的常识。

一

这本书首先破题式地解读了"舶"字的来龙去脉，认为海洋史中使用频率极高的"舶"，尽管语源是外来或是本土的众说纷纭，但都表现为中国人海洋意识的觉醒，"蕃舶""蛮舶""广舶""昆仑舶""波斯舶"都反映了海洋贸易的扩张，并正本清源纠谬"苍舶"等一些长期的误读误传。

尤其精彩的是，作者从一般人不重视的古代海舶生活形态入手，避免了见路不见人、见舶不见人、见货不见人的研究弊端，真正探讨海事史上的人事本质，详细研究了舶人分工、海粮储备、淡水供应、海难救护、疾病防治、祈禳仪式、船舶联络和娱乐消闲等等，因为一艘入海放洋的船舶，就像是一个浮动的社区，带有陆地生活的烙印。比如说古代的人如何备海粮备淡水上船，就很难找到传世史料，作者却通过唐代鉴真和尚从扬州渡海去日本的一份海粮清单，看到当时人的海粮结构，了解了主食和副食、生粮和干粮的搭配。由于海上远离陆地缺乏补充维生素的新鲜水果蔬菜，所以水手们还携带甘蔗以减少死亡率很高的坏血病风险。

正是从海上日常生活开始关注，从泉州南宋沉船象棋子和"南澳 1 号"沉船上骰子围棋子观察到海航长期沉闷带来的排遣，从沉船清理出铜质针灸针观察到海航中的治病预防，作者进而关注出海人的祈禳对象，并不都是妈祖，尤其是海外贸易是跨地区、跨民族、跨文化的贸易，不同海域有不同的保护神，有的佛巫精灵杂糅，有的"天后"女神庇佑，在海难频发的"七洲洋"和"昆仑洋"更是飘荡着海的哭声，那些荒诞不经的祈禳迷信，蕴含着人愿与天意"合二为一"的心理，是点亮人心的万神殿。

二

如果说千年前阿拉伯人所写的《中国印度闻见录》掺杂了一些对中国作为遥远国度的想象，那么千年后蔡先生《广州海事录》则深入倾注了考证后"还原"与"修复"的散失碎片，从而使千年来广州演变的轨迹充满了别样的韵致纹路，在古老的广州城里，亟需填补的不单是商行店铺和装卸码头，更是活生生的人，让那些铭记在史册中的传奇人物被发掘出来。

作者敏锐地抓住市舶时代广府的新事物，即新官制"市舶使"、新族群"昆仑奴"、新社区"蕃坊"、新舶货"琉璃瓶"以及新行业、新礼仪等，说明广州不仅是唐代市舶贸易的发源地，也是蕃汉经济和文化交往的推广区。为了旧闻释证，作者考释"波斯舶"即"西域贾舶"，既爬梳了海内外史料记载，又利用墓志文字镌刻与出土银铤铭文的实证，从而使岭南文化中的波斯印痕显现出来。

广州蕃坊人家、岭南的昆仑奴、海商的伦理、宋代蕃长的事迹、市舶宴的影响，以及"舶牙"经纪人的源流，举凡在市舶时代广州的种种景象都被蔡先生纳入视野中，在"大航海"时代到来前所发生的海外通商历史，在他的破解释证下一一展现在人们眼前，例如广州、福建的海商都很"精"，亲生儿不下海，让养子去冒风险，这跟儒家伦理"幼吾幼以及人之幼"就差远了，经济利益突破了伦理教条。又例如蕃坊里边是外籍人士，作者分析了七八户蕃坊人家。正如他自己经常说的：学术研究一定要有"参照"，参照不是模仿，参照是为了扩大视野；参照另外一个学科另外一部著作，以确定研究的范围、研究的重点。不只历史学是如此，所有学科都是如此。应该说，蔡先生给我们树立了一个学术研究的榜样。

三

蔡先生指出："研究古代中国，一定要参照近现代，因为近现代社会发展程度高。"对广州洋舶时代的研究占了其书的一半，但他不是人云亦云，而是填补空白，例如最著名的十八世纪瑞典"哥德堡号"往返于广州与欧洲之间，近年水下考古打捞出沉船内瓷器和茶叶，轰动全球。收入本书最早的一篇就是《清代瑞典纪事及广州瑞行商务》，专写瑞典商人在广州"瑞行"经营生意的状况，从而得到瑞典学术界的高度评价。

闻名于十七世纪中国南海的"红毛夷"荷兰船队则是中荷关系的开端，清代广州荷兰馆，是专门贩运茶、丝、瓷等外销货的商馆，不像北京俄罗斯馆兼备传教和学艺职能，可是荷兰曾经在中国经商的经历几乎被人们淡忘了。蔡先生发掘史料，按照新航路发现后中国贸易的链条，考证荷兰使团在清廷"朝贡"体制下的活动，传入的计时怀表、望远的千里镜、宠物哈巴狗、新种的荷兰豆等等，画出了广州"舶市"跨文化贸易独特性质的长卷。

广州既是市舶时代"朝贡贸易体系"中最重要的港口城市，也是洋舶时代官方民间混合贸易的海洋性城市。目前对海上丝绸之路的研究，有些人喜欢骑鲸遨游、牵星飘洋式的大概念,视而不见海路的险阻和航行的艰辛,急功近利地划几条路线似乎就能破浪穿云、疾驰过海。由于自古以来海外贸易受挫的记录都缺乏,很多案例遗失,所以遭遇海上灾难往往投资回报难以实现,比如南海1号就显示了一场海难造成巨大的经济损失,当时的海运技术和季风知识制约了大批海船向欧亚沿线的前进,也制约了洲际贸易的发展。

读完蔡先生的这本35万字的精品之作,深深感到一位85岁资深学者的学术品位,他能够把历史上的"海丝之城"做实、做深、做细,"有实事求是之意,无哗众取宠之心",全是几十年孜孜不倦的研究心得。如果说洋舶时代海风吹过广州带来了欧风美雨,更多的是市舶时代广州就雄踞陆地作为口岸城市的自信,始终为中国南方作出了独特的贡献。

我作为蔡先生的"编外博士生"和白头弟子,对他的学人生涯一直感佩不已,他将历史的符号融入时代的内涵,不是只讲海丝路线,或只看进出货物,而是紧紧抓住最关键的人,"以人为本"既是全书的重点,又把"海丝"概念实体化,新意迭出,把海上丝绸之路研究做成了人类生活的海洋版。

如果说研讨一个学者新著是学界最高的礼节,那么蔡先生攻克海丝学术难关的不老精神,则给我们起到了极高的示范作用,学术热点问题一定要"冷处理",精神产品要学会"退烧",应是我们时刻不忘的教诲。

《光明日报》2018年8月29日

粟特聚落分布的异彩景观

——评《中古中国与外来文明》

历史进程表明，各国的文化和文明都具有自己的特性，各种文明之间的交融与互动不断地为人类走向进步和社会发展创造着条件。由于一个更加开放的中国更需要与世界沟通，探讨中国古代文明与外来文明的悠久融会，自然成为近年来各国学者经常研究的一个课题。荣新江新出版的《中古中国与外来文明》，是继蔡鸿生教授《唐代九姓胡与突厥文化》（中华书局，1998 年）之后又一部研究中外文明交流的力作。

这部新作共 34 万字，分 4 个部分 25 个专题，分别研究与评介了汉唐之间通过丝绸之路所进行的东西方文明交往，成功地重构了三至十世纪中国与外来文明交融的长廊。作者首先重点论证了"胡人迁徙与聚落"。"胡人"主要是指中亚独具特色的商业民族粟特人，中古时代他们来华时间持久而且异常活跃，分布十分广泛，从塔里木盆地、蒙古高原到中国北方都有他们的移民聚落，尤其是粟特人善于经商、勇敢善战、信奉祆教、能歌善舞等特性，对汉唐之间的中国社会产生了深刻的影响，被称为"胡风""胡俗""胡化"的开放景象曾融会到当时的中国社会之中。

在作者的笔下，粟特移民聚落呈现出群体迁徙和网络分布的特点，虽然汉文史料记载很少，但新疆出土的各种伊朗语文书残卷证明粟特人在于阗、楼兰、疏勒、据史德、龟兹、焉耆等西域地区普遍存在。作者不是一般地推断猜测，而是详细地考证澄清。文书残卷透露出的片言只语经过他的悉心爬梳诠释，显示出粟特人在塔里木盆地周边各个绿洲王国中的居住和社会活动,从而深化了人们对粟特人在东西方文化交流中所扮演重要角色的认识。作者的研究视角随着粟特人入华路线继续东移,从且末、鄯善、高昌、伊州、敦煌、酒泉、张掖、武威、固原一直到长安、洛阳、太原、幽州、营州等地,都有粟特人留下的遗迹和居民聚落。无论是考古墓葬还是碑志题记,作者均置于历史时空中一一考察其关联,再现了粟特居民点的活生生历史风貌,让人惊叹中国北方丝路上的粟特民族有那么坚定的移民信念。

作者进而剖析这些粟特的内部形态,充分运用了最新发现的出土资料,详细探讨了粟特聚落中首领"萨保"的作用、民众的种族构成、内部通婚制、独特丧葬仪式以及他们宴饮与乐舞、出行与经商、狩猎与种植等日常生活场景,大大丰富了我们对粟特聚落物质文化与精神文化的真切追溯。

在第二部分中,作者围绕"胡人与中古政治"主题又展开了另一幅粟特人入华的活动长卷。

首先从吐鲁番出土《武周康居士写经功德记碑》校考入手。康居士原是西域昭武九姓之康国贵族,他入居胡汉杂处的高昌后,发心缮写武周政权的政治宣传品《宝雨经》,为武则天登基唱颂歌,希望新政权能够带来福佑,这正是西州当地胡人支持武周政权的反映。这块残碑为考察武周时胡人的作用提供了珍贵的素材。

其次,唐代"安史之乱"的发动者安禄山虽然经前辈学者考定为粟特人,但其种族来源一直众说纷纭,作者通过粟特语"轧荦山"的音译,意为"光明、明亮",不仅再次考定安禄山名字具有粟特种族特点,而且论证安禄山自称为"光明之神"的化身,主持粟特群胡祆教祭祀活动成为胡人的宗教领袖,从而凝聚胡族民众追随自己起兵反叛。这种从语言文化对应考证粟特人的种族特征与宗教信仰,无疑是学术破译的一个成功事例。

再次,作者利用新发现的波斯人李素及夫人卑失氏墓志,认真钩沉了李素先人的来历,指出了李素进入长安任职司天台与希腊波斯系天文著作翻译传统的关系,揭示出唐朝与波斯天文历算之学交往的脉络。此外值得注意的是,作者还在论述李素诸子入仕唐朝逐渐汉化的过程中,分析其每一个儿子名字中都以"景"字命名,暗示着这个家族固有的波斯景教信仰,特别是作者发现李素字"文贞"就镌刻在公元 781 年建立于长安的《大秦景教流行中国碑》上,这也是景教研究中的一个新突破。作者对新发现的李素墓志考释与研究,使人们看到一个波斯家族在唐代天宝以后入华仕宦的生活情形,也为学界重新论证中西方文化交流提供了新的出发点。

在该书的第三部分中,作者探讨了祆教、景教、摩尼教即"三夷教"在中国的流行。这些外来宗教入华之始,主要在胡人中流行,而且留下的汉文经典很少,人们对它们早期传播情形的了解,远不如对佛教的了解,许多前辈学者的探讨推论缺乏全盘解说,遗留了许多疑难待解问题。近年来"三夷教"传入中国课题又重新引起热烈讨论,争论不一。本书作者则从出土的粟特文古信札确定了祆教在公元四世纪初传入中国这一事实,又从新发现的摩尼教信札判别出该教于 803年以后在高昌初传,还考证了敦煌写本《历代法宝记》中的末曼尼和弥师诃(即摩尼教教祖和景教的耶稣基督),从而说明了吐蕃文献中摩尼教和景教因素的来历。尤其是作者在探讨粟特祆教美术东传过程中的转化情形时,从入华的粟特画家、祆祠"素画"形象以及墓葬中的图像内容等许多方面,阐述东迁粟特人的文化表现得比中亚粟特本土文化更加丰富多彩,为我们研究多民族不同文明间的交融演变提供了新的认识空间。

此外,作者论证的隋唐之际并州的萨保府与粟特聚落,敦煌归义军曹氏统治者为粟特后裔说,西安碑林收藏《释迦降伏外道像》中的祆神密斯拉和祖尔万研究,也都具有较高的学术价值。

该书最后一部分是作者对汉唐中西关系史论著的评介,实际上这些书评是对前三部分的补充,范围仍以突厥、粟特、波斯等移民聚落、宗教信仰、丝路贸易诸方面为主,反映了他从学术史角度对国内外学术研究发展的前沿状况的关注。这些书评中既有对意大利学者研究安氏家族的质疑,又有对法国学者研究丝路贸易中骆驼驮载物品种类的修正,还有对日本学者研究回鹘摩尼教史提出的问题。

当然,这部书中还有个别问题需要继续探讨,有些新出资料还需要再深入考证,有些考古新发现也需要补充。但正如张广达所说,此书"在追踪既往,唤起废墟遗址中酣睡的文化性灵,再现中古中国与西亚伊朗之间湮没已久的文化联系上取得了出色的成绩"。

《中国学术》总第 11 辑,商务印书馆,2002 年

注目壁画中的胡汉民族风

　　唐代是一个多民族汇合的移民国家,也是一个统一的多民族国家,不管来自何方的哪种人,都会以族群聚落方式最后融化在中国之中,成为脱离了原住地民族母体的离散群体,如波斯人、粟特人、回鹘人、突厥人、高丽人、大食人等等,虽然是华化后"碎片化"的群体,他们心灵深处还蕴藏着民族观念、家族利益,但是在国家意志与凝聚认同上,"入乡随俗"汇聚成中华民族的整体成员,变成了唐朝国家不可分割的一部分。

　　但是,历史文献记载各国、各民族入华的资料非常有限,常常语焉不详、挂一漏万,考古出土的壁画人物图像在一定程度上弥补了这一缺憾。从目前发现的数百座唐墓中显现的壁画里,残存有不同民族的人物形象,虽然有很多人物肖像的种族族属还有争议,但无论是居贵族院落还是处野郊之外,无论是居高位官僚还是处下层吏仆,都使我们与古人的心性活动有了一种接触共鸣,犹如一种鲜活的生命流传下来,不仅引导我们走入有温度的唐人胡风世界,而且增强了我们近距离观察研究各色人物的底气。

　　半个世纪来,丰富多彩的唐墓壁画在题材上,有着众多的民族类别图像,仅从传统意义上的深目高鼻胡人形象来看,就有觐见使节、仪卫武士、牵驼胡客、狩猎骑手、驯兽猎人、乐舞演员、侏儒贡人、器乐伎者等等,由此而带来胡物、胡乐、胡服、胡食诸多领域均与外来文化有着渊源、演变、融会的关系,我们虽然无法详细描述画匠摹绘胡人的心绪状态,但是他们用笔墨彩绘将胡人及其他蕃人作为艺术形象表征,无疑有益于我们将北朝隋唐以来的各阶段民族关系联系起来考察,有益于了解唐朝与周边国家族群的朝贡、互市、贸易等等特点,唤起我们有兴趣不断探讨唐代民族交往所带来的双向文化辐射及其影响。

唐代壁画虽出自墓葬之中,但超越了生与死的终极关怀,其艺术笔墨相较于西方油画明暗肌理的笔触色彩,表现能力虽不占优势,可是写实性一点也不差,那些胡人胡貌的人物图像栩栩如生、惟妙惟肖,图绘出那个时代大国自信包容的历史风貌。

陕西关中是唐代壁画发现最多的地区,占整个中国唐墓壁画总数的70%以上。陕西历史博物馆又是唐墓壁画保存最多的博物馆,建有全国最大规模的壁画库,在这里研究壁画有着得天独厚的优越条件,并且连续开过几次壁画学术国际研讨会,群贤毕至,高见惊座,沉浸在这种环境里的工作人员无疑也有着追慕古人、更新自己的体悟。

求知旺盛、善于践行的程旭副馆长,在吸收前人研究唐代民族关系成果的基础上,主动对接史料与文物,尽可能地利用新出土的壁画考古资料,交出了自己的答卷,这就是我们看到的他的博士论文《唐墓壁画中的外来文化因素及其反映的民族关系》。从3章16节的篇幅来翻阅,作者以考古发掘的唐墓壁画资料为切入点,试图建立起以壁画为视角的唐代民族关系史考察,从而搭建起独特的"叙事大厦",完成一次多学科研究探索,因而在选题上具有令人喜悦的学术价值。

选择唐墓壁画这一视觉资源,在我看来就是一种文化记忆,重新转换我们的历史视野,不但开阔了研究课题的叙事方式,也透过壁画中的图像传达出民族的基因。过去说唐墓壁画是历史、艺术、建筑等学科非常重要的文物依据,现在看来更多的是各民族生存在唐代的生活图景,逼真的胡人形象、迥异的胡服装扮、西域的胡人舞蹈、日常的胡风器皿,都使我们认识到这不仅仅是五彩斑斓的艺术史,还是融会后波澜壮阔的民族史。

唐墓壁画中广泛渗透着胡人、蕃人及各种族的日常生活场景,证明外来民族悄然融入当时社会,并在一定程度上探察到文化变迁改变着社会结构。我们不由想到,唐代长安、洛阳、太原、扬州、广州等大城市往往也是一个各民族相互嵌入居住的城市，"相互嵌入"最明显的特征是多民族混居，而不是单一的民族聚居，所谓的"聚落"只是一种片面推测，不存在一个坊里全是外族人居住的状况，顶多是相对聚居，因为大家生活在一个共同的环境和汉语圈子里，在就业劳作、居住选择、贸易合作、宗教包容等等方面，其他民族必须学习汉语，否则没有机遇无法生存，而汉人学习其他民族语言也是为了更好交流，吸纳外来劳动力，合伙经营商贸，双重语境的互动、联动环境，既有益于合力稳定社会秩序，也有益于民族的融合发展。

当然，历史不总是在温情的融合中前进，民族关系更不是铁板一块，封建政权下胡汉民族矛盾不时走向激烈甚至会爆发冲突，胡人群体内部复杂的多样性，使得"聚落"也容易成为"叛乱"的策源地，广袤的地域性和民族的杂居多变，需要我们更加仔细地研究与反思。

壁画为我们提供了更丰富的角度来思考唐朝社会，思考民族的关系，唤醒我们并不是追求猎奇补缺，也不是收集什么异域奇闻，而是反思中国古代与外来民族的沟通、交融，思想性才是研究的真正灵魂，人性更是评判历史与研究功业的选择。

统称的"胡人"在二十一世纪之前很多先辈前贤已经探索研究过，尽管条块分割有许多很肤浅的观点，但在当时条件下筚路蓝缕已经很不容易，作出了他们那个时代的贡献，我们如果再走这样的路径很难突破，必须结合考古文物、出土文献、文学诗歌诸方面成果综合研究，出土墓葬壁画无疑是一条历史图像再现的真实途径与科学道路，这也是我斗胆为这本书写点评论的原因。

《唐韵胡风——唐墓壁画中的外来文化因素及其反映的民族关系》序言，文物出版社，2016 年

文明印记：承载丝路文物的历史

陕西历史博物馆青年骨干新撰写的《长安从这里出发——古丝绸之路上的文明印记》，"从文入物"到"从物化文"，"从文融史"到"从史入文"，展现了有代表性的"极品级"国宝文物，每一件每一套组的精美文物都述说着不同的传奇，仿佛触摸着文明的脉搏与人性的肌理，使我们感到这本书就是一场永不落幕的展览，观众读者不仅随着图书穿越回到悠远的历史现场，而且将希望的眼光投向中华民族复兴的未来。

最引人瞩目的是这本书的主题阐发，"古丝绸之路与长安"，通过十八个篇章串起丝绸之路交流的广度深度，勾勒出一幅欧亚大陆政治、经济和文化交流的图景。全书虽然篇幅不大，却非常别致，集中展现了陕西历史博物馆藏有的丝绸之路有关文物。我们一贯认为，博物馆的主题展、专题展、特展以及巡展等，绝不仅仅是展现文物或艺术，更重要的是每一项展览都要有思想，一个展览如果只陈列文物或是只展示艺术，而没有主题思想，那就是无思路的物品堆积以及单一懒惰的翻版，艺术性也仅仅成为炫耀一时却浮光掠影的泡沫。国内一些博物馆办展览只追求刺激眼球，不讲究激活思想，最终只能淹没在大而化一的汪洋大海之中，全国各类博物馆每年要举办近千项展览，能够深入人心的展览又有多少呢？

但是与丝绸之路有关的展览每每都能引人瞩目，难以忘怀，关键就是丝绸之路主题思想促进人类文明的交流，能使人们分享思想的精髓，凝练概括地说就是"共享中西文化，品读古今智慧"。正因如此，读者与观众从未像今天这样，迫切渴望了解丝绸之路，这也是我们推进"一带一路"具有文化意义的"民心工程"。

今天的世界正经历着几百年未有之大变局,过去研究丝绸之路是从中国看世界,现在是从世界看中国,由于看到了整个世界,一切事物都要重新评估,收集不同国家、不同观点的记录,放弃主观的传统偏见,摒弃自说自话的弊端,写成客观而忠实的历史,在全球文明交流中得到世界的认可,使丝绸之路变成名副其实的世界史。

令我们难忘的是,长安是丝绸之路的起点,沟通东西方文明从这里出发,同时这里也是外来文化的扩散点,从书中我们不难看到以时间为经、以文物为纬的介绍,来自西域昆仑山脉和田玉的"皇后之玺",汉武帝开通西域后与香料之道密切关联的错金银竹节博山炉,北方匈奴带来草原文化的金怪兽,起源于古希腊的镶金兽首玛瑙杯,唐章怀太子墓两壁《客使图》,描绘来自波斯发源地的《马球图》壁画,反映盛唐时期胡部新声的三彩骆驼载乐俑,唐玄宗时鎏金舞马衔杯纹银壶,唐贞顺皇后石椁上源自希腊的勇士牵神兽线刻画……循着这条主线,使我们认识与回溯丝绸之路有了坚实的证据。

使人赞叹的陕西历史博物馆,藏有 37 万余件精美文物,但受展览空间局限,每年只有几千件精美文物能供游人欣赏,展示陕西文物的风采无疑也受到限制。但是在有限的展览空间中却有着精彩的讲解导览,"大唐遗宝——何家村窖藏出土文物展"在六年中,接待来自世界各地的游客就有 600 万,观众不仅在讲解导览中了解了展品的发掘经过,而且了解了文物背后的故事。正是这些高等级精品文物,促使陕西历史博物馆科研人员撰写编辑了这本书,并吸纳了学术界研究的新成果,以当代思维衔接历史与未来,涵盖了多元多向的文化发展。

一部图文并茂的图书往往就是一个著名博物馆的"流动名片",其中精美的文物无疑是全景式古典文明平台上的链接,对展示丝绸之路的相关文物尤其需要释读与讲解,需要旁征博引、深邃思考,在构筑历史风情画卷时,将一个个惊奇问号拉直,呈现给我们一个格外生动的文物世界,激发真切而鲜活的思考。

文明是多姿多彩的,由考古出土文物延伸的历史是一个民族集体记忆的源头,了解历史是每个中国人的基本素质。但是目前来说,我们对丝绸之路方面的专业常识依旧狭窄匮乏,获取的信息也多来自影视或网络文学作品,应付差事写一些与史实有偏离的文章，多元化解读由"细说"变成了"戏说"，实际上是不知历史研究的严肃度和真实度。目前一些虚构历史已经到了挑战历史真实的底线，这就更需要文博科研工作者缜密爬梳、纠错改谬，从题材思维到叙述写作都要特别重视。

聪者听于无声，明者见于未形。令人回味无穷的丝绸之路历史告诉我们：一是每一个国家僵硬地、死板地固守自己的文化都是不可能的，文化交流是必然的趋势；二是一个国家不会独立发展，需要与其他国家联动；三是丝绸之路不是威胁之路，而是人类共同和平发展的唯一之路；四是民族融合是历史规律，就如唐人被胡风熏染、胡人被汉化吸纳，成为彼此影响的和谐社会。

从长安出发一路向西，张骞策马，玄奘远行，胡商云集，文化缤纷，穿越中亚，连通罗马，通过丝绸之路研究与展览，求真与知用并重。填补信息空白，形成文化特色，创造展览品牌，这是海内外众多博物馆的愿景，也是从历史深处走来的最新时代注脚。面对丝绸之路蕴含的"天下观"，我们殷切期望着陕西历史博物馆承担更多的责任与使命，发挥展陈主题思想和智慧理念的引领作用，为文明交流互鉴提供更多的精神食粮。

《从这里出发——古丝绸之路起点上的文明印记》，陕西人民教育出版社，2016 年出版

东亚互动：中朝汉籍交流的文化史章

中国自古以来就与朝鲜有着密切的文献典籍交流，朝鲜半岛上的高句丽、百济、新罗享有"小中华"之称，是"汉字文化圈"中古籍文献贡献最多、最广泛的国家。特别是高丽王朝(918～1392)和李氏朝鲜时期(1392～1910)，朝鲜人不仅通过各种途径积极搜求中国书籍，而且亦自行刊印汉籍，大量翻印中国重要的经、史、子、集以及多种文学书籍。由于高丽时代和李朝时期的印本质量高、纸张好、墨色光、字体大、错字少、装订精，向为中国人所宝藏。中国许多图书馆或博物馆都藏有朝鲜汉文典籍。据杭州大学韩国研究所编制的《中国所藏高丽古籍综录》记载，全国 51 个单位收藏有 2 754 种朝鲜古籍，其中 1911 年以前出版的朝鲜古籍有 2 028 种，这对我们研究中朝或中韩文化交流无疑很有裨益，但纵览各家收藏的联合目录，发现唯独遗漏了西北大学图书馆所藏的朝鲜汉文典籍，多少给人一种收录不全的"遗珠之憾"，本文现按经、史、子、集四部分类首次公布出来，以引起中外学术界和藏书家的重视，或许能对国际汉学研究有所助益，起到拾遗补阙的作用。

一

西北大学图书馆朝鲜汉籍藏书均按经、史、子、集四部分类，藏有朝鲜刊本、活字本、抄本共 49 种，357 册，其中经部 7 种、史部 23 种、子部 7 种、集部 12 种。

经部

《易传》六卷　（宋）程颐撰　朝鲜刻本　六册

《周易传义大全》二十四卷　（明）胡广等撰　朝鲜全州府刻本　十四册

《书传大全》十卷首一卷　（明）胡广等撰　朝鲜全州府河庆龙刻本　十册

《中庸九经衍义》　朝鲜刻本（本馆存卷十一～卷十七，别集卷四～卷九）
三册

《御制小学指南》　朝鲜刻本　一册

《家礼考证》七卷　（朝鲜）曹好益撰　朝鲜刻本（1646）　三册

《乐学轨范》九卷　（朝鲜）成倪撰　明弘治六年（1493）　朝鲜刻本　三册

史部

《国语》二十一卷　（吴）韦昭解　朝鲜哲宗九年（1859）奎章阁用戊午年
（1858）重铸"整理字"印本　四册

《汉书纂》八卷　（明）凌稚隆撰　朝鲜活字本　八册

《汉书评林》一百卷　（明）凌稚隆辑　朝鲜翻凌刻本　四十册

《续资治通鉴纲目》二十七卷　（明）商辂撰　朝鲜活字印本　十三册

《（古今历代标题注解）十九史略通考》十卷　（元）曾先之撰　（朝鲜）郑昌
顺续　明末朝鲜郑昌顺自刻本　八册

《鸿史》十七卷　（朝鲜）池光翰撰　朝鲜刻本　十七册

《纪年儿览》八卷　（朝鲜）李万运撰　朝鲜钞本　六册

《辛壬纪年提要》九卷续编四卷补编二卷　（朝鲜）具骏远撰　朝鲜铅印本
四册

《大典通编》六卷　（朝鲜）金致仁撰　清乾隆五十年（1785）朝鲜刻本
五册

《燃藜记述》四十二卷附分党论一卷　（朝鲜）李肯翊撰　朝鲜钞本（本馆存卷
十一～卷四十二）　三十三册

《奎章阁志》二卷　朝鲜奎章阁阁臣撰　朝鲜正祖八年（1784）内阁铜活字初
印本　一册

《东京杂记》三卷　朝鲜南至熏刻本　三册

《湖南节义录》五卷　（朝鲜）高廷宪撰　朝鲜 1799 年刻本　五册

《东编》不分卷　朝鲜钞本　二十二册

《海东纪略》　朝鲜钞本　一册（本馆存卷一）

《箕子志》九卷首一卷　（朝鲜）郑基等撰　朝鲜 1632 年活字印本　三册

《全州李氏族谱》八卷　（朝鲜）李贞相修　清咸丰年间朝鲜活字本　八册

《世说新语姓汇韵分》十二卷　朝鲜刻本　四册

《奋武原从功臣录》（朝鲜）尹淳撰　朝鲜刻本　一册

《太师徽国文公年谱附录》　朝鲜刻本　一册

《宋名臣言行录》　朝鲜刻本　二十册

《御定陆奏约选》（唐）陆贽撰　朝鲜 1797 年内阁丁酉铜活字本　一册

《公法会通》十卷　［瑞士］步伦、［美］丁冠西译　朝鲜建阳元年（1896）李庚植序活字本　三册

子部

《近思录》十四卷　（宋）朱熹撰　朝鲜刻本　佚名批注　四册

《宋子大全随》十三卷　（朝鲜）宋近洙集　明末朝鲜活字印本　六册

《经史集说》十五卷　朝鲜刻本　七册

《古今释疑》十八卷　（清）方中履撰　朝鲜钞本　七册

《宋季元明理学通录》十一卷、外集一卷　朝鲜 1576 年安东府刻本　四册

《两贤传心录》八卷　朝鲜刻本　四册

《大学衍义辑略》二十一卷　（朝鲜）李石亨撰　朝鲜李箕承活字本　五册

集部

《临川文钞》十六卷　（宋）王安石撰　（明）茅坤评选　朝鲜刻本　四册

《庐陵文钞》三十二卷　（宋）欧阳修撰　（明）茅坤评选　朝鲜刻本　八册

《宋大家苏文定公文钞》二十卷　（宋）苏辙撰　（明）茅坤评选　朝鲜刻本　五册

《华泉集》十六卷　（朝鲜）李采撰　朝鲜 1633 年活字本　八册

《西先生文集》二十卷、别集四卷、世系图一卷、年谱三卷 （朝鲜）柳成龙撰 朝鲜(1634)序刻玉渊重修 十四册

《沧州集》四卷、别集不分卷 （朝鲜）沈之汉撰朝鲜活字本 三册

《樗轩先生文集》四卷 （朝鲜）李石亨撰 朝鲜李箕承活字本 二册

《芦沙集》二十二卷 （朝鲜）奇正镇撰 朝鲜活字本 十一册

《敬庵遗稿》四卷 （朝鲜）朴齐近撰 朝鲜 1895 年活字本 二册

《玄洲集》八卷 （朝鲜）李昭汉撰 朝鲜刻本 二册

《养真堂花山录》四卷 （朝鲜）金泽撰 朝鲜活字本 二册

《东樊集》四卷 （朝鲜）李晚用撰 朝鲜隆熙三年（1909） 活字印本 二册

以上朝鲜刻书,根据版本分类有府刻本 3 部、刻本 24 部、活字本 16 部、铅字本 1 部、钞本 5 部。此外,还有 1935 年朝鲜七山书院刻的《家礼源流》十四卷九册,是朝鲜学者俞棨所撰。

二

今天,世界各地的汉学研究大多都很重视古代朝鲜的汉籍图书,而其中最重要的当推隶属于李氏朝鲜皇家"奎章阁"的藏书,正因如此,西北大学图书馆珍藏的三种盖有"奎章之宝"大红方印的汉籍才尤为宝贵。"奎章阁"这一名称出于中国元代。元文宗图帖睦尔于天历二年(1329)三月设奎章阁于京师,专门聚藏图书以及名画、法帖,并召集虞集、柯九思等文臣判定考订。但元文宗去世之后,奎章阁就逐渐衰落,萨都剌《奎章阁感兴诗》乃有"花落春深锁阁门"之叹。元顺帝至元六年(1340)十一月改名为宣文阁。由于这时已是元朝晚期,对珍贵藏书无暇顾及,所以奎章阁在中国仅存名十二年。朝鲜奎章阁的创立,可推溯至李氏朝鲜的正祖朝。1592 年的"壬辰倭乱"之后,许多宝贵藏书被焚毁或被掠夺,皇家秘藏焚散殆尽所剩无几。正祖于 1776 年 3 月 10 日即位,第二天就命令新建奎章阁,以作为朝鲜皇家的图书馆,工程于次年 9 月完成。

据正祖五年(1781)编修的《奎章总目》记载,当时奎章阁藏书三万余册,其中华本(中国书)两万册左右,东本(朝鲜本)一万余册。为了区分,特建"阅古观"和"皆有窝"以藏华本,建"西库"(西序)以藏东本,并编有《西序书目》(已佚)。此外还建有"奉谟堂""书香阁"和"外奎章阁"(江都外阁),收藏御制、御真、御笔等皇家档案。

1864年高宗即位后,为强化王权,将奎章阁所管的御制御笔以及璿源谱牒移到宗亲府,次年重建景福宫,将奎章阁的摘文院也搬迁到宗亲府,并新编《奎章阁书目》,其规模较前缩小,藏书仅限一般的华本与东本。1895年开化派政府颁布了宫内府官制,将奎章阁改为奎章院,把宗亲府所管的御制御笔等重新归到奎章院,统一管理一切皇家图书。甲午更张内阁失败以后,守旧派政府于1871年1月将名称再改为奎章阁,但仍隶属宫内府,称奎章阁的时间仅一年零八个月。李氏朝鲜末期,即光武九年(1905)三月,对奎章阁图书进行重新编目,有《奎章阁书目》三册,其中《阅古馆书目》(华本)25 301册,《西府书目》(东本)8 912册,《摘文院书目》(御制等)6 050册,总计40 263册。1907年11月改定宫内府官制,废弘文馆,提高奎章阁的地位,扩大其职务,其负责长官也从提学学士升格至大提学,管理图书的范围和数量激增,据说奎章阁藏书最多时达18万册。除奎章阁编修的《日省录》以外,《承政院日记》《备过司眷录》以及各官衙的日记、誊录、存案等大量官方文件,也在当时移至奎章阁。同时,京畿史库(北汉山行宫)中的藏书与经板阁的板本及铸字,鼎足山城、太白山城、五台山城、赤裳山城的史库藏书也归属于奎章阁管理。《朝鲜王朝实录》等国宝级和宝物级的图书也在此时入藏于奎章阁。1909年,奎章阁将从各个机构收入的图书统冠为"帝室图书",并对这十余万册图书用经、史、子、集四部分类,编辑刊行了《帝室图书目录》。1910年8月,奎章阁举行了最后的仪式,追赠朴趾源、郑若镛等十一名"奎章阁提学"。日本于1910年8月29日侵略吞并朝鲜之后,同时废止了奎章阁,次年2月将奎章阁图书强行没收,附属于朝鲜总督府藏书,并加盖"朝鲜总督府图书之印"。朝鲜总督府参事官分室对图书进行整理,区分了中国本与朝鲜本,按四部分类作图书卡片与号码,但奎章阁之名不再记入,甚至被故意漏落涂改。1923年京城帝国大学设立，其附属图书馆也于 1930 年竣工，朝鲜总督府分三次将奎章阁图书移入。京城帝国大学从第一、二次移交的图书中，又抽出中国本编入"一般东洋图书"，其余的书编入奎章阁图书。由于日本人操纵管理，不仅移交混乱，而且偷盗珍本，此时的奎章阁图书少了约二万册。他们对奎章阁的图书又加捺了"京城帝国大学图书章"的藏书印。

1946 年 10 月国立汉城大学校成立，奎章阁图书也都归入其附属中央图书馆。由于朝鲜战争爆发，直到六十年代初才开始奎章阁图书的整理、修正。按照当时的统计，奎章阁藏朝鲜本 19 708 种，73 442 册；中国本 5 912 种，65 568 册；另有未整理的图书约五千册。1962 年编辑了《奎章阁图书韩国本书名索引》四册，1963 年又编辑了《奎章阁图书中国本书名索引》，次年再刊行了《奎章阁图书目录》（韩国本）六册以及韩国本总目录。

在西北大学图书馆收藏朝鲜汉籍中，有三种属于奎章阁的图书。1.《国语》二十一卷，（吴）韦昭解，朝鲜哲宗九年（1859）奎章阁用戊午年（1858）重铸"整理字"试印本。该书扉页有毛笔墨书："咸丰九年七月□日，长番内官金在宽处《国语》一件，命赐除谢恩。"2.《古今释疑》十八卷，（清）方中履撰，朝鲜钞本，共七册。这本书首页除有"奎章之宝"大方红印外，还加盖"宣赐之记"红印。3.《奎章阁志》二卷，一册，朝鲜奎章阁阁臣撰，朝鲜正祖八年（1784）内阁铜活字初印本。扉页上题字为："嘉庆八年五月□日，内赐检校直阁朴宗庆，《阁志》一件，命除谢恩。直提学臣金□。"书后跋文为奎章阁提学、崇政大夫行吏曹判书兼判义禁府事知经筵春秋馆事同知成均馆事金钟秀等所撰写。从这三种奎章阁图书来看，都是由官方印书之后"奉安""进献"，然后再由朝鲜国王颁赐给臣下的，通常由检书官执行，检书官是奎章阁内一官职，负责协助阁臣校订图书等，并常常作为朝鲜使团的随员在中国采购图书，大多由著名文人学士担任。检书官将奎章阁皇家藏本分于阁臣，在卷首谢恩署名后，授给东京诸臣或拨送在外诸臣，是一项奉命推行"儒化政治"和学习历史文化的重要措施。因此，西北大学珍藏的这几种奎章阁赐赠汉文书籍，历经沧桑，格外宝贵。

三

　　朝鲜从古代至李朝末年,正式通用的文字一直是汉文,由于朝鲜半岛上的高句丽、百济、新罗都大力吸收中国文化,所以在其三国时代就有大量的汉文典籍流布与传播。唐宋以后,派遣到中国的使臣、学者、留学僧以及商人等通过各种渠道将汉籍带回朝鲜,甚至不惜高价收购和组织人员抄录。清人姜绍书《韵石斋笔谈》中记载:"朝鲜国人最好书。凡使臣之来限五六十人,或旧传,或新书,或稗官小说,在彼所缺者,日出市中,各写书目,逢人遍问,不惜重金购回。故彼国反有异书藏本也。"

　　918 年创立的高丽王朝,设置了中央的清阁、西京的修书院等图书机构,专门收藏汉文典籍,并设有负责缮写、出版各种文书和书籍的秘书省。高丽朝廷不仅向中国求书购书,同时也大量翻译汉籍。中国的唐宋雕版印刷技术最早传到朝鲜半岛,高丽朝廷的秘书省以及安西都护府、京山府、南胡府等地方官府都用雕版印刷了儒家经典、文集和佛经、医书等其他书籍。如 1042 年,东京副留守崔颢等奉王命刊印前、后《汉书》和《唐书》,进献朝廷,受到"赐爵"封赏。1045 年,秘书省刊《礼记正义》《毛诗正义》入藏御书阁;1056 年,高丽王下令印九经、《汉书》《晋书》《唐书》《论语》《孝经》和子、史、文集、医、卜、地理、律令、算经等汉籍赐予各书院。1058 年,忠州新刊《黄帝八十一难经》《伤寒论》《五脏论》等;1059 年,安西都护府使新刊《疑狱集》等,知南原府事新刊《三礼图》《孙卿子书》。有些书还是宋朝秘阁藏本。高丽新刊书籍时,往往加以校订或考证,如 1151 年高丽国王毅宗曾命宝文阁学士待制及翰林学士每日齐集于精义堂,校订《册府元龟》。1192 年,国王明宗又命吏部尚书郑国俭、判秘书省事崔诜集书筵诸儒于宝文阁,校订《正续资治通鉴》,还让各州县雕印《资治通鉴》。

　　高丽刊书、藏书事业都很发达,有不少被视为"好本"。中国自己的书籍或散佚,或存本讹误,便可以从高丽求回所缺的善本,所以也有许多汉籍又从高丽倒流回中国的情况。据《高丽史》卷十和《增补文献备考》卷二四二《艺文考一》记载,1091 年高丽使臣李资义等回国后,向国王宣宗汇报中国皇帝宋哲宗"求好本"的要求,书目共计 128 种,4 980 余卷,其中绝大部分是中国撰述的儒家典籍、史书、诗赋、兵书、地理、风俗、医学、音乐等。从这个书目中,不仅可知高丽时代汉籍传播的种类广泛数量很多,而且汉籍由高丽向宋倒流说明了朝鲜当时书籍文化的繁盛。值得注意的是,书籍作为礼品或大宗商品在中朝两国贸易关系中占有重要地位,尤其是中国七～八世纪发明的雕版印刷术传入朝鲜后,朝鲜人仿照中国技术,利用本国产的优质纸墨,开始雕版印书,并借鉴十一世纪初北宋出现的活字印刷技术,十四世纪后半期制造和使用铸铜等金属活字。

朝鲜的刻书大约起源于十世纪末,到十一世纪初,其雕版印刷已有了较大发展,无论是朝廷还是民间均大量翻印中国的经、史、子、集。到十五世纪初,朝鲜铸铜活字印书已有很大规模了。高丽王朝大量购买引进和翻刻印刷中国的汉籍,除有"汉字文化圈"的传播与影响外,也与其后期收藏的汉籍不断被毁损、遗失有直接原因。如 1126 年武将李资谦掀起叛乱,烧毁整个宫殿,殿阁和官署中放置的图书与木书板化为灰烬。1170 年发生的郑仲夫叛乱,又使皇宫里收集的书籍全部被烧掉。1173 年又发生文官被大肆屠杀的惨案。如此的社会动乱一直持续了一个多世纪,虽然 13 世纪初崔忠献等夺取政权后也在西京重印了一些书籍,但学术典籍被严重阻滞的局面没有改观。李氏朝鲜(1392～1910)取代高丽王朝后,争夺王位的斗争仍很激烈,十五世纪初太宗(1401～1417 年在位)才开始崇儒尚文,此后寻求汉籍成了当务之急,李朝五百多年中与中国明清两朝保持着密切的文化往来,不断通过多种途径从中国输入汉文典籍,也继续自行翻印有价值的汉籍,但大部分由官方垄断,民间参与较少。由于朝鲜绝大多数古书都是用汉字书写的,反映了其文化源远流长,尤其是朝鲜本中大多为历史上的东人撰述,包括了不少对中国传统文化的阐发、论述之著,并以经学和宋代理学见长;也有一些是中国文献典籍的翻版,有的在中国已失传,有的版本与中国藏本颇多异处,仅就西北大学图书馆所见的朝鲜汉籍来说,与《中国所藏高丽古籍综录》(以下简称《综录》)相比较,不同作者与版本以及未收者,均有较大的校勘价值。兹举例说明:

第一，版本不同者。1.《书传大全》，本馆为"朝鲜全州府河庆龙刻本"，《综录》未提此版本。2.《(古今历代标题注解)十九史略通考》十卷，本馆为"明末朝鲜郑昌顺刻本"，《综录》有朝鲜宣祖年间铜活字本、朝鲜壬辰巅营刻本、朝鲜正宗九年刻本、朝鲜英祖戊申年刻本、朝鲜刻本等，这些版本均题为八卷本。3.《乐学轨范》，本馆为"明弘治六年朝鲜刻本"，《综录》为"朝鲜后期抄本"。4.《大学衍义辑略》《樗轩先生文集》，本馆为朝鲜李石亨五世孙李箕承活字印本，《综录》有"朝鲜刻本"和"石印本"。5.《敬庵遗稿》，本馆为1895年朝鲜活字本，《综录》为1894年朝鲜刻本。

第二，作者、版本不同者。1.《箕子志》，本馆藏为九卷、首一卷本，编辑者郑基等，版本为朝鲜1632年活字印本，《综录》题为五卷本，作者尹斗寿，版本为朝鲜刻本。本馆藏《箕子志·宋秉跋》："此梧阴尹公即以有《箕子志》，而犹欠疏略。四方多士复辑经史记载，旁引诸家记述，编为九卷，极求该备，亦取精要。传曰其善志，此殆庶几焉。卷首又绘遗像，使人肃然致敬，益可见于戏不忘之思矣。"可见本馆所藏为善本。2.《奋武原从功臣录》，本馆题"尹淳撰"，"朝鲜刻本"，《综录》题"朝鲜奋武录勋都监编"活字本。因本馆所藏曾蒙水火灾难，粘连无法开卷，故不知所以。

第三，书名不同者。1.《海东纪略》，《综录》题《海东绎史》。2.《燃藜记述》，《综录》题《燃藜室记述》。3.《樗轩先生文集》，《综录》题《樗庵先生文集》。

第四，《中国所藏高丽古籍综录》未收者。1.《易传》六卷，(宋) 程颐撰，朝鲜刻本。《四库全书》题四卷。《古逸丛书》《丛书集成初编》题六卷。2.《御制小学指南》，朝鲜金华镇奉旨御制。本书书名页题有"思贤阁校正""南北汉藏板"。御制序曰："余十三岁丙戌年始读小学，今即作四十二载，丙戌年已七十三岁，回首往事，无限感慨，于是作《小学指南》。"《指南》分上下两部分，《指南上》先列题辞，随后讲解；《指南下》又以《立教篇》《明伦篇》《敬身篇》《稽古篇》为内篇，以三代以后嘉言善行为外篇，只举篇题，后附讲义。此书"于童蒙庶几为行远升高一助云尔"，校正官为俞拓基等十四人。3.《汉书评林》一百卷，(明) 凌稚隆辑，朝鲜翻凌刻本。《中国丛书综录》题《史汉评林》。本书序云："汉书本亡，虑数十家，景间尝用诸本参订之矣已。宋景文公仍以景本参诸本而校之。而庆元所刻又复以宋景文公本合景诸本而重校焉。"4.《御定陆奏约选》,(唐)陆贽撰,朝鲜1797年内阁铜活字本。1794年朝鲜正祖皇帝因陆贽奏议有裨于治理,亲选二十九篇,删繁就要,于1797年夏又加厘正,命用内阁丁酉字刊印。5.《古今释疑》十八卷,(清)方中履撰,朝鲜钞本。方中履,字素伯(一作素北),桐城人,方以智之子。他承家学,广搜四海之书,倾力著述,著有《汪青阁集》《古今释疑》。该书成书情况在杨霖序中可知。1678年安城杨霖(字竹庵)因公事至桐城,拜见方中履,求得该书,遂命儿辈手抄,并刊印此书以布天下。该书在《四库全书总目存目类》中有著录。其书作者对经史、礼乐、天地、人身、律历、音韵、书数等进行考证,对于辨难不定者,则罗列百家之说,定以至当不易之理。卷一至卷三论经籍,卷四至卷九论礼制,卷十论氏族姓名,卷十一论乐,卷十二、十三论天文推步,卷十四论地理,卷十五论医药,卷十六至十八论小学算术。本书采集之精、剖析之确"诚格物穷理之书"。6.《世说新语姓汇韵分》十二卷,朝鲜刻本。本书作者旧题明嘉靖王世贞撰。《世说新语》旧本是以题目分类,对于人名错出、字职异称的难以考摭,今本则以姓分门,姓又按韵组合,各姓名之下记其事迹,又对旧本伤烦之处略加订删。7.《宋季元明理学通录》十一卷,外集一卷,朝鲜1576年安东府刻本。本书题陶先生撰。朱熹道门弟子甚盛,南渡后,理学诸子已见于"言行录",而本书则收录了"言行录"未收的宋元明理学诸子。陶先生从《宋史》朱子实记、朱子语类大全、一统志及志铭书中衰辑编录,且得之于他书者,亦录其中。对于事迹简略者,见于师训,只有姓名无师说者录于门人之列,本书共收诸子483人。8.《宋子大全随》十三卷,朝鲜宋近洙纂。宋公原有随一册。宋公之八世孙因顾宋公之"随犹欠疏略,余不揆僭妄,乃敢证误补漏",编成此书。李世渊序云:"华阳老先生,我东方之朱子也,新著文字譬若地负海函,而我正宗大王特命刊行。"9.《临川文钞》十六卷,(宋)王安石撰;《庐陵文钞》三十二卷,(宋)欧阳修撰;《宋大家苏文定公文钞》二十卷,(宋)苏辙撰。三本均为茅坤评选,朝鲜刻本。中国万历、崇祯、清刊的《八大家文钞》中收录。10.《养真堂花山录》四卷,朝鲜金泽撰,朝鲜活字本。金泽,字兑仲,生于明正德十一年(1516),卒于明万历六年

(1578)。他天质英粹,十八岁初试,名居上列,二十四岁游学京师。因请求雪乙巳诸贤之冤,未被起用。宣祖即位,赴殿试及第,时年53岁,补于成均馆。该书卷一是五言绝句、七言绝句,卷二是五言律诗,卷三是七言律诗、五言排律、七言排律、五言长篇、七言长篇、序,卷四是年谱、行状、墓志。读其文"犹璞玉不加雕琢,流水自宫商木之"(曹锡雨序)。11.《芦沙集》二十二卷,朝鲜奇正镇撰,朝鲜活字印本。本集收奇正镇之诗、疏、书、杂著、序、记、跋、箴、辞、上梁文、祝文、祭文、碑、墓碣铭、墓表、行状、传、遗事等文。12.《华泉集》十六卷,朝鲜李采撰,朝鲜活字本。李采,字季亮,号华泉,1445年生于寒泉丙舍,卒于1520年,李氏牛峰人。1474年中进士第,翌年入仕,屡拜至右工曹参议。以笃学实行特赠议政府左赞成,谥文敬。崇祯年间,李采之孙将其诗、疏、书、杂著、策、墓志等多种体裁的文章集成此书。13.《玄洲集》八卷,朝鲜李昭汉撰,朝鲜刻本。李昭汉,字道章,自号玄洲,延安人,生于1585年。传说其祖为唐中郎将李茂。李茂从苏定方平百济之乱后,留任新罗,赐籍延安。李昭汉少年聪颖,十五岁中进士,仁宗癸亥年(1623)选为弘文馆正字,久掌丝纶应制,其文典雅精练。本集是其八世孙桓翼集成并付梓于世,共收诗40首,文46篇。

通过以上拂尘去垢,遍数家珍,我们不难看出西北大学图书馆收集珍藏的高丽和李氏朝鲜汉籍确是无价之宝。历史上中国作为朝鲜的文化宗主国,两国之间的关系十分密切。从这些汉籍图书,就可证明两国文化交往益深益甚,犹如一条衔珍串珠的互传之链。这不仅是中国域外汉籍文化传播的代表,也是古代朝鲜吸收中国文化审慎、精细、博洽的代表。我们公布推介这批收藏的朝鲜汉籍,正是以此引起国际汉学研究者的注意,望勿交臂失之,或许能对汉文化圈的研究有新的促进。

《西北大学学报》2000年第3期

(本文与李文遴合作)

全球视角下对外开放的历史脉络

　　明清以来的"闭关锁国"给国人留下了深刻的印象，特别是清廷昏聩腐败造成了中国落后世界数百年的逆流，与世界先进强国格格不入，以至于像郭嵩焘等有识之士，哀叹中国要走向开放需要二三百年漫长时间的转型。中国提出"一带一路"丝绸之路经济带倡议后，一些西方国家对中国进一步力求对外开放产生怀疑和歪曲误解，因此向世界交出一幅重新回顾宏阔壮丽的中西文化交流的画卷就势在必行，正是在这样的背景下，我们看到了北京大学出版社推出的这部《中西文化关系通史》图卷。

　　张国刚教授撰写这部书，上册"从张骞到郑和"讲了公元 1500 年以前的历史，下册"从利玛窦到马戛尔尼"讲了公元 1500 年至 1800 年的历史，时间上溯西汉以前，下达明清各个节点，纵贯中国两千多年的历史长河，历史的序列性一清二楚。从欧亚大陆和海洋季风来看，将中西文化接触和交流的区域扩展至世界主要线路，从太平洋到印度洋，从地中海到中国海，可以串联全球一圈，正符合目前全球史的热点。

　　我虽然也做中西文化交流的研究，但只侧重中古汉唐考古文物的一段历史，面对这么大部头的宏观著作，集可读性、通俗性、学术性于一体，图文并茂又娓娓道来，自身知识储备局限了我的视野，不敢随意评论，仅就自己拜读后的一点感想介绍给读者。

一、经济贸易引领先导

通读全书，不难发现经济贸易是两千年来中西文化交流的主线，古希腊最早关于"赛里斯"的故事，就是与丝绸贸易有关。用丝绸推开通往西向之门无疑是发现世界的中国方式，在地中海边缘地区和俄罗斯阿尔泰地区考古发现的丝绸残片，证明早在公元前 5 世纪双方就有了交换贸易的触碰。

汉唐时期，中国的丝绸成为与西方贸易的主要货物，为了打破波斯等国的长期操纵和阻碍，不仅有官方赠送、边境互市等，还有民间贸易交换，通过各种手段加强双方的经济往来，匈奴、突厥、回鹘等北方民族都在获得中原大量丝绸之后，转手远销更远的西亚和南亚地区。罗马和东罗马帝国都是丝绸进口的大主顾，即使丝织业技术传入西方后，东西方贸易的主要产品还是精美的丝绸等。

唐宋转折时代，中国瓷器登上了大宗贸易的舞台，海上丝绸之路由此成为瓷器外销的主干道，从广州、泉州等地出发的海船经过南海进入印度洋，抵达阿拉伯世界的各个港口，在印尼、印度、波斯湾和中东古城发现了大量的中国瓷器碎片，都是中国邢窑、越窑、长沙窑等的产品。宋元时期景德镇、定窑、耀州窑等瓷器生产达到鼎盛，出口规模巨大是因为海外市场的需要，最远到达北非和地中海地区。

开放大门使得东西方共同受益，西方的玻璃、宝石、香料、葡萄酒、植物、动物等等一系列物品成为主导中西贸易的大宗砝码，没有千余年的物种输入和异域的制造技术传入，不可能有延续后世两千余年的经济贸易交流。

二、外交为国谋划服务

对外开放使欧亚文明互相凝视，逐步认识，外交活动非常重要，既引导国策制定，又引领发展方向。

　　张骞第一次出使西域历经十三年就是为了与大月氏结成联盟,政治目的是对付匈奴的侵扰。第二次出使还是为了联络乌孙等西域诸国"断匈奴右臂"。当时出使随员三百携带千万钱币、绢帛和万头牛羊等礼品,分赴中亚、西亚及南亚各国,所到之国也派使远来中国,由此沟通了东西方交流新通道。东汉时甘英出使大秦(东罗马)也是为了国家使命。外交使团为国家长远谋划服务是第一位的目的。

　　如果说两汉时代是对外开门,中国人走出去的不多,到了隋唐时代扩土拓疆,中原汉人、草原突厥人和粟特胡人所构成的多向交流,才使中国的外交文化真正走了出去。隋代曾联络西域诸国积极开展外交活动,大业年间曾经邀请葱岭东西二十七国使节会见于张掖,中亚安国、史国、曹国、何国、米国等纷纷遣使来往,最有名的外交使节裴矩所收集的《西域图记》记录了从敦煌前往西海的三条道路,说明当时的外交活动有非常明确的路线和目的。

　　唐朝国力强盛时,更是广泛开展外交活动,不仅在西域设立安西、北庭两大都护府,而且广置羁縻府州控制和管理中西陆路交通,唐高宗时在于阗至波斯以东十六国分别置立 80 个州、100 个县、126 个军府,涵盖了中亚广大区域。唐朝与萨珊波斯、阿拉伯帝国、拜占庭帝国的外交活动都达到历史前所未有的水平。据《册府元龟》统计,入华到长安的拜占庭"拂菻"使节 7 次,阿拉伯"大食"使节 39 次,中亚粟特诸国遣使 134 次,波斯被大食打败后仍派有 20 多个使团,其他史料缺乏则无法统计。中唐之后,国家危机屡出,外交活动未停,贞元元年(785)宦官杨良瑶出使黑衣大食,联络阿拉伯共同对付吐蕃的进攻,这也是一件外交大事,有着明确的政治与军事目的。

　　宋代国力衰落,中西交通要道被西夏、喀喇汗、高昌回鹘、西辽等割据政权阻隔,虽然外交活动时断时续,但是海外关系全靠海路维持,对外开放的瓶颈无法打破。

　　至于明清时期的中西外交活动,对西方文明冲击闭关锁门、对平等贸易屡屡设置障碍、礼仪之争的碰撞恶化,以及民间排外思潮的泛起,都使"天朝"一步步走向崩溃悬崖,这方面的教训在该书下册有简略描述,不再多言。

三、宗教文化精华吸纳

全书关于宗教的传播五彩纷呈,需要具有一定宗教史知识储备才会完全理解。

产生于古印度的佛教传入中国的过程,是经过两汉之际到隋唐五百年间的碰撞与融合,佛教逐渐本土化,这是中国历史上吸纳外来宗教最成功的范例,对中国建筑、绘画、乐曲等艺术文化影响可谓非常广泛。东来传经的中亚、南亚僧人频繁不断,西去求法的中国僧人有名可考者也有200多人,著名的朱士行、法显、玄奘作出了杰出贡献,法显游历30余国的《佛国记》在航海史上价值极大,玄奘经历和听闻100多个国家而撰写的《大唐西域记》成为古代宗教史和文化地理史的重要文献。佛经汉译的词汇为中国文化提供了新的思想内涵,其与儒家传统结合深入人心,儒佛道三教合一标志着华化佛教的彻底成功。

"三夷教"是从波斯传入中国的祆教、景教、摩尼教,其中琐罗亚斯德的祆教在中原延续五个世纪,基督教聂思脱里派的景教在华活动了近两个世纪,摩尼教在唐代活动了一个半世纪,它们在中国"华化"影响有大有小,但最终被唐末"会昌灭佛"排外风潮所葬送。不过,"三夷教"的信徒在遭受官方打击后潜入边远地区,变异的影响又延续了几个世纪。

明清天主教的传入曾时断时禁,屡遭打击,对思想启蒙的禁锢,堪称危害不浅。

宏观地说,十几个世纪以来,通过丝绸之路的延伸,东西方互相认识和对外开放越来越丰富。广泛流传于欧亚大陆的"四天子说"曾经出现在不同的历史时期。魏晋时《佛说十二游经》有东晋人民炽盛、天竺土地多象、大秦金银富饶、月氏好马成群。唐代玄奘《大唐西域记》将起源于印度的"四天子说"进一步发挥:东方大唐"人主",北方突厥"马主",南方印度"象主",西方拂菻"宝主"。九~十世纪时,阿拉伯旅行家的游记又概括为:阿拔斯哈里发为"王中王",中国王维持秩序和平,突厥王勇猛粗犷,印度王道德高尚,罗马王身端体正。这都说明从东方到西方都无法忽视其他文明的存在,对外开放是世界观确立的必要前提。

曾有社会学家说过"世界并无中西之分,只有野蛮与文明之分"。文明之间的频繁交流离不开频繁的对外开放,虽然文化各异但是走向文明则趋同。我们说的"对外开放"并不是不顾国家根本利益轻率让出自己的地盘,而是分清主流有选择地大力推进,从古至今,贸易经济、外交活动和宗教文化,都是为了国家民族受益才积极拓展的。

在当代世界格局变化多端的前提下,全球政治经济的不确定性给我们带来了更大的挑战,考察中国历史上的开放周期和影响非常必要。我们不能故步自封,应该用更加全球化的视野呈现更加核心的中国叙事,建构中国学者自己认识的世界,才能面对外国学者所出版的《人类简史》《跨洋历史》等全球史著作的挑战,才能衡量世界的差异性、多元化和变与不变。

最后值得思考的是,这部书尽管在一些细节方面尚有讨论的余地,包括史实、判断和观点等,但是在目前东西方文化交流研究中,确实是迄今为止较为全面、系统的历史著作,有利于促使学术界更深入地进行探讨。

《博览群书》2020 年第 8 期,发表时题目改为《向世界交出这份"中国画卷"——"〈中西文化关系通史〉四家谈"之三》

第二章

从文物『微观史』到
历史『宏观史』

我们体会到不同作者的『别样思索』和『外部思想』，整本书的核心要旨是仰观俯视，使人感到一种真正的学术力量，不仅仅是物质文化，还有激活的思想力量。每人都有穿越学术研究的秘密通道，有阅历有特点的写作会在不同坐标上熠熠辉映，我为他们写书评就是期盼成就有生命力的思想。

唤醒历史深处的记忆

——读《从历史中醒来：孙机谈中国古代文物》

作为孙机先生的学生，我从来不敢给自己敬仰的老师写书评，生怕不得要领剑走偏锋、走神跑题，因为他总是要求我从"常识"到"通识"，可惜我既不是通才更不是全才，他的"常识"有许多我连听都未听说过，他从古到今的"通识"我更是不曾涉足，所以每次拜读他的大作都是惭愧不已，聆听他的教诲更是屏息铭记。

最近三联书店出版了孙机先生的新作《从历史中醒来》（略称），再次让我们品味到独特的文物之美。孙机先生凭借深厚的文献功底和对文物考古的敏锐洞察，善于把低眉垂睫的美唤醒，让我们看见精灿灼人的明眸；善于把沉哑喑灭的古曲唤醒，让我们听到恍如莺啼翠柳的优美歌声，从文物体悟中获得情感和力量。他能在文物中观察出很多看似日常微不足道的生活点滴造型，经由工匠之手和文人描写，每一个字里行间都能吸噏出生活的原汁原味，原来生命有了品位，有了对生与死的感动，就能从中悟到人生更阔远的意蕴。

更重要的是，孙机先生通过文物与文献相密切的契合，追溯起源与流变，复原过程中将细节展现从而唤醒历史的记忆，不仅是历史场景的重构和艺术多棱体的结晶，还是深入骨髓的考释与时代思想的浓缩。

一

《"明火"与"明烛"》是一篇他花费了近三十年时间才发表的论文，古代曾以阳燧将日光反射聚集引燃艾绒而得火,称为从天空中来的"明火",点燃明火的灯则称为"明烛"。"阳燧取火"成为祭祀中一个重要仪式,出土的铜质阳燧正作凹面圆镜状,已知最早的几件是西周的,北京昌平西周墓和陕西扶风西周墓都出土过素背阳燧,山西侯马战国铸铜遗址则出土过整套的阳燧范,广州西汉南越王墓出土过两件素背阳燧。这些阳燧皆为圆形,正面均内凹,都能反射聚焦而引火。阳燧点火功能被古人认为具有与天相通的性质,可是阳燧怎么点燃明烛仅用文字解释显然是不够的,孙先生继续探索从新石器时代以来的燃"烛",分析从商代到唐代的灯具,列举了几十种"中柱灯"和"鸟柱灯",考察了代表太阳的阳鸟,特别是朝鲜高句丽永乐十八年(408)壁画墓中绘在大鸟旁的榜题"阳燧之鸟,履火而行"令人豁然开朗,它印证了从良渚玉器鸟纹到汉代阳燧鸟,都和鸟柱灯的鸟有相通之处。在庄严的祭礼中,用阳燧镜在神鸟背上引起炎炎明火,太阳的神话在众目睽睽之下变为点燃"明火"的神灯和照耀祭品的"明烛"。这种明火的点燃方式唐代开始绝迹了,后人不懂,东拉西扯,胡说乱编。朝鲜的这条榜题是论证的关键,孙先生为了找寻文字资料竟等待了几十年,令我不由肃然起敬、感叹不已。

不仅如此,"明烛"不同于日用灯具,灯盏之下从战国时就开始配设灯座,将灯火抬高更有气势,灯座做得精致华丽,刻画有各种装饰纹和动物造型,但遗憾的是很多人将灯座与灯具分离,不认识它们是配套的"神灯",甚至在日本和欧洲展出时还是懵懵懂懂讲不清楚。

众所周知,奥运圣火在希腊奥林匹克遗址取火,就是采用古代使用玻璃透镜将阳光反射聚焦的方法,但这种点燃方式在 1928 年阿姆斯特丹第九届奥运会上才采用。中国古代的"明火"相当于今天说的"圣火",亚洲波斯琐罗亚斯德教即是崇拜火和太阳的拜火教,欧洲罗马帝国普鲁塔克(约 46～119)发明了阳燧形反光镜,但都似乎较中国为迟。而我国太阳光取火用于典礼的做法,出现之早、历史之久、用具之华美,在世界上是罕见的。

考古成果无法割断与史学的脐带般的血缘关联,孙先生这样的破解必然融会和浸润了充分的史料积累与史学分析,这是非常值得我们后学储备知识时牢记的。随着考古出土的文物越来越多，我们面临的释读解惑也越来越具有挑战性，在当前社会浮动、学风浮躁的情况下，有谁愿意为一篇文章最终的确凿证据而等待三十年时间？孙机先生的研究真是值得我们肃然起敬、感佩不已。

二

《固原北魏漆棺画》是本书中另一篇视野宏大的"读图"力作。1973 年宁夏固原出土的北魏描金彩绘漆棺，不仅在艺术史上占有重要地位，而且透露出草原文化与中原文化交汇未融的时代信息。漆棺画中的人物皆着鲜卑装，但是闪现出"汉化"因素。孙机先生紧紧抓住北魏迁洛与鲜卑旧俗决裂这一大背景，在当时推行汉化已达到雷厉风行的程度下，鲜卑民族意识很强的墓主人却在自己的漆棺上画上孝子图，将儒家伦理中的孝道规范纳入拓跋鲜卑"汉化"中，摹绘到漆棺上，虽然近年来北魏之后的石棺孝子图接踵而出，可是孝子作鲜卑装者，就目前所知，在中国艺术史上只此一例。因而，孙先生分析了冯太后力推汉化政策的《孝经》教育与思想基础，让人明白北魏漆棺画上孝子图的来龙去脉。他还深刻地指出漆棺画有孝子并不意味着墓主人已经服膺儒学，只不过是迎合时尚，装点殡葬之物而已。这对我们读图辨史非常重要，现在人一看海昏侯墓中有孔子像画屏，立刻就说刘贺是读儒家经典的好人，要给浪荡公子刘贺翻案。孙先生告诉我一定要从汉代罢黜百家、独尊儒术的时代大背景观察，那时置放孔子像是很正常的大路货，根本不存在什么海昏侯是诵读儒家经典的"典范"。

孙先生读图并未就事论事停步，他细细观察固原北魏漆棺画，从漆棺前档所绘墓主着鲜卑装坐于榻上"右手举杯、左手持小扇"图像中，看出一派嚈哒作风，令人信服地举出乌兹别克斯坦南部巴拉雷克（Balalyk-Tepe）五六世纪之交时的嚈哒建筑遗址上的人物壁画，竟然与固原漆棺所绘人像相同，从手势、坐姿、持杯等等逐一比较，认为两者绝非偶然雷同，应代表一种特殊的风尚，就是北魏与公元 470～500 年左右的中亚大国嚈哒（白匈奴）互相通好，固原漆棺画绘制之时正是嚈哒盛世，北魏鲜卑贵族亦步亦趋效法嚈哒做派，既反映出其追求与向往，也表现出其反汉化思想倾向，所以其艺术渊源有着"胡风（西域风俗）国俗（鲜卑习俗）"交融的心态。

考古与文物研究都是史学综合形态的转化，是思想的直接呈现。孙先生为我们做出了榜样，考古视觉盛宴代替不了史学的诠释，文物研究更离不开查询浩繁的史料，对历史文献的理解和文化底蕴的吸收是考古解释的关键。我们现在学考古的学生阅读量不够，没读过几部经典大作，一些考古人急功近利随意解说，甚至边挖掘边查书，导致了不少考古成果先天不足，埋下败笔，留下误导。

三

孙先生从不故步自封、退缩逃避，他反对围着所谓"先规划好而后研究"的项目转，认为"不做研究只做规划"是整个学术界的危机。他屡屡教导我，做学术研究要敏捷抓住文物与社会生活史的实践，同时开题十几个，哪个成熟发表哪个，就像炉上烧十壶水，哪个快开了，加把火把它烧开。他说"大课题""大工程"不符合学术研究规律，课题先定结论然后去找资料证明结论是正确的，思维逻辑都颠倒过来了。

孙先生总是不断吸纳新的考古成果，他对陕北神木石峁的重大考古发现非常关注，他对我说原来一直认为中国古城都是夯筑的，但是神木石峁是用石块砌起的城，这在过去是极少见的。他的新作《古代城防二题》就指出筑城不仅在城角加高加宽强化版筑，而且城墙外壁增筑凸出的"马面"，陕北石峁遗址虽然已经出现马面和瓮城，但是要到汉代才较常见。汉代有了包砖的城墙，可是唐长安都城仍是一座夯土城，只在城门墩台和城角处用砖包砌。元大都还是夯土城墙，其北垣至今仍叫"土城"，中国城墙包砖经历了漫长的时间，这涉及城防的基本设施，即防御和攻城两方面，攻守双方面临形势不断变化创造出一系列城防方法。过去我曾长时间做过古代建筑的研究，但从未达到孙先生这样细致深入的境地，而且图文并茂，带给人们意想不到的见识。

仅从建筑史来说，孙先生绝不单单是一个研究器物的文物学家，更是一个有着广阔视野的考古学家。他 30 多年前发表的《中国早期高层佛塔造型之渊源》，指出佛塔虽是引进的外来建筑形式，但中国早期高层佛塔与印度窣堵婆的造型差异甚大，基本原因是公元一世纪小乘佛教不奉佛像与大乘佛教造像的区别，特殊原因就是窣堵婆作为礼佛象征物源自实心的坟墓，而具有窣堵婆和佛殿双重性质的"精舍"建筑成为显著标志，中国汉代木构楼观作为楼阁式木塔造型的渊源，其塔刹并不是窣堵婆的缩影或模型，只是密檐式砖塔的炮弹形轮廓来自印度。接近犍陀罗式窣堵婆的喇嘛塔于元代才在北京出现，南亚次大陆的窣堵婆身影一千余年后才投射到中国。

进一步有创见的是，在《中国早期单层佛塔建筑中的粟特因素》一文中，孙先生考察新疆绿洲地区以土坯砌造塔堂，比较若羌米兰塔堂与山东历城神通寺四门塔平面，采撷敦煌壁画中所绘圆拱顶西域式建筑，分析粟特地区毡帐式圆拱形穹庐外形，并用西安北周安伽墓石棺床毡帐雕刻、日本滋贺美秀博物馆北朝石棺床帐门雕刻和天水出土隋唐石棺床上粟特式建筑雕刻一一印证，找出圆拱顶、平檐、山花蕉叶等粟特建筑特点，令人惊异地发现中国早期单层佛塔造型竟与粟特建筑有密切关系，促使我们重新认识、纠正过去的一些误判说法，正如孙先生所说，"粟特人是富于艺术才能的民族，以前我国学者研究粟特金银器的文章为数不少，注意力多集中在这一方面。现在看来，粟特建筑也是值得探讨的课题"。

曾经有人说过孙机是"纸上考古"，言下之意不是田野考古第一线实际发掘者，其实这是当时局限的狭隘看法，现在田野考古也都是现场整体打包搬回室内清理，利用众多显微新技术进行所谓前沿探测，这就是我们说的"室内考古"或"实验室考古"。孙机先生何尝不是"室内考古"呢？一器一物的解读和细微之处的破解，都要查阅多少图书，都要吸取多少中外考证成果，从典章制度、社会风俗、思想观念、艺术审美等等都需要深入了解，真是百科全书式的"通识"，这绝不是一般人所能坚持和做到的。如果说利用新科技分析可以一蹴而就，那么查阅浩瀚的古籍典章绝不会是唾手而得。有学者曾说自己学考古可以不用多看书，说出了目前考古界不重视传世文献的现状，其实完全扭曲了田野考古与历史文献密切结合的关系。

最近有些人又借着"图像史学""读图说史"兴起之风，穿越时代任意臆测，神化历史轻率编造，真让人哭笑不得、尴尬至极。孙先生屡屡点拨我真正要读懂图像，一定要对图像产生的时代背景、思想观念、社会风俗、典章制度等等进行深透了解，触类旁通离不开对各种文献的理解与掌握。大胆假设没有小心求证就是无底之根基，立论必须要用可靠的证据说话，防止观念先入为主。他对国内外学术界一些人释图误导的批评，例如汉画像石研究中的瞎猜解读、丝绸之路研究中的浮文虚言、车马舆服研究中的张冠李戴、美术绘画研究中的时空穿越等等，既显示了他学术功底的深厚，又体现了他毫不弯折的锐气。孙先生多次要我既要善于抓住最前沿难啃的题目，大胆冲破固有传统说法，又要求我不能放弃常识底线，失去是非判断，更不能抛弃历史研究应担当的责任感。

四

作为考古、文物与历史研究者，我们总是小心翼翼地翻阅着中华民族整个历史的记忆，总想把其中失落遗忘的部分寻找回来，还想用新发掘的文物史料把它尽量补充完善，所以我们从历史深处走来，不仅要拨开迷雾，还要看看我们整个民族经历过怎样的热闹与寂静、辉煌与沉默。

孙机先生正是这样一位实践者、参与者和考证者，他在《鸷鸟、神面与少昊》这篇长文中，详细论述中国新石器时代山东龙山文化、浙江良渚文化玉器遗物中刻有神面的玉圭，分析鸷鸟具有人格神的身份，认为应与山东上古东夷的先祖少昊有关，少昊名挚即鸷，正与其统领鸟师的地位相称。为了印证并非望文生义，他将基座承托的鸷鸟与神面结合起来考察，从而得出这是备受尊崇具象化的始祖神。

但是孙先生不同意将这种复合神徽与图腾制度相牵附，针对"有学者认为图腾制是人类原始时期的普遍存在，是为稳定族外对婚制而建立起的社会制度"，他指出这一论断难以适用于整个人类社会，中国新石器时代延绵数千年，已发掘的墓葬数不胜数，从未获得坚实可靠之证明图腾制存在的根据，在许多考古学文化中都找不出它有哪种特殊的图腾符号。二十世纪图腾主义在我国学术界泛滥一时,有人说玄鸟是商代图腾,有人说猫头鹰是图腾,有人说牛角是蚩尤族群的图腾,凡是动植物纹尽量往鸟图腾上牵合,有些大名家也说了不少过头话。孙机先生对种种说法进行了辩驳,他强调一定要把视野放宽一些,通过玉鹫鸟形神主寻找各部族之间的交流融会,探索上古中国人精神层面上的共性,就是文物"微观史"到历史"宏观史"的上升。

他几次对我说,现在大家都经常提到某个少数民族有一个图案,这个图案就是这个民族的图腾,实际上中国古代从没有图腾,图腾不是简单的符号,而是一种社会制度。摩尔根写《古代社会》时,恩格斯很热情地给予了肯定。摩尔根说古代印第安人有图腾,恩格斯在肯定摩尔根时并没有说图腾作为一种制度,全世界每一个民族都是必须经过的。图腾是"奥吉布瓦"方言,是中美洲印第安人的方言,它的意思是"亲人"。比方一个鳄鱼氏族用鳄鱼作图腾,那么鳄鱼就是它的祖先;一个氏族以棕熊作图腾,那么棕熊就是它的祖先。每一个氏族一个图腾,不同的氏族图腾不一样,同一个图腾氏族之间是不能通婚的,必须要外婚。所以,前些年有人说"人类必须经过图腾制度,否则就不能优生优育,如果都是一个图腾通婚,智商愈来愈低了。图腾制度保证外婚制"。这种说法不太符合事实。因为,我们中国是同姓不婚,是祖先崇拜。同姓不婚同样是外婚制,同样是优生优育。所以,我们目前发掘了几万座新石器时代墓葬,没有哪个墓地,没有哪个氏族是同一个图案符号在墓葬区表现出来。现在各地搞旅游风景区,特别是一些少数民族地区制作了一些大的图腾柱,作为一个吸引游客的看点,也未尝不可,但说古代广西、贵州、云南、海南等地都有图腾,这个绝对是不存在的。

比较孙先生的学问卓识,这部书中的许多篇章都已经成为研究范本和奠基之作,成为学界绕不开的经典标杆,从汉代犀牛形铜器讲到古代生态平衡的破坏,从唐三彩骏马讲到良马性能攸关国家命运,从豆腐发明讲到增字解经的误判,从中国梵钟讲到声学性能、合金配比、铸造技术和艺术造型诸种学问,从刺鹅锥讲到辽代捺钵狩猎活动,从中国早期眼镜讲到西方文明送来的礼物……物、图、文互证的例子衬托出孙先生学问的博大精深,别出新意,有些就是绝唱、绝学、绝赏,文物研究背后有着无疆界的思想和文化风景,图与史相互补正的核心,就是传递表达人类共性的文化,通过文物这部历史陈酿后物化大史书,从而让人们重新感知文化的魅力。

今年八十六岁的孙机先生耳提面命笔者不要局限于一器一物的考释,而是从器物的创造出现追寻历史的发展主线,以小见大对接世界,不放弃"微观史"更不能忽视"宏观史",他曾题词勉励我"博览沉思做真学者,踏查实证写大文章",每当看到这苍劲健力的书迹,我都羞愧难忍,这辈子要紧跟孙先生的步伐恐不容易,要做到从"常识"到"通识"更非易事。他要我有多少说多少,"文章宜短、存留干货";他要我切勿急躁,"查阅文献、细嚼慢咽";他要我中西结合,"视角多元、独立思考";他要我引文注释"切勿堆积、恰到好处"。虽然现在我也是年逾花甲、白发满鬓,但是不敢丝毫怠慢孙先生的教诲,只能默默遵守,奋力实践。

文物并不是已经画下句号的历史,它需要学术界采用多元的视野,汇集中外学人的观点,打开历史诠释的格局,看到更为立体的历史轮廓。我也希望借由孙机先生的新书出版发行,继续利用新出土的文物和新发现的物证,再度将人们从历史中唤醒,唤醒真正的学术研究,将中国古代令人自傲的文物从典藏记忆中传播到世界性平台。

《光明日报》2016 年 12 月 20 日;全文另载《广州文博》第十辑,文物出版社,2017 年

我们仰观之后的《仰观集》

　　孙机先生新作《仰观集》的出版,不仅是个人考索精深成果的集结展示,也是我们中国学者研究发覆功深的成果展示,不仅是一个博物馆的科研成果的骄傲,更是中国学术事业的进步骄傲。我们从未将孙机先生看作是中国国家博物馆一个资深研究员,而是将他与整个国家的文博科研成果连在一起。

　　《仰观集》是孙机先生沉潜磨砺、辛勤耕耘的自选集,收集35篇专题论文,集中了他30多年研究的精华,并再次展现了他文物与文献互相契合印证的研究方法,可以说孙机先生左脑是文物思考模式,右脑是文献印证模式,从而将历史的主线左右连接起来。特别是他从文物角度出发,考镜源流、辨章学术,分析相关历史的主题和社会的定位,不仅通作者之意,还开读者之心。新作《仰观集》,取名于《兰亭集序》所谓"仰观宇宙之大,俯察品类之盛"。"仰观"与"俯察"是孙先生的一贯研究特色,在他看来文物是最精美、最诗意的物品之一,也是通过造型艺术启发人的载体。

　　一部高水平的学术论著,必然是以严谨的考辨正本清源,广征博引、言之有据而深刻揭示事物的本质与价值的,孙机先生的每篇文章都讲究以理服人,特别是对一些常见弊端往往鞭辟入里、振聋发聩,例如他指出我国美术界没有形成创作史诗性历史人物画的传统;山水画里那些背着手看瀑布的老头只不过是一个符号;清代画"麻姑献寿"的麻姑与画"黛玉葬花"的黛玉,几乎都是同样打扮,毫无时代特点可言。一些大师级的艺术家在这方面也不甚在意,比如徐悲鸿画的《田横与五百壮士》中,秦末汉初的田横就穿着隋唐时期才流行的圆领袍,佩着明代式样的宝剑。电视剧《三国演义》中曹操戴着十三世纪日本镰仓时代的犄角"锹形"头盔;《马可·波罗》中忽必烈的发型不是两鬓垂辫绕成"婆焦"的发环,竟变成了大光头的秃瓢。这类服饰穿戴上的硬伤,在戏说之风盛行的影视界当然无所谓,但对历史考古研究者来说就是张冠李戴"卖文化假药"。一个民族如果只热衷戏说历史,只喜好胡编乱说的剧情穿越,那么这个民族的文化悲剧无疑只会越来越沉重。

孙机先生对学术上望文生义的无稽之谈和认识观念上的错乱,一直是尖锐地批驳,有种理直气壮的文化自觉,没有深厚的真功夫,一般研究者是不敢涉足接触的。有人说孙机有一种独行的学术精神,实际上依我看就是学术根底的坚实和学术视野的渊博。《仰观集》中的"辽代绘画""中国墨竹"是绘画史界的学者也无法企及的论文,"简论司南兼及司南佩""百炼钢刀剑与相关问题"则是科技史界的专家们也难搞懂的问题,"仙凡幽明之间——汉画像石与大象其生"等亦是美术史界难以解决的大专题,但是对孙机先生来讲这都属于常识性范围,每次听他娓娓道来都给我"醍醐灌顶"的感觉,感到探索与独创的学术魅力。

《仰观集》中有两篇文章是我约请他为我们出版的图录撰写的序言,一篇是为《丝绸之路——大西北遗珍展》写的《丝绸之路感言》,另一篇是为《丝路胡人外来风》展览图录撰写的《唐代的俑》,他都非常认真,无一句敷衍了事的废话,更无命题作文僵化之空言,而且许多观点都是大中见小、小中见大,见微知著,文物与文化交相辉映,给人启发很大。如果讲图书影响因子的话,孙先生被摘引转载的考证观点应该是俯拾皆是。书中所配线图,大多出自先生手绘,一笔一画足见先生之严谨功力。

大家都说,孙机先生是一个纯粹的学者,是一个严谨求真的学者,他的学术研究和成就既是博物馆科研的方向,更是文博界和整个学术界的方向,他对考古学、历史学、艺术学的贡献,值得我们从《仰观集》中慢慢体悟,也值得我们抬头高高仰望、仰视、仰观。

《中国文物报》2013 年 5 月 3 日

小陶俑背后的大历史

陶俑是古代雕塑家用泥土和窑火造成的人形,表现的却是水与土混合后捏塑成的精魂,精致精美的陶俑仿佛输入了奔涌的血液,有着灵动的朝气,从而显现着生动的神韵,沉浸着厚重的历史。

小陶俑背后有大历史。因为陶俑是当时生活的一个浓缩,是一个历史侧面的反映,是人生凝固生命的集中展示,所以才要放入墓葬中陪伴主人世世代代延续下去。从殷商晚期开始,墓葬中出现替代杀殉的陶俑,一直到明清之交绝迹,其间延续了三千多年的历史。

西安是周秦汉唐的京畿之地,历代王朝遗留下无数种类繁多的陶俑,犹如一首送给这座消逝古城的视觉挽歌,让人们记住历史遗产而有了追溯的价值与怀旧的共鸣。陶俑在众多历史遗物中脱颖而出,在于当时艺术工匠汲取社会前沿的反映与普受关注的遴选,不断潜心追求艺术创新的表现,各类陶俑造型不是袭故蹈常,而是时尚价值的延伸,当然,更是受到不同社会阶层的喜爱和赞赏,才会使陶俑大量涌现。我们看到的不是艺术虚构的结晶,而是历史的总结和见证。

在雕塑艺术上,西方人善于雕,中国人善于塑,雕是减法,塑是加法,雕是把多余的原材料凿掉剩下写实的形体,塑是把泥巴堆捏成直接映射艺术的形体造型,一雕一塑相辅相成。雕塑艺术在中国秦汉—隋唐人物陶俑中被发挥到了淋漓尽致的地步,往往是集捏塑、雕塑、刀刻、模印、彩绘等手法于一身,不仅纹饰丰富、效果突出,而且体态匀称、造型独特。特别是一些造型独特的陶塑工艺是在模塑之后又搭配雕刻,简练数刀就刻画出传神之境,详细而生动,视觉效果非同一般。

从战国以来到秦汉、隋唐的中华民族,是一个富有艺术气质的民族,他们有着虹吸鲸饮的开放胸襟,有着不故步自封的饱满心怀,特别在关中这片广袤土地上有着杰出的表现。秦汉的陶俑制作已经有了五彩纷呈的境域,大家耳熟能详的秦始皇兵马俑显示了秦人制作陶俑的雕塑水平,八千多件如同真人真马的陶塑,形体高大、惟妙惟肖、栩栩如生,容貌千人千面却逼真写实,每个俑从发型、头饰、服饰、铠甲、鞋履以至胡须、表情皆不相同,气势恢宏的军阵掩盖了秦俑稍显僵硬的缺点。1999年出土的秦陵园百戏俑,由于体形魁梧、肌肉发达,被有的雕塑史专家称为来自希腊罗马的风格,因为中国工匠一般不表现骨骼肌肉,从而被认为是受到外来文明的影响。

汉代长安出土的陶俑则展现了汉人塑像精致的缩微水平。在西汉帝陵、后陵以及诸侯王陵发现的大大小小、男男女女的侍立俑、骑马俑、步兵俑、乐俑、舞俑等,作为众多奴婢随从被陪葬在皇家贵族陵墓中。汉俑虽然比秦俑缩小三分之一,但是形象更为生动。汉阳陵第一次发现的裸体陶俑令中国人瞠目结舌,男女隐私部位的暴露使人无法想象当时礼俗制度下的工匠创作。西安地区东汉墓葬出土的小陶俑,奴仆成群组合,杂戏拙朴粗糙,以反映豪强地主庄园内的生活情景见长,但雕塑艺术落入低谷。

魏晋至北朝时期关中地区政权更迭频繁,经济一蹶不振,厚葬风气减弱,墓葬中出土的陶俑简拙个小,流行的半模俑也是节俭省料,武士俑、骑马俑、奏乐俑、侍立俑等造型简单,既有着浓重的军事气息,又流露出少数民族的风尚。西魏北周陶俑整体风格与局部艺术都不如东魏北齐的出新细腻,或许与关陇军功集团吸收外来文化较少有关。

隋唐陶俑是中国古代雕塑史巅峰时代的代表,《唐会要》卷三八记载"王公百官,竞为厚葬,偶人象马,雕饰如生,徒以炫耀路人,本不因心致礼,更相扇动,破产倾资,风俗流行"。偶人就是陶俑,这种利用厚葬死人表达活人心理的随葬品,将丧葬"忠孝"传统思想推向极端,埋葬时大肆铺张,定制时逾越等级,送葬时炫耀权势,从贵族王公到官吏士民争相仿效,从官府工署到民间作坊竞相奢华,使得陶俑制作越来越精美,不仅彩绘贴金、装饰鲜艳,而且造型独特、动作夸张,在艺术上达到了空前绝后的地步。

最典型的如1991年西安东郊唐金乡县主墓出土的156件彩绘陶俑,生动地揭示了开元盛唐时期贵族生活的豪华场面,造型传神,神态各异。头戴孔雀冠的骑马女俑演奏着出行伎乐,驾鹰抱犬携带猎豹的胡人猎手正跃跃欲试,裸袒上身的角抵相扑俑双腿半蹲欲寻找战机搏斗,身着绛红色衣服的骑马鼓吹仪仗俑手持筚篥诸乐器为主人开道。令人惊叹的还有一名胡人女子容貌的侍立俑,这是目前考古所仅见的西域妇女形象,使人联想起唐朝诗人歌咏的胡姬风采。其实这批陶俑中所展示的胡帽、胡服、胡人以及猎豹、猞猁、波斯犬等都与外来的波斯、粟特文化息息相关,从中不仅可以窥见当时西域文明对唐代社会的广泛影响,而且让后世人们得到了陶塑杰作的艺术享受,千年之后仍有着不灭的魅力。

西安唐墓出土的胡人陶俑最多,种类繁密,形象逼真,有许多属于首次发现,异常珍贵,胡俑代表了丝路东西方艺术交流的国家形象。如果说胡人俑使后人看到了许多透过文字无法看到的历史信息,那么胡俑图像则对唐代以及中古社会文化进行了很好的诠释,胡人的西域文化传入中原,成为唐朝汉人共享的文化,从而对活生生的"人"的面貌恢复更具典型意义。

与陶俑相媲美的是盛唐时出现的三彩,两者胎质有所不同,陶是低温烧成的土器,瓷是高温烧成的器物,但就艺术价值来说,都是珍品。虽然唐代陶俑品种很多,有灰陶、红陶和彩绘陶,可是陶俑制作无疑有高低之分,成熟工匠的优秀作品往往声名鹊起,不胫而走,世人争相订做购买。《太平广记》卷四八四《李娃传》曾描述长安城内东肆、西肆两家做丧葬冥器的凶肆铺在天门街(朱雀大街)比试优劣,互争胜负,士女围观者聚至数万。可惜我们不知专为皇家贵族和达官功臣烧制陶俑的"甄官署"匠师姓名,不清楚也无法考订出土陶俑的具体制作纪年,我们只能笼统地划分时代,隋朝初唐是没有施釉的仪仗队陶俑为主要特征;唐高宗到玄宗盛唐是三彩俑与彩陶俑并重,骏马武士齐鸣,乐舞打球争奇斗艳;八世纪中叶安史之乱后俑不仅数量急剧减少,而且艺术造型演变很大,武士俑装饰越来越复杂,仕女俑体形越来越肥硕,女性骑马伎乐俑越来越少,深目高鼻的胡人俑也越来越难见。这既反映了思想观念的变化,也是心灵史的巨变。

孙机先生在《唐代的俑》一文中比较了长安、洛阳出土陶俑的胎土、釉色、装饰手法之后,指出"总的说来,洛阳的制作水平稍逊于长安"。其实,洛阳的三彩俑也相当不错,只是陶俑种类不够丰富而已,但它们如双珠合璧,互相辉映,成为文化的一种载体。可以说,这些艺术雕塑匠师的精琢细刻,成为那个时代的传世文脉,成了目前海内外博物馆与私人搜集的典藏。

宋代用平面的绘画作为艺术主导形式取代了立体的雕塑,这种艺术创作的转换,使得雕塑与绘画相比江河日下,西安地区出土的宋墓陶俑极少,近年元代黑陶俑则是屡屡被发现,其中不乏蒙古人的文化特征。明代秦藩王墓地出土的陶俑造型简略呆滞,艺术价值欠缺,也许这是中国古代社会停滞终结的讯号,留下了陶俑艺术夕阳西下的斜影。

西安出土陶俑早在清末民初就已经受到西方古董收藏家的迷恋喜爱,许多外国艺术鉴赏家给予了很高的评价,并出版了一些影响较大的陶俑研究图书,可是无论怎样在海外掀起热潮,都无法与1949年后中国各地不断发现出土的陶俑相比。二十世纪以来,以中国考古文物为代表的新型人文学科取得了长足的进步,尤其是西安作为十三朝古都"首善"之区,随着各个朝代成序列出土陶俑的不断增多,人们开始将这一领域狭小却五彩纷呈的文物,从艺术史的视角推向了广阔的世界舞台。西安考古文物研究院王自力先生积累数年之功,编纂的这本陶俑图录,将会提供给学术界新的历史形象素材,其文化链环和审美价值无可比拟,由此激发起的艺术灵感,更会久久不失。

如果说陶俑是那个时代形影相随的直接反映,是历史的缩影造型和凝固的袖珍形象,那么陶俑身上流逝的则是千年岁月,负载的是不变的文明尺度。

《西安文物精华·陶俑卷》序言,世界图书出版公司,2014年;《中国文物报》2014年10月10日

新获墓志重新启动历史记忆

墓志是反映一个朝代人们现实生活的"文化身份证",也是中国古代最有"历史基因"的特色文化之一。全国出土隋唐墓志最多的地方是西安及周边地区,据不完全统计,已知的就有上万方而不止,尤其是一些隋唐重要人物的墓志陆续出现,令人惊异,感叹不已。从南北朝到隋唐时期,各方人物入居长安,形成气象万千的人文景象,现在虽然地上的文物遗留极少,但地下文物却琳琅满目、不断出新,可以说地面上的废墟凝固了伤痛、尘封了记忆,墓葬中的墓志碑刻却引来了海内外很高的关注度,甚至带来了学界的轰动与争议。

一

长期以来,我们始终认为墓志是"体裁渊雅、记载简明"的一种石刻史书,可以补史之缺、参史之错、详史之略、续史之无,甚至颠覆了一些传统的看法;虽然墓志也有一些扬善隐恶、夸大吹嘘的陋习弊端,但是许多内容也是足资参考的历史文献,并有采择之处。由于墓志是生不立传、死后入志的产物,有些内容记载值得考查,可谓文物无言、历史有声。

我曾多次说过"三个激活":让墓志激活文献,让争鸣激活学术,让考证激活历史。其中第一个就是新出墓志的重要"激活"作用。墓志披露的一些史实,就是一场"记忆"对抗"遗忘"的博弈,让那些被遮蔽的东西渐渐浮出水面。

在历史系课堂上,我曾指出我们要坦然面对历史的伤痕,超越史书的记载,就要发掘新的史料,而墓志作为原始文献就是最好的解读资料之一。人的研究是一个复杂的历史认识过程,墓志哑然无声不会说话,但让它说话就是历史研究者的责任。

在考古系讲座上,我又指出:墓志是死的历史,但可以转化为重生的活历史,要使古代历史人物重生再现,就需要恢复客观全面、丰富细腻的历史,从而使人物获得重生的可能。死亡是一个人最后的必然归宿,是肉体的消失,但不是生命的终结,而是人生的复命归真和精神的升华。重生也就是给予从墓葬暗室中走出的人物以新的认识,通过极其细微的文字追踪,让历史重生,看到他们的人生轨迹。

在博物馆论坛上,我说过墓志最基本的任务就是保存记忆和传承记忆,通过记忆的传递形成历史意识,进而认识历史,作出历史判定。墓志在某种程度上就是古人真实地记录历史,分担过往的痛苦,走向人的世界。墓志与博物馆血脉相连,相得益彰。

在与文学院古典文献博士生座谈时,我更是疾呼,碑刻墓志是文献专题的有力支撑,是文学记忆的文字,是生命之印痕,是追思的线索,是长眠的陪伴。墓志碑刻是当时人留给后人的文字,是古今之间的一种对话,是写给人类的遗嘱,是"父道""母教"点睛之妙的正统家训。

我对墓志抱有这么高的热情与兴趣,并不是简单的"锲而不舍"或"固执己见",而是因为墓志使我们"思接千载,意通万里",追忆着古人对亲情的守护,沉醉在一次一次意蕴深厚的文化旅途中。每一次到各地考古库房或是博物馆碑刻墓志展览参观时,我都会默然伫立,心里慢慢默读着一行行文字,提炼出有价值的信息进行灵魂对话,从而推进历史研究与考古共识。

二

2012 年春天在西安市文物局黄伟副局长的带引下,我曾两次到西安文物稽查大队的库房院落中考察,不论是刻有棋子方格小楷书的墓志,还是志、盖之四侧刻纹饰浮雕的四方石板,它们一方方静躺在地上等待人们复查,既有身世凄迷,也有悲情教化,凝结着岁月的淬砺。当我们听到已经打响反盗掘、防流失保卫战时,当即表示再也不能让这种任意盗卖现象屡屡发生。

墓志铭作为逝者浓缩的一份份个人历史档案,从持家、德行、学问一直到技艺、政绩、功业等,均可以补家族史、地方志乃至国史的不足。有人说墓志铭是人生的休止符,其实辨认文字、解读内容远远不会休止,更能激发人们以此切入寻找证据的探索愿望,也更激发我们确立课题出版此书、嘉惠学林的决心。

经过张全民研究员等人三年多时间的斟酌再三、爬梳攻关,墓石刻字拓印、文字识别整理、核对审校商榷,现在终于将这部厚厚的墓志图版、文字整理的书稿摆在我们面前,我仔细阅后感到有几个特点非常突出。

第一,从历史记忆角度看,墓志是一部可以不断读出新故事的"史书"。

墓志是一部可以不断读出新故事的"史书",作为可以记入历史档案的宝藏,其记忆的价值得到越来越多的认可,因为它不仅记载着主人跌宕起伏的生平事迹,也记录着社会生活、时代道德的刻度。唐贞观二年(628)的李建成墓志、贞观六年(632)的李元亨墓志、会昌元年(841)纪王李言扬墓志、会昌四年(844)沔王李恂墓志、咸通四年(863)夔王李滋墓志等皇室成员的墓志,都如展开的新史书,李建成墓志"大唐故息王墓志之铭"寥寥几个字似乎掩盖着与李世民兄弟残杀的血腥,使人们再次体悟到墓志碑刻类的文物是植入灵魂的记忆。

第二,从人性重生的角度看,墓志是浓缩了人生的风景线。

当历史变成文字之后,当事者的一生记录,就镌刻成为石头上历史的生动,同时也为后来者的审视提供可能,无论真实与虚伪都是一种历史。历史的细节常常让我们更加理解历史的脉络和轮廓,很多已经进入历史的人物,随着墓志的出土,又从历史记忆里面走了出来。唐仪凤三年(678)祢军墓志、上元元年(674)泉府君夫人高提昔墓志,都是当时朝鲜半岛上诸国往来于中国的真实记录,特别是"日本"两字的出现,不仅引起了中日韩三国学者的广泛关注,也再度勾起日本国名究竟何年确立的争议。而唐永徽元年(650)韩相国墓志、万岁通天二年(697)冯夫人墓志均记述了他们终于寺院的佛教信仰,展开了佛教对当时社会影响的画卷。

第三，从文物证史的角度看，墓志包含许多隐喻性的信息。

墓志将口述传说变为书面文本，传递的是祖先的历史记忆。墓志是另一种历史记忆的工具，它本身就是一部家族史，是家族成员的集体记忆。不断叠加、黏附讲述者的记忆，成了一种后世研究的历史文本，有些甚至是第一手的史料。上元三年（676）郑观音墓志记述了她作为李建成嫔妃被软禁在皇宫的一生，李建成被杀后郑观音又活了48年，或许是李世民有意放其一马，让其寡嫂留存人间，或许是故意做给人看以示慈悲。这次汇集墓志中有不少夫妻合葬墓的"鸳鸯志"，不仅见证着高门大族婚姻中的门阀余音，亦见证着夫妻"生当同衾，死亦同穴"的永远恩爱。

当然，回到本书则要从严峻的文物保护角度看，盗墓贼在寻找搜集墓志中，敏感地嗅到了赚钱的商机，他们一次次疯狂地盗取墓中这冰冷的石头刻书，甚至伪造冒充石刻拓片流行于古董市场，骗取更高的金钱利润。西安文物稽查大队既承担着国家追缴盗卖走私文物的职能，又具有类似意大利文物警察的作用，杨宏刚队长及队员们不畏艰险、不惧恐吓，为守护文化遗产领地和保护祖国遗产实物，查询线索四处破案，循迹追缴无价之宝。被偷来盗去的150多方墓志每个都有一段辗转易手、惊心动魄的故事，听后令人唏嘘不已。

我想起世界各地均经历过的文化浩劫，从古老的埃及方尖碑到两河流域石刻碑铭，从古希腊石刻到罗马碑记，有多少国宝都曾遭到不法分子和犯罪集团的疯狂掠夺盗卖，围绕着这类国宝的争夺从未停止过。据悉最近国外盗卖的古巴比伦国王尼布甲尼撒二世时期的一个楔形文字泥缸，在纽约以60.5万美元价格被神秘买家拍走，这类盗卖走私珍贵文物的行径无疑是对人类文明的犯罪。

三

我们对墓志铭的释读始终怀有一种敬畏感，文艺复兴后欧洲的墓志铭更有了哲理与艺术的结合，许多墓志铭上镌刻的文字成为在世界范围流传的思想结晶。在西方，用墓志碑刻怀念逝去的人物，就是凝成对于每一个平凡生命真诚而且最为庄重的悼念,告诉大家人的生命和尊严,要高于所有的政治,也要高于所有的冲突和对立。

光阴似箭,日月如梭,千年前直到百年前的墓志石碑,重新激活了我们对历史的记忆。

墓志是重要的历史文献,用墓志记录历史,用墓志反思历史,这是一种重要的历史观,是用高贵的生命在追问如何"以人为本",无论他生前身份高低贵贱,无论他生前的种族胡蕃混杂,都是在中华大地上活跃过的活体。"勿神化""勿狭隘化"这种历史观启发后人彼此尊重,相互理解,看到一种社会凝聚的力量,呼唤人们心底的爱心和信仰。具体的名字和鲜活的生命,我们面对时不可能无动于衷、冷若冰霜。追踪墓志、公布墓志、解读墓志,就是生命对生命的拷问,就是用古典文明说服当代人,这是社会价值、社会制度、良善道德、智慧思维等核心原则的较量。

墓志不是廉价的古董,而是有着人生印痕的载体。

夜深人静的时候,打开这本新获墓志图书,是一个又一个古人的名字,既有漠北移民鲜卑拓跋氏,又有世家大族崔卢李郑、韦杜薛杨,但每一个名字背后,均是一个完整的世界。而真正的历史,是由一个一个完整的世界构成的。对一个国家来说,这只是一份花名册,但对一个家庭来说,这一个个名字就意味着全部,当一个社会兵荒马乱遭遇危机的时候,遇难者的名字就是这场危机的最好见证人,冰冷的墓志上留下了那个时代所特有的斑斓记忆。

我翻开书中写满文字拓片的折页,反复摩挲着书上的刻字,似乎告诉后人我们没有忘记每一个历史人物,更不会放弃对他们的追念,正像晚唐墓志盖上镌刻的挽歌"篆石记文清,悲风落泪盈","欲知断肠处,明月照坟头"。真实的墓志往往也是精彩的,读它能让人荡气回肠,垂泪叹息,也让人掩卷沉思,莞尔一笑,因为它记录了人的命运。

曾有人警告我读墓志读多了容易变成读"死书",我因此常常提醒自己不要误入"死书"之中,然而这种"死书"字行之间仍不时会让我们有天下兴亡的忧愁,会有暴君肆虐下的胆战心惊,会有社会惨烈饿死人寰的恐惧,会有王孙贵胄生死离别的挽歌……所以我也劝一些人读墓志这类史书久了,不妨换位听听歌看看景,喝点心灵鸡汤放松自己,增添点生活情趣。但是墓志有着时间的力量,虽然遥远但不陌生,起码它教我们以锋利之笔写忠厚之文,以钝拙之笔撰尖利之章。

最后要提及的是,《西安新获墓志集萃》是全国第一部由文物稽查队追缴墓志汇编的石刻文献图书,这本书申报国家古籍整理经费后并未获得资助,使我们颇感惊讶,愈发说明新出墓志作为第一手史料呕待学术界更多的关注,因为千年以来的墓志是重新出土的物证,它不仅再度唤醒人们的记忆,激活我们研究的历史,而且它是珍贵的石刻古文献典藏,留给研究者无尽的思索。

《西安新获墓志集萃》序言,文物出版社,2016 年

漫读碑碣阅沧桑

——《长安新出墓志》读后

　　碑刻贮存或者储藏着一个地区、一座城市珍贵的历史记忆,如果说碑刻犹如刻在石头上的史书,那么墓志碑刻的纪念性则如凝固在岩石上的精魂。碑志还标识着一个区域的文化高度,有着地缘的因素,似乎是一部地方史的文字备忘录,它是用生命书写的史章,镌刻在冰冷坚硬的石头上。

　　在长安这块中国古代隋唐文明养分浸染最深的土地上,出土了众多的石刻史料,当人们沉思凝视着一块块墓志碑刻,仿佛回望着古人的精神家园,重温起那些风云起伏的历史岁月。古代京畿内的长安县"地沃物丰",为"京师衣食之地",物质基础和地理形势决定了这里是"膏腴之地""上富雄地",从皇家贵族到达官贵人,从士子胥吏到禁军武士,从高僧大德到女尼道冠,都在这里生活过、游览过,数千年的沧桑经历见证了多少王朝的人文变迁。面对终南山麓,眼底翠绿遍地,尤其是佛寺道观众多,被誉为风水宝地,人们把长安作为自己最终的归宿处,纷纷买地造茔,立碑竖碣,不仅留下了众多的碑刻碣石,而且历史研究价值极高,遗存集藏非常丰富。

　　如今的长安区是西安市风景秀丽的后花园,2007 年我到西安参加碑林博物馆建立九百二十年国际学术研讨会,为了扩大新的出土史料视野,专程到长安区博物馆考察碑刻文物,而馆长穆晓军则是我在西北大学教书时的学生,他在长安工作了十几年,已是当地颇有名气的文博专家了。我在他的带领介绍下认真观察了一些新出土的墓志碑刻,特别是唐安乐公主等人的墓志令人感叹,安乐公主这位唐中宗的小女儿生前"光艳动天下",要做"皇太女",史载她生活穷奢极侈,开府卖官干政,先嫁武崇训后嫁武延秀,李隆基与太平公主合谋发动政变时她还在"照镜画眉",被杀后贬为"悖逆庶人"。现发现的墓志镌刻"大唐故悖逆宫人"(见第 46 方),记载她"禀性骄纵,立志矜奢,倾国府之资财,为第宇之雕饰";虽然皇上"仁慈徒远,骨肉情深",她于景云元年(710)十一月被埋葬,但死后只有很小的墓室。人生处世真是奇幻,起伏变化往往无常。这些墓志石刻被人们视作古人追思的载体、祭扫的标志,但实际上却有如跌宕的历史块垒,以坚实的岩体、无言的沉默,向着后人无尽地倾诉墓主人的人生跋涉,化作了昭示千秋的凭吊思绪。

晓军馆长随后赠送了我数幅新出唐代墓志拓片,读之令人感叹。墓志中的人物,有的为国捐躯、殒身不惜,有的为政清廉、民所歌之,有的为非作歹、极力掩饰,有的狂傲一生、品格低下,有的终身潦倒、委屈一辈,有的让人萦怀心碎、缅怀追念,即使那些龙子皇孙李元昌、李恪、李裔等(见第 28 方、第 30 方、第 57 方),不是赐死就是被杀,留下了许多想象的空间。虽然墓志碑文内容五花八门,但有的人物让我们连接起武则天时代的恐怖,有的人物则让我们对当时历史事件作了揭秘,有的人物使人回眸民族危亡的时刻……

假若说我们超越千载时空而与古人邂逅,那么当时我便有了编辑出版长安新出土碑刻精华的思路,因为近年来人们常常感叹石刻墓志被自然侵蚀、人为损毁或盗卖流失,长安这批新出土石刻墓志应该是非常珍贵的。回到北京后我就提议由文物出版社向全国古籍整理委员会提出 2008—2009 年度出版经费申请,在评审专家严格审查和支持下,最终按照新史料整理获得了重大项目的资助。文物出版社几十年来已经出版了不少出土的碑刻史料,主持承担长安的墓志石刻整理项目也是责无旁贷的任务,特别是要把近年来出土的新资料公布于世,更是迫在眉睫的事。在长安博物馆诸同仁和穆晓军馆长日爬夜梳的辛勤劳动下,一块块墓志拓片被锤打出来,一篇篇文字被初步整理出来,其间的努力与辛苦只有我们通过不断沟通才知道。

长安虽然是西安市的一个由县改为区的行政区域,但它古老的名字一直是世瞩人说、载誉青史,汉唐风韵扑面,石刻出乎其中,宋元翰逸浸染,文脉相承碑铭,是许多历史学家、考古学家追溯的地方,尽管我们所见的石刻任凭风雨吹打、岁月剥蚀,有的磨砺无痕,有的沥滤不清,但均是独步古代的文化遗产,对辨章学术、考镜源流有着极好的作用。

有人爱把墓志石刻比作古人讲述历史的大型系列纪录片,不仅聚焦着一个地域逝去的人物,而且记录着人物迁徙流变的沉浮,尽管它不能描述一个人的个性细节,不可能全景式地展示人物丰满的形象,但它见证了风云际会中芸芸众生的人性形态,特别是一些历史人物形象常常会被社会所扭曲,碑志文字所隐含的复杂性、撰刻者含蓄地透露出的思考,都使我们需要深入探讨石刻中幽微的遮蔽内容,即使对重塑一个人会带来极大的困难,但它无疑也会带来许多意想不到的收获。

我越来越相信墓志石刻中的一些史料价值,它不但是我们研究历史必不可少的工具,而且还可以为研究过去提供一个不同寻常的视角,即它可以从本家人、本家族、本民族的内心深处审视过去的历史。如果说史书要以纪事为主,那么墓志更关注的是人,是人的品格、德行和命运,以及人的播迁。而有什么能比人本身更使后世人感兴趣呢? 石刻墓志正弥补了史书不足的遗憾。

例如在隋代墓志中,陈朝孝宣皇帝第二十六子陈叔兴在十三岁就被封为沅陵郡王,陈灭亡后于开皇九年(589)被迁徙至长安,大业三年(607)时死在长安弘教乡务德里,年仅三十五岁(见第 3 方)。墓志将他比喻为文雅好学的刘安、聪明修文的曹植,他的事迹尽管被撰写者一笔带过,但他与其母施太妃以及兄妹陈叔教、宁远公主一起有着亡国痛别金陵的经历,宁远公主于开皇九年又被隋文帝纳为宣华夫人,隋炀帝大业二年(606)炀帝又纳陈后主第六女为贵人,作为亡国俘虏被迁徙长安,这其中的跌宕心情墓志又焉能表现呢? 但是墓志却将一家人的脉络梳理得非常清楚,给了我们更为清晰的认识,是不可多得的移民史、政治史、南朝史资料。

例如在唐代墓志中,天宝十三载(754)游击将军、右武卫中郎将炽俟汕(字伏获)墓志是又一重要发现,长安高阳原曾出土其父炽俟弘福墓志,由此可知他们是三姓葛逻禄炽俟部投奔唐朝入京的移民。炽俟汕虽为西域外族人后裔,但他作为将门之子被诏许"成均读书,又令博士就宅教示,俾游贵国庠,从师私第"(见第71方)。他们三代人曾为唐朝贡献了自己家族的毕生精力。炽俟汕的夫人康氏,可能是中亚康国人后裔,应为典型的西域民族之间的通婚。而为炽俟汕撰写墓志的是京兆进士米士炎,似乎也是粟特米国人的后裔。所以这方墓志为人们了解活动在金山地区的西突厥汗国葛逻禄部族迁徙增补了史料。

又例如长安是唐代韦氏家族最大的聚居地,出土的韦氏墓志也最为众多,韦及、韦询、韦襈、韦正贯、韦定郎、韦翰、韦庆嗣、韦长卿、韦庆本、韦孝忠、韦柏尼等等,这样一个延绵百年的名门望族,靠什么力量支撑延续不断?看着那些韦氏墓志不禁让我们感到就是文化的力量,正如韦正贯墓志所说"韦氏世登文科,掌纶修史;婚姻之盛,甲于关右"(见第20方),这是一种超出经济实力的巨大力量。特别是韦正贯墓志记载他于中唐以后担任岭南节度观察处置等使,改革弊政,"波斯诃陵诸国,其犀象海物到岸,皆先籍其尤者,而市舶使以布帛不中度者酬之,公理一削其事,问其便所以给焉"。这是海上丝绸之路的重要史料。

历史并不恍如隔世,尽管年代渐行渐远,但我们研究墓志石刻就像深挖主角背后的故事,走访撰写者留下的旁述,倾听那些史书上没有的声音,翻检那些官书上没有留下的记录,通过类似民间故事叙述的方式,作一些素描式的陈述。例如武嗣宗是武则天从父昆弟之子,活了五十岁却还是个炙手可热的人物,曾被封为管国公(见第66方),对他的考证史料不多,这方墓志恰恰填补了史书空白。正是这种独特的研究和关注体验,需要时间消化和领悟信息。

我一直认为墓志石刻不单是历史相对客观的记录,更是逝者存于灵魂的印记,虽然它基本上属于微观历史,或者属于自家人的口述史,但它毕竟展现出当时的政治风云、民间习俗和人物命运。对墓志石刻文字和内容的整理校注,明清以来就是古文辑录的重要内容,而今更是古籍整理的重要项目,它对于留存民族历史记忆的作用绝不可低估,一幅拓片有价值的内容会从侧面佐证史书记载的正确与否,更直接地展现出历史的纵深与跨度。墓志石刻不仅能传递出历史的信息,其背景的点滴更能折射出当时的社会状态以及审美取向和文化层次,尽管媒体技术广泛传播,但石刻资料始终是我们不可替代的石头读本。

随着长安的墓志碑刻不断出土,我们还将会继续编录下去,仅本卷纵观之后就有几个特点。一是辑佚补遗,搜辑齐全,从北朝隋唐到宋元明皆有,只要是在长安土地新出的墓志几乎搜罗齐全,有一半以上为首次披露者。二是图片清晰,校点精善,对石刻墓志采用拓片原样影印的方式,保留原来的风貌,使拓片图像与文字校点互参为比,既示人全貌又经过文字勘校。三是资料珍稀,线索宝贵,由于这些墓志石刻均是本地出土的,最可靠的还是以原物为准,所以不仅史料珍稀,而且为历史研究提供的信息非常宝贵。正如整理者所说的,有利于学术界从第一手史料角度进行观照,目的是便于匡补史实,有着文化传承的价值。

要达到古籍整理优秀成果的标准水平,还有一个价值就是整理者对古代文体意识和语言修辞运用要给予注意,例如唐代著名文士李岘、崔博言、郑虔、李峤(见第 34 方)、张读、张籍等人当时撰写的碑志内文,有效地增补了一些史书上没有的语言,有着文化审美和历史记忆的功能,即使不是"官方语言"而是"社会话语",但拾遗补阙难能可贵,这方面知识以前比较缺乏,值得今后进一步深入研究。

墓志碑刻除了作为石刻文献的史料价值外,在书法发展流变上更有着独特的艺术价值,在长安出土墓志中有许多唐代名家笔迹,像徐浩的书法就不多见。墓志刻石包括了篆、隶、楷、行四种书体,汉隶、魏碑、唐楷各占时代主流,其中夹杂着许多令人难认的字形,需要长时间的揣摩考释,但破译的乐趣也融入字里行间,犹如一个古老的文字宝库等待后人去发掘。

关注古代石刻史料的读者皆知,由于中国考古学"日新月异"的进展,对新史料的补充与更正往往每几年就有一批新的贡献,而彰显于世的墓志正是这一类的宝贵文物资源,也是不可再生、不能替代的文物财富,文物出版社目前正在与各地考古研究所联合推出一批新出土的石刻墓志,我们希望能得到古籍整理专家学者更多的支持和关注,成为国家文化遗产中不朽的人文经典。

《中国文物报》2011 年 8 月 31 日;《写在〈长安新出墓志〉出版之际》,《古籍整理出版情况简报》2011 年第 9 期

碑刻上的历史烟云，墓志里的家族血脉

　　唐代上至皇亲勋臣、贵胄高官，下至百官幕僚、府衙小吏，都有为故人堆坟立墓的葬地思想意识，即使士人布衣、平头百姓，芸芸众生也都希望在公共墓地为自己家族存下一方葬地，因而唐代家族墓葬非常盛行，家族墓地或是沿袭祖先葬地，或是累世聚族埋葬不忘世恩，或是新购土地迁葬树碑。不同等级的家族有着不同的墓地，大的墓地有垣墙、门阙、土堠、兆沟等标志着风光一时的显赫标识，小的墓地也有坟堆、植树、划界、竖木、立碑等不愿荒凉的明显标识。当时的人们就是期望自己的家族能凝聚在一起永不分散，世代传之，所以尽力在肃穆安静的归宿地营造出家族融融的氛围，不仅祈求阴阳两界的平安福康，而且昭示出家族代代子孙的延绵不断。

　　唐代家族墓地这么兴盛，史书文献里有连篇累牍的记载，墓葬茔域里有碑石墓志层出不穷的发现，许多墓志都有史可查，墓志上有些人物既在史书古籍上有记载，而且身份有官方史书依据，甚至有些墓志拓本属于孤本稀罕物，后世再未复刻复拓复印，每次遇到都是令人惊叹不已。所以我认为葬地墓志是构建一个家族文化圈的主要媒介和精神支柱，犹如一份份古代讣告，宣示着家族众多成员的生涯，不是说死亡而是讲生命。

　　二十世纪二十年代史学前贤王国维就论断"古来新学问起，大都由于新发现"。实践证明，一百多年来随着考古文物的出土，新发现不仅带动了新学问的产生，而且极大丰富了学术界的视野，催生了一门门新学科的建设与发展。很多墓志碑刻不仅是墓主政治风云宦海沉浮的生动写照，而且也是家族聚散变迁的真实记录。每一次新墓志的公布都会引来学术界的关注,每一次考古新发现中含金量最高的就是能断定时代与墓主身份的墓志,大家翘首以盼的就是争睹新材料以求成为做新学问的最先灵感。

如果我们将那些改朝换代后遗留下来的家族遗物,作为历史研究的见证和证据,那么墓葬里不利传播的墓石经过考古出土展现,更显得珍贵无比、拾遗补阙。但是学术界专家们关注的往往是墓志所反映的个人际遇,而对家族整个葬地关注不够,因为这要一大批资料的互相比对和脉络解析,不是一个人而是一群人,不是一家人而是一圈人。如此浩繁爬梳的收集工作不是一蹴而就的工程项目,而是需要耐下性子细细梳理的汇集。从先茔排位次序到家族成员终极归宿,事归幽秘;从祖先大族昭穆原则到家庭各房的旁枝歧流,五族难辨。特别是上百人的家族陵园葬地大大超过了后世人的认识,它已不是埋葬死者的一抔黄土,而是承载了家族荣耀、地位、财富以及信仰诸多复杂因素的世界。

西安考古研究院研究员尚民杰先生,得益于西安唐墓密集区域的考古发掘,占天时地利人和之优势,以个人之力勇敢地担负起唐人家族葬地资料的汇集,为我们认识唐代家族提供了最直接的资料,将墓志石刻转换成文本线索,将家族的碑石变成了纸本素材,留存至宝真是不易,有益于流传四方、嘉惠学界。为了复原当时家族葬地的真相,他爬梳文字,严谨校注,互证文献,并有着自己独特的解读,这都意味着切磋琢磨需要多年磨剑,我与他屡次深谈,都在他身上感到一股传承学术的勤奋精神。

目前仅在西安地区发现的隋唐墓葬就有几万座,而发现的墓志也成千上万,如果打包统一阅览,全部都是手工雕刻的记忆作品,不仅有唐代大家族,还含有外来民族人物的家族事迹,包括原汁原味的家族凭吊文字。这些真实的原件代代相传,少则百年,多则千年。而且墓志镌刻大都在京城凶肆作坊雕制完成,被称为"石头文献库"绝不是徒有虚名。

尚民杰收集整理的这些唐代家族资料,我读后感到有多方面的贡献,专门指出以下几个特点呈现给读者。

一、从士族史来看,隋唐时代是身份制的社会,世家大族在社会上享有崇高的威望和地位。其中"五姓七望"或"五姓七家"在世家大族里最为尊贵,即博陵崔氏(今河北安平)、清河崔氏(今河北清河)、范阳卢氏(今保定和北京一带)、陇西李氏(今甘肃东南部)、赵郡李氏(今河北赵县)、荥阳郑氏(今河南省)、太原王氏。其中李氏与崔氏各有两个郡望。他们是当时社会门阀地位的风向标,但是在长安附近,关中郡姓则是京兆韦氏、京兆杜氏、弘农杨氏以及来自河东的柳氏、薛氏、裴氏,他们互为婚姻,家族串联,文豪荟馨,地位显赫,家中高官累世不绝,声望达到鼎盛,其先贤或贤良辈出,勤政于朝堂;或书香门第,教化于州郡;或勋业灿烂,建功于边陲,都在社会经济文化贡献中产生过极大影响。

唐朝民间俗语"城南韦杜,去天尺五"。这本书中搜集了在京兆影响很大的凤栖原韦氏家族和少陵原杜氏家族墓地的墓志。韦氏家族成员有二十位拜相者,共有近三十位成员与皇室通婚,他们还凭借门荫与科举占据宦途要津,保持家族势冠地位不坠。韦应物、韦庄、韦绚、韦瓘等都是韦氏家族享有文学创作盛名的成员。杜家也是仕宦率极高,家族繁盛,如杜吒一支的杜如晦、杜楚客,杜淹一支的杜光义、杜元颖,京兆的杜亚、杜元恭,等等,而且茔域范围遍及长安周围。

被称为"名门望族""高门旧族"的世家大族也很多,例如被迁到长安的陈氏家族,陈叔达、陈叔兴、陈玄德、陈玄度、陈敬玄、陈希望等都为原南方陈朝皇家王族子弟,墓志显示他们仍然以保持自己高贵的血统为骄傲。

二、从民族史来看,隋唐是当时世界上多民族交错汇聚的国家,这几年国内外学界对突厥、粟特、高丽、新罗等外族人物墓志的研究,厘清了周边民族史上的一系列问题,是中古墓志中最值得重视的一部分。唐初最著名的突厥阿史那家族被作者整理后细化出了葬于长安县、万年县和咸阳几个地方的范围,有启民可汗系、颉利可汗系以及一系列阿史那十二姓等人物,涉及的众多人物对研究唐与突厥的关系很有帮助。粟特人是这几年受关注较多的领域,书中以安姓为序,安元寿、安忠、安重璋、安文光、安附国、安令节、安菩等,每个家族都有世系,并划出家庭关系圈,让人一目了然。备受关注的还有出自朝鲜半岛的百济熊川人祢寔进,他曾为蕃官家庭出身,家族成员祢军、祢素士、祢仁秀等均葬于高阳原,这里是唐代百济移民祢氏家族的墓地。

三、从社会史来看,世家之所以为世家,就是家、家庭、家族串联的历史。隋唐君主历来打击抑制世家却一直无法做到。隋炀帝、唐太宗、武则天都各有举措,但是世家却愈发兴旺,在中唐这股潜流甚至发展到顶峰,社会上还流传着"五姓七宗"鄙视皇族不予通婚的传言。杜氏、窦氏、崔氏、裴氏、李氏、王氏、柳氏、独孤氏等家族都是书中采集的重点,"历官封袭,血脉相连","先人封树刊石,永为衣冠子孙"。令人感兴趣的是郭子仪家族的大批墓志被考古发现,有世系的墓志三四十方,其中就有戏剧《打金枝》中郭子仪儿子郭暧与唐代宗女儿升平公主的墓志,记载他们埋葬于万年县凤栖原,聚族安息悲于京华。

在古代社会,官宦世家风光的葬礼必不可少,但是我们也注意到家族葬地往往还蕴含着家族归属观念与地域认同观念,即使死于边疆或华夷边缘地区,也要归葬于国家的中心长安、洛阳。当时人们念念不忘自己是长安人,正如《达奚承宗墓志》曰"门代冠冕,鼎盛关中,因遂家焉,今为长安人也"。号称"雍州长安人"似乎是一种骄傲与自信。所以各色人物都举行迁葬或归葬这种耗资巨大的仪式。归葬合袝对一般人来说是相当沉重的经济负担,但是亲恩难报,孝道为先,安史之乱后,流散在各地的人们纷纷从避乱地筹措资金,卜定吉期,克服种种困难将故去的亲人归葬长安,他们不愿自己的亲人潦草地埋葬异乡,"归葬""迁葬""合袝"成为一股潮流。当时人们的民族意识和国家概念还很淡漠,外来的异族人改换国籍很多,但传统的家乡观念很强,并上升到朴素的家国认同观念,归葬长安可能就是一种怀乡的表达方式。

通观全书,我读完后概括起来说,其内容各系各支,简明扼要,提纲挈领,引述广泛,既有汇总新出墓志等石刻后摘取世系内容的轴线,又是本带有提要性质的文字索引工具书,作者谦虚地说这是自己的读书笔记,实际上是他多年查询搜集的汇集,系统利用墓志史料参以传世记载来整理家族世系,现在欠缺的就是这类基础性的资料编纂。当然,一个人不可能收集穷尽全部史料,不可能尽善尽美,比如西突厥阿史那怀道夫妇究竟是葬于长安县居德乡,还是咸阳双泉原,作者没有作出进一步考释,不明其里甚为遗憾。又比如许多学界已经发表研究过的墓志,作者引用标注不够,使人误以为他对学术界研究成果了解尚不全面。

　　我以为,近年来集体合作编著的"学术生产协作"是产生不了精品的,你写一段,我编一段,找个名头大的权威再主编统一下,最后就是凑起来的一本书,对推进学术无大贡献,只是应景多拿点经费而已。我们可以合作研究,但没有必要集体篡书,不可能有集体只用一个脑瓜去思考一个问题。我主张做学问一定要独自去做,不要怕被讥讽为个人英雄主义,申请一个国家的课题,非得组建一个"不靠谱"的梯队,在规定时间里匆匆赶着写完,最终"学术合作社"根本生产不出精品来。

　　去年我在国外看了一部名为《讣告》(Obit)的纪录片。拍摄者用饱含遗憾之情的声调,从结尾开始,向前追溯,挖掘了他自己从来没有机会见到的家族逝者,用令人感伤的回忆,帮助后人发现一些早被遗忘的有趣事实。伴随酸楚的眼泪,使我们认识到墓志碑刻类的讣告是对一个生命作出的最早结语,是对一个人一生的公开评价,是对值得纪念的东西的判断。形形色色的逝者都参与过创造历史的进程,而且所有人都有过失去家族成员的悲伤经历,知道生命之轮悲剧发生后的感受。

　　最后,我想起了尚民杰先生常爱用关中方言与我交谈,这是否就是一种家族地域的"神音"? 保存了关中乡音就是保护家族世系的"神音",建立从古至今的乡音记忆工程,表达家族流传下来的那种地方话,是不是也与墓志同样应该成为值得保存的世界记忆,最终能进入《世界记忆名录》了呢?

　　哲人说:没有记忆的民族没有未来,没有凝聚的家族也没有继承。追寻家族脉络是古今之间的对话,也是历史文献与碑志史料之间的互动,愿这本具有第一手史料价值的书,能给有家族史兴趣的读者留下记忆。

《唐长安家族墓葬地出土墓志辑纂》序,商务印书馆,2018 年

超越死亡　礼敬逝者

——《陕西省考古研究院新入藏墓志》序

　　一个民族给予死去的先贤先辈祭拜位置，是反映其内在历史态度的标志。在生命长眠的另一端，不论是追思还是悼念，逝去的人物都被封存于历史的隧道之下，留下的信息凝固在石刻载体之中，犹如我们读大地之书、认家园之道，超越死亡之旅去重新解读远古的隐秘。慎终追远，还是从早期人类文明说起吧。

　　古埃及人认为死亡并不意味着生命的结束，而是生命进入了另一个世界不断延续，逝者的灵魂要得到永生，其肉体与轮回转世的物品一起放入墓中，受亲属的委托置于逝者身旁，不仅帮助死者面对未来、克服未知的危险，而且防止在冥界被怪兽吞噬不得超生。古埃及墓葬中随葬石碑的历史较为悠久，从古王国一直延续到其后的各个时期（前2650～前332）。在不同时期，石碑都有不同的形状和图像。石碑的功能主要是为了保证在丧葬品遗失或在没有亲人看护坟墓的情况下，死者仍能获得必需的丧葬品和祝福，这种功能一般是通过石碑上面的文字来实现的。

　　2005年我们考察意大利佛罗伦萨国立博物馆埃及馆时，看到中王国时期（前2065～前1781）的迪杰菲尔哈皮的随葬石碑，在这块石灰岩石头做成的碑上，刻有其姓名和称号。而末朝时期（前665～前332）的祭司潘布石碑，不仅雕刻有文字符号记录墓主人生平，还在墓碑上描绘了死者曾经在人间的生活环境（田耕收获、酿酒制陶）和曾经享受过的欢乐时光（游猎宴饮）。记得看完这些墓碑后，我们只有感叹这些相当于中国夏商周时期的文物，不愧是重要的人类文明遗产，真是"山外有山，天外有天"。

"阿拉伯之路——沙特阿拉伯出土文物展"首次亮相北京中国国家博物馆，映入我们眼帘的是公元前6000年到前2000年的德丹文字刻铭石碑，以及公元前4000年的人形石碑，接着是公元前五到前四世纪的墓碑，砂岩石板雕刻一张面庞，下刻"纪念塔伊姆扎伊德之子"。还有公元前四世纪著名的哈拉姆石碑，上面装饰的星相人物源自美索不达米亚，铭文则属于阿拉姆语。在古代阿拉伯半岛南部，这类石碑有着相当广泛的分布，阿拉姆语曾经是国际通用的商贸语言，铭文涉及里西安王室成员之子的一系列行动，也体现了阿拉伯半岛西北部与南部的联系。

我几次询问策展人这些墓碑文物的年代是否可靠准确，在得到肯定回答后沉默无语，内心不得不佩服两河流域的文明起源早于华夏祖先。中国与两河流域远隔万里，可是他们"视死如生"的观念与厚葬之风，与我们的春秋战国何其相似。是否有文化的联系或是偶然的交流，不敢随意判断，但是丧葬文化的厚重着实反映了灵魂不朽的观念。与国外石刻墓碑相比，中国的石刻墓志和碑刻出现相对较晚。据我所知，墓志刻石肇源于东汉，墓葬中随葬石刻墓志的风气盛行于北魏，魏体汉字书写的墓碑作为艺术佳品而名扬天下。北齐、北周至隋代的墓志亦不少。皇皇盛世的唐代出土墓志已成千上万，数量上不仅远远超过前代，也力压后世宋、辽、金、元。宋人编的《宝刻丛编》中已著录了相当数量的唐代墓志，可知唐代墓志在宋代已有出土。近年来各地墓志石刻大量出现。随着全国经济开发而带动的城市建设项目高速推进，考古工作使地下墓葬中墓志石刻资料如雨后春笋般出现。有些地方民间博物馆也如井喷一般冒出各个时代的墓志。目前，仅唐代墓志总数就达到了近一万方，其中陕西无疑是唐墓志最重要的出土地，仅在长安高阳原、少陵原、神禾原等地就有大量墓葬出土墓志。近十年来（2007～2017），陕西发现的唐代墓葬何止千座，其中不少是纪年墓，为学术界提供了可观的实物研究资料。例如在社会各界中引起轰动的唐玄宗之武惠妃墓、盛唐宰相韩休夫妇墓、武则天时代的女官上官婉儿墓，以及李道坚墓、执失思力墓、秦守一墓、戴胄墓等等。特别是唐代家族墓地被多次发现，从郭子仪家族墓到令狐楚家族墓,从阿史那氏家族墓到安氏、炽俟氏、曹氏、康氏等诸多墓葬,其中如唐代百济国遗民祢氏家族祖孙三代的墓地、唐代突骑施王子光绪墓,都为我们研究东亚和西域的历史提供了重要资料。

陕西省考古研究院是古都长安及其周边京畿之地墓志发现与收藏的大单位,所获墓志不但数量大而且品相好,特别是高等级墓葬集中于长安地区。围绕着黄土台原分布有大量古代墓葬,诸如长安区韦曲街道的神禾原、少陵原,浐河以东的龙首原、长乐原、白鹿原、铜人原、洪庆原,以及长安区的高阳原、细柳原、凤栖原、毕原等,都是古代墓葬分布的密集区域。由该院编纂的《陕西省考古研究院新入藏墓志》,是继《长安高阳原新出土隋唐墓志》之后的又一部大型石刻文献著作。这部书收集了从前秦、西魏到隋、唐、宋、元诸朝代共二百二十八种墓志,其中唐代一百零九方,有将近八成是首次公布,为学界提供了全新的资料。其中还有名将马璘家族、大宦官梁守谦家族以及宋代蓝田吕氏家族三代人共二十八种墓志,为增订缙绅世系谱续写了新篇。如果说唐代后期门阀世族因为战乱被打散流失,那么家族墓地仍然坚持回归家庭的传统,即使不在一个墓园,也会在故乡遥遥相望。

我们翻看全书拓片,可见许多有故事的墓志。最引人瞩目的就是景云元年(710)《大唐故昭容上官氏墓志铭》,志主即大名鼎鼎的上官婉儿,她既是著名诗人又是介入政治的女官,有文采有胆略,在唐中宗时代历经风云变幻,留下了许多传说故事。近千字的墓志内容记载了她的世系、生平、身份、葬地等信息,丧挽文学笔意浓浓,执笔者很有可能是一个与她共事过的文人。另一个是唐玄宗时期受到欣赏的名相韩休伉俪墓志。韩休于开元二十八年(740)葬于少陵原,墓志记载他"十二能属文,十八通群籍",不但文笔绝伦、出类拔萃,而且为人正直,对策国问,近忠良、远奸佞,被人们呼喧为"贤相",为开元盛世、振奋朝纲作出过杰出贡献,居官荣贵几十年,家无私积藏金,真是一个"清官""好官"。

近年出土墓志类图书所起的补史证史作用备受国内外关注,学者们均试图从志文记载中找出相关的历史事件、相关人物的家族谱系和生平经历,有些意想不到的墓志会带给人们新的认识。比如该书所收的《唐李范墓志》,披露墓主为契丹乌丸人,曾祖是北齐所授的八部落大蕃长。李善同曾祖是西魏夏州酋长。当时有很多其他民族被汉化了的酋长首领,汇入汉文化圈,成为走向盛唐建基不可或缺的人物。

墓志基本都是由家属或是门生故吏所撰写,当然也有少数名家执笔留字,有的彰显功勋、溢美歌颂,有的掩盖秘史、虚实结合,经历过跌宕起伏的官场风雨。像唐中宗时韦皇后家族墓地就在长安韦曲周边,其族参与政治斗争却几遭毁灭。而唐玄宗李隆基的养母燕国太夫人窦淑,开元九年(721)死后备极哀荣,不仅给予一品规格葬礼,而且被树立为贤妻良母的榜样。

长安周围高等级墓葬区很多,建立在莽莽坡原上,远眺三辅旧图,俯瞰黄壤千里,大唐气势确实非比寻常。而且豪门贵族的墓志,体量巨大,雕镂极精,四侧线刻的如意云纹、牡丹纹、祥云纹等衬托出墓主的高贵显赫,每当看到那些衬以远山、点缀森林的墓志线刻,看到"壶门"中兽首人身、持笏而坐的十二生肖图像,都会体会到"贵胄衣冠、世轨风模"的非凡气场。

当然,并不是所有墓志都是从高坟巨冢中发掘出来的。中唐以后,长安也出现了许多小墓志。因为安史之乱后,外族入侵,藩镇混战,朝廷溃逃,民众迁移,动辄数以万计的黎民百姓消失,不仅号称"门阀"的世家大族因社会动乱被杀戮而断绝,传统文化也随着精英阶层被打得七零八落而衰落,绝大多数人可能连墓志都未及被镌刻就云消烟散。现在从中唐以后的墓志上并不能看出他们因战乱死亡的文字,家人花钱雇人写祭文和请工匠打磨石头都不容易,一些中产阶层的官吏文士或富商大贾也没有什么值得夸耀的事迹,粗制滥造的小墓志流行于民间,因而中唐以后能在惨色哀声中保存下来的墓志本身就已经很珍贵了。

目前各省市文物库房中堆积着许多无人整理的墓志,私人收藏者对石刻文字秘而不宣,数量估计不少,这就更凸显出陕西省考古研究院近年来墓志整理工作的突出成绩。由于历史原因造成的后遗症,这些墓志石刻中有近百方还暂时无法查清出处,但多是当年长安周边重要的政治、文化的遗痕,其上记录着历史事件、重要人物、典章制度、文学语言等重要信息,如果没有这些保存的碑志填补空白,很难想象我们今天所了解的隋唐长安以及三秦大地是什么面貌。所以我每次看着这些墓志,仿佛就能听到生命花开花落的声音,犹如采浩然之正气,念先人之功勋,沐历史之风雨。

"为文化留根,为民族存史",是我们大家共同执有的心愿。近年来我参与编写、组织和策划的《长安新出墓志》《西安新获墓志集萃》《长安高阳原新出土隋唐墓志》等都经过长时间的考订,墓志中的异体字、别字、俗字以及文字残缺漫漶的困扰很大,深奥典故、拗口辞藻都颇费思量,深知考古工作者和文献研究者付出了夜以继日的心血。李明等人将考古出土文物与古籍文献紧密结合的尝试,已经迈出了扎实的脚步。随着新的墓志石刻继续增加,他们的整理工作也将不断深入,视野也将不断开阔,使墓志由公物变成公器,这也必将嘉惠海内外学术界,为人类尊重历史、超越死亡献上温馨的礼花。

《中国文物报》2019 年 6 月 28 日

西风东潮思长安

西安是一座有着 3 000 多年建城史的故都,曾经以周秦汉唐的盛世文化骄傲,以那个时代的恢宏气度追梦,在这方厚土上升腾的文化血脉一直延续至今。西安作为东亚古都的包容度曾使东西方文化在这里交汇,多年来考古出土的文物和历史文献的记载一再印证了这一结论,也是这座城市最为鲜明的特色。

将深埋在黄土中的遗产与藏匿在书籍中的历史结合升华,成为无数学人发掘、考释、研究的责任,目的就是为了传承弘扬祖先留给我们的文化精华。今年阳春四月,西安学者郑育林、王锋钧将他们承担的陕西省重大文化精品专项成果《东方古都西安研究》书稿寄到北京,嘱我写序。他们原是西安文博界的骨干力量,现已成为西安记忆的守护者、参与者、见证者,我认真拜读后感到有三个特点,权且作为这部书的序言,推荐给广大读者。

一、有益于激扬文化力量

文化是城市的灵魂,以文化为魂就是要让一座城市渗透于血液之中的高贵品质,散发出一种灵魂的香味。长久以来,在东部沿海经济发达城市的人们眼中,西安一直是一座废墟之城,充满了帝国斜阳的忧伤,在近代它更是一个四周封闭落后的堡垒。

实际上,浸淫着欧风美雨的人们,忘记了西安曾经是一座荣耀之城,这里有着厚重、深邃、愉悦,有着奇妙的中原农耕和草原游牧的混搭色彩,一个世纪以来在这片土地上经常有许多出乎意料的文物被发现,因为它在历史上是周秦汉唐京畿国都,特别是汉唐长安有着国际交流的土壤,经过多元文化的碰撞,既有跨越语言和地域障碍的外来艺术火花,又有东西方碰撞后留下的无国界思想遗痕,所以,西安整座城市虽然古老沧桑,但却充溢着传统之下所容纳的另类文化气息。

西安这座城市对历史考古研究者来说,无疑是一个福地、幸运之地。西安人对国家民族悠久历史和灿烂文明的认同感与自豪感,也是其他城市少有的,借助历史考古不仅是西安人文化渐入佳境的提升,而且是西安人对外文化交流的可择之路。目前西安登记可移动文物达到 70 余万件(套),其中珍贵文物超过 2 万件。这些文物历经千年岁月被收藏于博物院内,成为尘封历史、了解过去的一扇扇窗口,如果说这是历史眷顾这块土地,不如说是文物资源的丰富多样,见证了中华文化的起源与发展。因而,本书作者撰写时叙述时间跨度大,自旧石器时代的蓝田猿人写到民国时的西安城,将漫漫数万年西安地区的人文历史,浓缩于一部书中,脉络清晰,结构合理,提纲挈领,内容翔实,特别是摒弃了过去以描写政治制度为主的模式,重点在社会经济、科技文化与对外交流上浓墨重笔,特点突出但又不失全面。从农作物品种的优选到粮食供给的增长,从商业的繁荣到丝绸之路的兴衰,从西域佛教传入到寺观古刹的变化,从陀罗尼经雕版印刷到天文历法的归纳划分,从秦国良医到唐代孙思邈的医学理论,从西周青铜冶炼技术到隋唐金银器皿的发达,长安的各种巨变都犹如一个个鲜活的文化图景被置于读者面前。

作者认为西安是华夏民族的发祥地、传统文化的孕育地、人文荟萃的灵杰地、海纳百川的奇华地、古都风貌的见证地,虽然不免有夸大之嫌,但是作为一座文化名城的历史坐标,我们不能不承认周秦汉唐时代的京畿地区曾是一流学术大师云集,众多艺术群星辉耀,辐射力不仅涉及大江南北,而且远至东亚诸国,但是宋代以后逐渐衰落,到明清时期更是衰落到大师寥寥、大家匿迹。作者指出陕西地方史志的著作多数论及宋元明清时期的西安地区社会经济发展较为平稳,实际上金元至民初的 800 多年间,频繁天灾和战乱兵祸给本地社会经济带来的创伤是巨大的,金兵占据西安,烧杀政策使官署、学校、寺观、祠堂等几乎焚毁殆尽。十三世纪蒙古军队对关中地区焚斩屠掠,造成西安周边 32 个县户不满万,大量良田变为牧地,人口锐减数百万,饥荒频发难民多,几百年间恶性循环始终困扰着西安地区,直到民国时期都未能恢复,致使该地区经济大大落后于黄河下游各省,更拉大了与东南沿海地区的差距。

近代西安是辛亥革命的前沿城市之一,是最先响应武昌举义的城市之一,反映了西安长期以来民众对昏庸朝廷的不满,反映了西安文人士子长期被压抑的怨愤,反映了西安军界下层士兵以及各阶层民众的情绪爆发。探讨西安在中古以后的衰落更能引起我们对中国历史发展的深思,也促使我们反思民族整体文化力量的前世今生。

二、有益于推进学术的探讨

西安不仅是一座横跨中国东部和西部两大区域的交汇城市,也是跨越东西方欧亚大陆文化互为交融的城市,古长安遗留给这座城市的文化遗产不断地刺激着广大文史研究者以灵感的信号,而那些考古出土的传奇文物,愈加激发了许多人的研究热情。

然而,研究文化不是闲聊文化,阅读城市也不是漫游城市,它是一种从古到今的社会观察与学术品鉴,不仅要有学者的严谨、文人的温情、游客的好奇,还要有独立思考、驰骋想象、批判思维,我们要关注城市的魅力、缺憾以及前景。由于关注点不同,知识视野也不同,立论自然更是千差万别,这就要我们鉴别"普世"价值和"杰出"价值,不再是孤立单一地关注历史文物,而是要进行多维度多形式的文化再现。

这本书融入了作者创新的研究成果,例如在关于长安佛教造像的表现艺术中,两晋十六国时期长安无石刻造像的原因一直困扰着学术界,作者考证当时长安地区虽有数十所佛教寺院,但迄今除了一小尊铜佛像外,没有发现其他在寺院供养的较大体量的造像,他推测原因是当时寺院和民间造像普遍采用泥塑彩绘造像,不像石刻或金铜造像那样坚固,加上历史上的几次毁佛运动,所以这一时期的造像很难保存下来。由此作者进一步发现十六国时期先是出现了小型铜佛像,主要为民间拜佛之用;北魏时期小型石刻造像包括背屏式造像、造像塔、造像碑等居多,在汉长安城故址(西魏、北周都城)内外均有发现,可能主要是民间乡村集体供养的;北魏晚期的都城寺院遗址内开始成批出土圆雕的大型石刻造像,应为大型寺院中供养的。

针对各时期佛像形态的塑造特征,作者也有新的观点。他认为南北朝隋唐时期的佛教造像既有佛教艺术发展的内在因素,也与佛家的造像理念相关。东晋高僧释道安所倡导的"不依国主,则法事难举"的弘法观念,对佛教造像艺术依附帝王朝廷的中国式弘法理念产生了重大影响,历朝皇帝成了现世释迦牟尼的化身,佛像的面容和仪态常常依帝王形象塑造。由此就不难理解,当时王朝更迭会引起佛教造像面容、体态甚至衣装上审美风格的显著变化。宋代以后,理学在上层社会思想意识中的渗入,使拜佛供神已不再为统治阶级所倚重,失去了帝王依托的佛教迅速世俗化,反映在佛造像上则是去掉了帝王的影子。

诸如此类的紧扣一件具体事项进行的深入浅出的分析,无疑有益于学术研究的进步。目前,分享人文学界前沿的学术收获和思想成果,已是必做的功课,我非常期望更多的读者能关注这样扎扎实实的探索。

三、有益于扩大知识视野

历史文物研究是人类高级社会生活的产品,因为它不仅揭示了全人类共同的进化与智慧,而且是对古人艺术创作的欣赏与享受。文物研究者就是通过点化文物唤起世人的历史记忆,解开许多在文献字里行间的悬疑,让那些文物找到稳固的落脚点。

客观地说,历史记忆并不都是丰富清晰的,文献典籍经过了人的思维过滤、选择、发挥、重组,客观性随之降低,但是新出土的文物却由此验证、印证了古籍文献记载的可靠性。

这本著作图文并茂,配了许多珍贵文物图片,作者并不仅仅是为了诠释历史,而是给人重新感知、融通历史的斑斓印痕。我曾经在大学讲堂里说过"图像是社会文化的缩影,历史是生命怒放的记载","左图右史"是我们传统的图书要求,可惜后来被放弃了。因而作者虽以文字叙述史实为主,但与具有较高参考价值的图片相结合,使西安的面貌更为立体形象地展现在读者眼前。比如书中秦阿房宫遗址陶水管道发掘现场照片、汉长安城遗址出土的龙纹空心砖和瓦脊,以及汉长安城直城门排水涵洞的图片,使人有如亲临古代都城现场,感叹古人在城市基础工程上的杰出贡献。又例如作者展示的西周丰镐遗址出土的饕餮纹方壶、龙纹方壶、太师小子簋、雷纹大鼎等实物图片,不仅使人赞叹西周青铜铸造业的精美成就,更使人体悟到良匠齐集手工业的发达。再例如西安出土的汉代金灶、金饼、金钟,印证了史书中关于汉代多金的记载;历年出土的唐代金银器中的鸳鸯莲纹金碗、宣徽酒坊银注壶、"都管七国"银盒、狩猎仕女纹八瓣银杯等等,不仅有中原传统繁缛绚丽的器形,还有波斯萨珊式西域装饰风格,印证了中西文化交流的繁荣。至于出土的秦兵马俑、汉铜羽人、汉说唱俑、乐舞俑和唐代彩绘舞蹈俑、杂技俑、胡人俑等等,莫不体现了社会的风尚和艺术的结晶。文物图像成为我们认识西安历史的一个新起点。

回归到这本书的主题,侧重的自然是西安历史文明的演进,作者撰稿的目的是通过课题研究最终达到雅俗共赏,以出土文物之雅正纠庙堂之僵化、纠民间江湖之偏颇,给学术界留些值得回味的阅读快乐。

如今西安"广揽天下英才,博纳寰宇精粹",这无疑是对的。西安确定"以文物保护带动城市发展"也是对的。历史文物对任何一座城市来说,都是财富而不是包袱,文物承载的传统文化是维系民族生存延续的根本,是我们祖先留下的不可缺失的根须,从这个意义上说,文物代表着一个城市甚至一个国家的厚度。如何把文物保护和经济发展置于同一个层面相辅相成,值得每一个有良知的人思索。

每年的 4 月 23 日是世界读书日,在这样一个读书日里看完郑育林、王锋钧的书稿,很有感受。看书稿与阅读书一样需要整块的安静时间,因为需要集中时间、精力和理解力,可我的时间却恰恰是碎片化的,特别是无法长时间地品书香、谈收获,但我相信,他们的书稿即将出版面世,会引起人们对留住城市历史记忆的关注,尤其是对西安城市的建设贴近特色,会提供丰富的源泉。

《东方古都长安研究》序言,陕西人民出版社,2013 年;《西安晚报》2014 年 1 月 19 日;又见《中国文物报》2016 年 7 月 12 日

大明宫：皇家珍贵的记忆遗产

举世闻名的唐长安大明宫是城市历史、文学想象和考古佐证的混合物，也就是说大明宫有文献典籍的记载，有诗歌文学的描写，有考古发掘遗迹的佐证，汇合在一起给我们提供了丰富的想象空间，从而使大明宫不再是一个空泛的历史概念，而是一份珍贵的记忆遗产。但踏访实地、观览旧迹，毕竟离不开那些零零散散记录的历史文书，汇聚编纂一部史料集就成为文史、文博工作者通力协作而迫在眉睫的一项工作。

可喜的是，大明宫文物局怀着对文化遗址的敬畏，怀着对千年前先辈建设宫城的敬意，组织专业人员搜集相关史料，并聘请有关专家连续不断地整理鉴别，拟定细目，撰写提要，编制索引，耗费数年时间终于编成了这部著作，其中的认真态度令人欣赏。特别是他们关注的不仅仅是宫殿建筑、都市规模，还有宫城与人的文明关系，关注的是历史与文学兼有的描写，关注对城市形态、历史脉络和精神的把握，这需要跨学科的视野和坚实的专业知识，该书真正可以说是一本了解大明宫原始资料的实用指南。

具有"史考"的实证价值

大明宫作为一种文化遗迹，在抵抗了千年时光侵蚀之后，还要继续诉说历史当然离不开最原始史料的支撑，因而大明宫史料愈发显得重要，也是古人留给后人的一部教科书。

古往今来,面对故垒如许的残垣断壁、荒城古冢的破砖碎瓦,人们总不免触景生情,历史的失落感油然而生。即使是宏伟的城市、辉煌的宫殿,也因经不住人世的沧桑和岁月的磨砺而面目全非,更何况许多往事已经湮没、失落于岁月的迷雾之中,既不可见亦不可知。它们当中有的涉及一时一事,有的扩及一国一族,还有的牵扯到一个失落的世界。

这种历史失落感,往往正是人们搜集史料与研究的起点。每当我翻开大明宫史料看到那些宫门的记载时,我就想宫城里的城门是一个特殊的建筑符号,有着特殊的文化效应,因为门禁之地异常重要,除车马交通、人员出入功能外,"以伺动静"守卫监管、禁军防护预防不测、奏事延迟停留手续等等,一套有机的配置亦成为人文定式,所以史书对宫门的记载极为重视,这也正是史考的关键点之一。

需要指出的是,大明宫宫墙实际上是这座城市里皇家与其他人生活的边界墙,确定宫墙就是确定宫廷范围与城市生活区规模的界线,也是为现代文物古迹保护提供"史考"依据。大明宫遗址上那些失落的文明如果不能被系统地释读出来、被复原出来,它将是一个零碎的永远的不解之谜。因此搜集汇编记载大明宫的史料不是一个简单的叠加,它具有的文献价值、学术价值、社会价值是多方面的。但由于历史文献分散,不易查找,限制了许多学者对这部分史料的使用,无法快捷便利地发挥更大的作用。

要让大明宫对构建唐朝世界风采具有说服力,就必须依据大明宫史料中的记载、诗歌文学中的描述和多年来的考古成果互为印证,互为补充,从而给人们留下深刻的印记,而不能搞那种空中楼阁式的描画,让人们模模糊糊地看到一个影子,不了了之地消失在了历史深处。特别是大明宫名称繁多,有错讹疏漏的,也有因承杂乱的,似不可尽信,很多宫殿不知明确的所属宫区,可能隶属大明宫,也可能属于太极宫、兴庆宫以及九成宫、玉华宫、翠微宫,所以需要参考各类记载,审慎斟酌,互相印证。这次搜集,汇编者按照史料编纂的年代排列顺序,越接近历史年代也就越接近史实真相,打破了原先以钦定正史、官府史书、地域方志、笔记小说排列的顺序,这无疑是正确的方向。

具有"史鉴"的研究价值

大明宫——盛唐文化的圣殿,这是一个国家最清晰地表达自己引以为傲的宫殿空间。在大明宫产生过民族文化的传灯人,孕育了城市文明的承担者,贡献了跨越时代的思想者,至少现在人们已经达成了共识:大明宫不是一个地理名词,不是一个城市空间的摆设物。大明宫是中国古建历史的补白与钩沉,是我们追溯城市生活的一个源头。

1906—1910 年的晚清时期,日本学者足立喜六在陕西大学堂任教期间,勘踏西安地区古遗址,撰成《长安史迹研究》一书,描述了大明宫遗址的位置、规模和形貌,并配以大明宫图,使文献记载与景观重叠在一起,尽管这是一幅静止画面的概图,但给我的震撼触及心底,它不仅穿越时空使人遥想千年前宫殿台阁的兴建毁灭,也让我佩服日本学者对历史古籍和唐代古迹互相印证的"史鉴"精神。

二十世纪九十年代初致力于中日友好交流的日本画家平山郁夫先生带领访问团参观大明宫遗址时,西北大学曾派我陪同他们作讲解,但大轿车一进入道北拥挤不堪的自强路竟无法拐弯,旅行社导游小姐抱怨来这破烂地方看什么,我们只好步行走到含元殿土丘前,平山郁夫撇开我们自己一人走到土台上激动地向日本访问团成员讲述大明宫的概貌,我们中方人员面面相觑,当时我心里非常惭愧,中国古迹竟由外国学者关注,大明宫既是他们心中的圣殿,也是他们万里来访寻求"史鉴"的动力。

或许是千年前唐朝已经潜藏的"万邦来朝"世界观念成就了长安的独特,因为长安发展的基础很不一样,一开始它并不是一座商业城市,它的第一批永久性建筑就是宏伟的宫殿以及寺观,唐文化的繁荣就是文学界、艺术界的代表人物都是在这座国都城市中产生,许多诗歌创作的领袖人物吟诵过仰慕大明宫的诗篇和文赋。其实赞颂长安的诗歌很多,大明宫作为皇家景物的象征,有着引以为荣的特殊建筑成就,自然更会成为艺术浸润中的主题,文人们用艺术灵感回应着大明宫的特殊性。

我常想,文化繁荣依赖于不同文明的交叉连接,活跃、包容和开放是长安的优点,但并不是单纯对胡风的模仿。大明宫在唐朝近三百年历史中也是在不断变化的,除了一般的维修外,还不停建造新的亭台楼阁,"内作"与"外作"的百工营造也不统一,这也是文献记载前后有些杂乱的原因,但毕竟使后人可以看到一部多维而非线性的历史。

具有"史貌"的审美价值

如果说大明宫是历史遗址上的圣殿,是岁月废墟上的巍巍楼台,成了今天田野考古研究的对象,后人无论再怎么阅读文献史料都只能留下历史的影子。然而今日走在这片土地上,即使看到一些夯土台基,也会让人产生一种时光倒流的感觉,想象中仿佛回到了皇皇盛唐的时代,既有晴空万里的日子,也有阴霾密布的时候,既有滂沱泪雨冲洗的遗痕,也有万国来朝伏拜的绝唱,当时的作家和诗人纷纷拿起笔"录制"下了被称为史诗的文字:

> 绛帻鸡人报晓筹,尚衣方进翠云裘。九天阊阖开宫殿,万国衣冠拜冕旒。(王维)
> 鸡鸣紫陌曙光寒,莺啭皇州春色阑。金阙晓钟开万户,玉阶仙杖拥千官。(岑参)
> 五夜漏声催晓箭,九重春色醉仙桃。旌旗日暖龙蛇动,宫殿风微燕雀高。(杜甫)

诗人们既有全景式的视点描写,又有独特角度的侧面叙述,把大明宫原貌的特征发挥到了极致,亲历目睹者的真实叙述,犹如把我们带入了第一现场,长久地撞击着人们的心灵,使那些轻描淡写、粉饰生活的敷衍作品,立马现出苍白的原形。

众所周知,大明宫突出皇家之尊、王者气象,宫殿建筑尽可能壮丽无比。含元殿面阔 67.33 米,进深 29.2 米,面积近 2 000 平方米,与北京紫禁城太和殿相近。从含元殿到丹凤门为 615 米，其间是朝会集合百官的由庭殿围合的大广场。含元殿台基高出地面 15.6 米。殿堂居高临下，康骈《剧谈录》记载"仰瞻王座，如在霄汉"。而故宫太和殿到太和门才 186 米，台基高度也只有 7.12 米，与含元殿相比就不免瞠目结舌，落后了许多。大明宫的面积是北京故宫的 3.5 倍，是巴黎凡尔赛宫的 3 倍。所以说，大明宫是西安值得追溯的唐代"故宫"。

我不希望大明宫成为一座史诗的空架子，用历史典籍的文字来丈量长安，用饱蘸深情的诗句来观察宫殿，索证稽核，实对臆作，所以殷切希望通过这次对大明宫史料的梳理铺陈，在时间的线性展现中构造一系列绵延的历史景观，再不用虚幻意念去关闭想象的空间。

具有"史识"的释读价值

昨天是源，明天是流。准确地诠释历史是为了更好地观照现实，精细地研究历史是为了反思未来的道路。

大明宫让我们看到了一座城市的文化追求，看到了一座城市的文明律动。只要不完全被经济利益所左右，不完全成为一个旅游景点，而是作为一个经典文化符号，大明宫对于西安的意义，就好比卢浮宫对于巴黎的意义。卢浮宫对巴黎意味着什么？意味着巴黎这座城市独一无二的文化品位，这一伟大的艺术杰作，成了法国近千年历史的最真切的见证。同样，我们也希望大明宫成为千年遗迹的典范以及西安文化品位的代表。

宏伟建筑是一座城市的名片。城市建筑承载着诸多功能，名字首先应易于识别，便于记忆，作为城市的组成部分，它还应该符合这座城市的历史文化特质，并与周围建筑环境相协调。在隋唐长安的城市规划中并未使用外来的"洋名"，什么波斯邸、天竺房、突厥帐等等，那个时候"安宁""太平"等名称响彻中土，增加了民族的向心力和自豪感。独特的个性风格、文化内涵是一座城市赖以生存发展的重要基石。

现在有人认为富于中古气派和中国风情的名字太土，或者听不懂，热衷于起洋名,似乎洋名字有异国情调,貌似贵族化,以便吸引一些崇洋心理的人的喜欢,满足他们的猎奇心理。所以一些承载着珍贵记忆的老地名渐渐消失,这种反差不仅令人遗憾,而且损害了城市的历史根基。

唐代长安一直被视为一座废墟之城,它充满着盛世的荣耀,也充满着帝国斜阳的忧伤,在这样一座横跨西部与东部前后脚的旧都城市,大明宫牵动着城市记忆的苏醒,目前正在建设的考古遗址公园已经部分利用考古成果再现它的轮廓,再加上历史文献的疏通,就会使历史碎片拼成文化的风貌,为我们认识文脉留下一份宝贵的文化遗产。

历史是有记忆的,古籍文献就是记忆的遗产。只是在浮躁、浮夸、浮华的风气下,越来越少的人能够平心静气地作一点哪怕是很粗略的历史文献浏览,检索一下古代史学方面的研究论文,捡拾起已被丢弃的学术前辈的科研成果,做些踏踏实实而默默无闻的学术修行。

大明宫史料汇编作为一种珍稀的"全景图",综合性地将古代建筑、城市布局、历史地理等汇聚成古籍整理成果,实际上它不仅是唐代历史的记忆,也是中国古代城市建设史的珍贵记载,对我们今天保护、修复大明宫文物遗址以及建设国家级考古遗址公园,都有着一系列重要与难得的价值。大明宫文物局吴春、韩海梅、高本宪等研究者抱着"促进使用,资治当代"的态度,主编推出这部史料汇编,无疑值得称赞。

《唐大明宫史料汇编》序言,文物出版社,2012 年;《中国文物报》2012 年 8 月 3 日

西安元墓壁画初露颜面

——《韩森寨元代壁画墓》简评

元朝是蒙古族于1271年建立的全国性多民族统一政权,其疆域"北逾阴山,西极流沙,东尽辽左,南越海表",1279年征服南宋、一统中国后,既保存了某些蒙古旧制,又有着"采行汉法"的轨迹,沿袭和吸收了不少中原的社会风俗。西安市文物保护考古所2001年7～9月抢救性发掘的西安东郊韩森寨一座元代壁画墓,就是一个典型事例。

众所周知,西安地区发现的汉唐墓葬较多,而元代墓葬较少,绘有壁画的元代墓更为少见,韩森寨这座墓葬是目前西安地区首次发现的元代壁画墓。该墓有明确纪年,出土的买地券记载为至元二十五年(1288),距元朝统一全国仅仅九年。幸存的壁画色彩鲜艳、线条流畅、用笔传神,所绘人物栩栩如生,竹石花草亦生气盎然,充分体现了元代民间画匠不凡的艺术创作水平。

就墓葬内容来看,有三个特点为其他元代壁画墓所少见:

一、散乐图生动地表现了一支民间乐队演出赶场的情景。元朝初期,北方地区广泛流行各种形式的说唱、戏曲、歌舞等科(动作)、白(念词)相配合的民间艺术杂剧,三五人组成的小乐队往往在沿街"勾栏""瓦舍"内演唱,或者被召唤至官员富户人家中表演。该墓散乐图所绘的三个民间艺人挎古琴、携器架、提拍板,就是急匆匆应召赶赴演出途中的一个片段。这幅绘画是当时民间杂剧戏班的写实,一改文人画风格与题材,真实地记录了元代初期的汉族社会风俗,具有不可多得的历史价值。

二、墓室建筑继承与发展了北宋以来仿木砖室墓的形制。墓中砖雕斗拱、假门、窗棂等仿木结构均为中原传统建筑形制,方型穹隆顶没有元代蒙古族人墓葬常见的圆形、六边形、八边形等仿蒙古包形式,更没有元墓豪饮狩猎、骏马驼牛、踏地起舞等艺术内容,见不到草原文化生活影响的痕迹,说明蒙古人入主中原后并未能通过武力征服汉族文化,在西安地区汉人文化仍居主导地位,对研究元代统治下的民族融合无疑具有重要意义。

三、墓室陪葬品表明汉族传统文化的深厚积淀与体现。该墓虽是元代墓葬,却没有蒙古族文化的反映,不论是花草竹石还是五女侍宴图的壁画,都是宋代以来流行的汉族文化题材,出土的铁猪、铁牛、镇墓石以及地券的放置和文字的格式,更证明蒙古人服饰、乐舞、葬礼等生活习俗并不被汉人接受,身处元朝四个等级中地位偏下的北方汉人坚持保留自己的习俗,至少西安地区是蒙古文化流行的薄弱地区。该墓出土的几件瓷器,均可作为元代瓷器鉴定的标准器,其中的兔毫盏内壁有三片木叶纹,应是耀州窑仿建窑的产品。

韩森寨这座元代墓葬是西安地区墓葬史上的一个重要发现,对研究元代的绘画、音乐、瓷器、建筑、葬俗等无疑有着历史文化遗产的断代意义。所以资料整理和公布比较及时,今年9月编写的考古报告立即由文物出版社出版,有以下几方面值得提倡:

首先,该考古报告不仅重视结果,也同样注重过程。报告以时间先后为顺序较为详细地介绍了墓葬发现、发掘与壁画揭取的经过,采用发掘日记形式来重新展示这一考古工作的全过程,能让读者更多地了解考古发掘科学历程,使读者有一种参与感,能与考古工作者共同分享每一个新的发现,共同解开每一个疑惑。对研究者来说,则可看到考古工作的每一个细节,获得更全面的信息和第一手的详细资料。

其次,该报告的编写能从大处着眼,小处落笔。开篇的概况介绍中,就将这座墓定位于历史地理环境中,处处能用历史的眼光看待这座墓的有关问题。如在论述壁画中所见的家具图像时,就先介绍了元代家具在中国家具发展史上的地位及其特点,使人们能了解壁画中所见的每一种家具的发展轨迹,能有一个较准确的时空定位。同样在论述该墓壁画的特点时,也是先介绍元代绘画在中国绘画史上的特点与风格,接着比较了元代水墨画与壁画的不同,比较了该墓壁画与同时代不同地区的墓葬壁画,最后从小处落笔,仔细分析该墓壁画的布局结构、线条色彩等等来反映其特点。

再次,该报告的编写,能充分利用吸收前人的研究成果,在论述部分广征博引,罗列了大量的相关资料,比如在论述该墓结构中的假门、斗拱以及在论述壁画中所见的方桌、古琴、拍板等图像时均是如此。这座墓只存了一大半,本身的材料就很有限,但作者把这批材料做得较为仔细,又很好地利用了前人的成果和周边地区的资料内容,编写成了一部较完整的考古报告,实为难能可贵。

还有一点特别值得注意,就是该报告将文物保护专辟一个章节,由文保专业人员执笔详加介绍,强调了考古发掘中文物整体保护的重要性,体现了"保护为主,抢救第一"的思想。以往的壁画墓考古报告,往往没有壁画的保护、揭取与修复等内容。该报告以"壁画的保护、揭取与修复"为题详细地叙述了发掘伊始文保专业人员就参与的壁画清理、加固、揭取的全过程,最后还对壁画修复的情况作了介绍,附有经仪器测定的壁画颜料分析图谱与照片,增加了报告的科学性。这也是本报告的特色之一。

从该报告中我们还能看到一种在科研中需要大力提倡的合作精神。正如该报告后记所言:"该墓的发掘直至报告的编写等,均是集体劳动与智慧的结果。壁画的成功揭取更是西安市文物保护考古所揭取墓葬壁画的首次尝试,得到了多方专家学者的协助。"足可见其在文保方面是广泛征求了多方面专家学者的意见,这是一种值得提倡的做法,也是对文物负责的做法。

这部考古报告的结构合理,重点突出,内容详细,描述清晰,线图准确,彩版精美,结合历史文献和有关的考古资料,对该墓所反映的相关问题作了有价值的考释和探讨,并对墓葬壁画的保护、揭取、修复以及壁画颜料与制作工艺等作了一定的分析,可谓是一部较好的考古报告。美中不足的是对元代初期某些问题的认识还较浅显,如墓葬结构中仿木建筑的时代特点,对人物的服饰分析较为笼统,以及宋代与元代绘画的区别等,如能进一步研究,无疑会取得更大的价值和成绩。

《中国文物报》2004 年 12 月 12 日

从佛教之城到宗教之都

——评《西安碑林藏石中的佛寺文化》

长安是中国古代城市文明的兴盛之地，被誉为是最有历史文化底蕴的城市之一，关键是，它不是仅有一个文化的外壳，那些有灵魂的宗教艺术曾不断地给它带来生机。

从北魏、西魏到隋唐时期，长安佛寺的成群建设推动了城市面貌的改变，佛寺推动了建筑技术的发展，扩展了宗教的势力范围，在佛教文化的润泽下，佛寺名刹既是高僧大德修习讲道之地，亦是贵族官僚和百姓供养之处，仿佛时光有了温度，精神有了归宿。今天在西安及周围地区陆续考古发现的宗教文物表明，佛教在这里有着丰富的表达和现实的注解，似乎大的佛院寺庙都与皇家高门有着千丝万缕的联系。

隋唐时期是中国佛教发展史上的黄金阶段，全国的佛教中心就在号称"上都"的长安，一百多座佛教寺院分布在都城坊里内外，具有等级高、规模大、精品多的特点，遍布的寺院不仅是单一的建筑物体，更是社会发展的文化现象。如果说城市的寺院是由物质塑造，不如说也由宗教信仰理念铸就，长安佛教八大家在这里产生，实际上就是物质与理念同时并存的结果。各家都想以自己的全新理念和学说为佛教"中国化"探路，从而交汇激荡，凝结成一系列影响深远的"长安流派"。

然而，包容东西方文化的隋唐都城既有普度众生的佛教，也有浩瀚玄妙的道教，还有外来的景教、祆教、摩尼教"三夷教"，都想给人们带来灵性的思想和圣洁的精神指引，即便是佛教内部也纷纷标识自己"佛祖神启"的正统性，不给任何"歪门邪道"以可乘之机。当世界为宗教问题互相攻伐、大动干戈时，长安却从来没有发生过宗教战争，即使双方相互质疑传教的荒唐行为，讥讽对方的浮夸造作，也都是借朝廷之手压制不同的门派，用皇家之令抑制佛道的争辩。会昌年间佛道争功互斗毁掉城坊佛堂三百余所，但仍保留了左街慈恩、荐福和右街西明、庄严等寺院。至高无上的皇帝要各家宗教都为自己服务效劳，这就使得长安的佛寺道观、祆祠景寺很长时间得以保存下来，为我们认识佛教之城到宗教之都提供了街衢通道。

世界著名的国都绝大部分都是宗教之都，但经过战争破坏和社会动荡，能完整保留下来的都不多了。如今长安城遗址基本均被叠压在地下，除留有大、小雁塔等遗迹，佛教寺院已荡然无存，随着青龙寺、西明寺、木塔寺、实际寺等佛寺部分遗迹被考古揭露出来，带给了千年后的佛教研究者和文物工作者梳理资料的机遇，尤其是佛像、石刻、碑志、壁画、器物等大量反映长安佛教信仰的文物的面世，有利于当代学人更全面客观地掌握第一手资料，明白宗教的力量穿透着千年的时间隧道。

景亚鹂研究员深谙这种佛教信仰力量的意义，她利用西安碑林博物馆保存的中国佛教碑刻的诸多精华作品，试图刻画出这座城市最美的寺院形象，想通过一座座寺院的细节，塑造出一座宗教之城的面貌。她历经数年撰写的这本专集性著作，提纲挈领概括提炼出长安寺院的分布，实际也是为隋唐长安示范出曾经存在过的佛教文明的节点。

作者指出中国佛教有宗派、有祖庭，是区别于印度佛教的一个特点，也是佛教传入中国后完成中国化的一个重要标志。"祖庭"就是佛教各宗派开山祖师所在的寺院，因而她通过碑林刻石中佛教宗派祖庭的草堂寺，考察三论宗般若中观思想，以及与鸠摩罗什的关系；通过《集王圣教序碑》《道因法师碑》《玄秘塔碑》等说明玄奘大师弘扬三藏圣教的唯识宗祖庭大慈恩寺；通过《杜顺和尚行记碑》《华藏庄严世界海图》说清华严宗祖庭华严寺；通过《广智三藏和尚碑》及碑主不空说明大兴善寺是密宗的祖庭；通过移藏到碑林的《隆阐法师碑》

《净业法师灵塔铭》，说明净土宗祖庭香积寺。此外，作者对律宗祖庭净业寺和义净大师的关系、对长安宝庆寺原址说献疑，以及对章敬寺、化度寺、大云寺、开元寺、大安国寺、兴教寺、青龙寺、卧龙寺、广仁寺、云居寺、罔极寺等等文化遗存逐一作了考察。当然，由于长安佛寺原始记录的资料相对匮乏，制约了佛寺的综合研究，作者若是能按照长安城内、郊外寺院地理空间建设规律，厘清各个寺院的分布和它们位置之间的关系，搞清长安贵族高官"舍宅为寺"的普遍现象，了解僧人在坊中四处巡寺礼佛、求师请教的关系，就像唐开成年间日本学问僧圆仁《入唐求法巡礼行记》记录在长安寺院的活动，那就更会添上精彩的一笔。

我们看到，作者并不满足于简略地叙述长安的寺院状况，她利用碑刻、墓志和照片等资料，通过新见唐宰相裴冕之女尼释然的墓志，论述了唐代比丘尼家庭背景之影响；利用新见的《法琬法师碑》探讨了唐代的佞佛风气。作者还仔细翻检了碑林博物馆现藏的唐代宦官及宦官之妻的 56 方墓志，对其中 14 方志文集中反映的唐代宦官与佛教的关系，作了这一特殊群体奉佛思想的研究。碑林博物馆确实是一个石刻宝库，我曾数次到碑林库房考察石刻文物，有不少珍贵的佛像，也有很多断碑残碣，可惜精美的飞天经幢被砸成残柱破石，不知晚唐"会昌毁佛"运动时要出动多少蛮汉野夫才能将艺术品糟践成这样。因此，特别期望博物馆研究专家能有时间把这些文物都整理公布出来。

近年来种种考古新发现，不断刷新着人们对长安这座古老城市的人文想象，隋唐寺院往往占据着城内冈阜高地，不管是皇城禁中的内道场，还是占据坊里面积的重要寺院，从九二高坡到九五台塬，当时遍布的高耸寺塔不仅标识着佛教的主流地位，其实这也是人们向往着佛祖保佑的人文高地。从新的考古发现宗教文物来看，说长安作为东亚宗教之都绝不为过，它对朝鲜半岛和日本的影响至今未消，既曾为中国佛教发展奠定过学术意义，也引领着佛教等宗教中国化认识的现实意义，我们殷切期望着考古学者能提供更多的佛教新资料。

时间是最客观的见证者，文物是最真实的记录者。

阅读完景亚鹏研究员的书稿，我深深感到碑林博物馆收藏碑刻的背后，是当时人们触手可及的宗教生活,涉及社会各个阶层的方方面面,也可见宗教信仰的文化力量是多么深沉持久,佛教中国化支撑着长安这座城市过去的辉煌,也昭告着后人逐光而行并不断研究的道路。

《西安碑林藏石中的佛寺文化》,陕西人民出版社,2021 年出版

第三章

人文睿思下的遗产保护

文化遗产保护离不开科学技术，但科学与技术有别，技术不能代替学术，技术也不能顶替艺术。学术和艺术讲究创新，技术的前提是科学，即使学术造诣深厚的巨匠也不能离开科学，我们必须十分注意捕捉新思潮的脉动，只有驱除谬见，挑战成见，才能提出洞见。

国家遗产与精神遗泽

——《大遗址保护行动跟踪研究》评述

　　文化遗产是一个民族身份的象征，是人类区别于动物界的最典型的特质所在，它超越了意识形态，是全人类的共同财富。如果说一个家族要敬仰自己对民族做过贡献的先人，那么一个国家也要礼敬自己民族的辉煌历史和精神遗泽。中国的文化遗产不只是中国的宝贵财富，也是亚洲和世界的重要文化财富。文化遗产使得我们对人类自身的发展历程有了进一步认识，启发人类重拾对历史造物的信仰与谦卑，面向世界对话多元文明。

　　在全国各地轰轰烈烈铺开大遗址保护行动十年后，今天我们看到了由中国文化遗产研究院编著的《大遗址保护行动跟踪研究》一书，厚厚的上下册一千多页饱含着科研人员的艰难辛苦和智力劳动，令我们感叹不已。这部书不仅是国家社科基金重大项目的研究成果，而且是大遗址保护行动实施以来第一部总结著作，其中全面梳理了大遗址保护作为文物工作的经验与教训，在调查评估基础之上提出了许多对策性的建议，将许多普罗大众不知道的真相摆上了台面，引发了一系列值得探讨的深思。

　　这部书开宗明义提出大遗址属于国家所有权保护范围，大遗址是国家遗产，必须纳入国家公共服务体系、国有资产管理体系和全社会参与体系，这就大大超越了文化遗产只是文物部门自家事的局限性，冲出了文保工程项目管理模式的桎梏，这在理论上和实践上都是重要的突破。长期以来大遗址未能上升到"国家遗产"层面上决策，文物部门沟通无方、协调无力，成为各地各行业歧视的"绊脚石",政府综合决策体系未把大遗址保护列入议事日程,法人违法的案件层出不穷,深层矛盾非常突出,尤其是城市日新月异的建设改造和农村小城镇化风涌潮起,大遗址成为文化遗产中最脆弱的一支,文物系统原来"死看死守"的保护方式被讥讽为清扫残花败柳的障碍。

大遗址是一片特殊的土地,有的是古代城市的旧迹,有的是皇家宫殿的废墟,有的是大型聚落的区域,有的是陵寝墓葬的遗址,以及近现代重要史迹,种类涵盖文物保护的方方面面。从"十一五"规划中100处重要大遗址到"十二五"规划中构建的"六片""四线""一圈",划出了以150处大遗址为支撑的重要保护新格局,后来又增加新的线路,引起人们质疑惊呼"大遗址"究竟有多大。许多学者专家指出我们城市大遗址过去受着随意改变的错误决策之苦,现在又继续经历着急躁大跃进式的好大喜功之痛。

本书课题组针对大遗址保护中出现的种种问题和疑惑,面对种种难题和困境,进行了深入调查,梳理资料、访谈专家、问卷民众以及对话政府官员,采用实证综合、对比调研、数据分析、定性与定量分析相结合等方式,对目前大遗址保护行动的成效与社会经济影响进行了比较客观的评估,既不拔高也不贬低,既不夸大也不掩饰,从而形成了上编以专题篇为主的一个总报告和五个分报告,下编以案例篇为主的综述报告与九个案例报告,条分缕析,娓娓道来,令人耳目一新,颇受教益。

宏观视野,专题评估

早在二十世纪初由于列强在中国以"探险"名义大肆盗取文物、劫掠遗址,因而二十年代以后"大遗址"保护就进入了公众视野,但是积贫积弱的旧中国无力有效保护文物古迹。三十年代后国民政府陆续公布了一些文物法规,虽然社会动荡无法落实,却开辟了"大遗址"保护的通道。1949年后,工农业建设浪潮卷起了毁坏文物的漩涡,1956年国家列出了安阳殷墟、洛阳汉魏故城、西安丰镐遗址等15处"重要古文化遗址"名单,并于1958年首次提出"大遗址"一词。这表明国家文物部门已经认识到大遗址的重要性,有了自觉保护的初步理念。

进入二十一世纪后"大遗址"内涵与外延逐渐明晰,2005 年由财政部和国家文物局共同主导推动的大遗址保护行动正式展开,早期文明遗址、历代都城遗址、重大考古墓葬遗址等一大批中华文明进程中的宏大代表和文化价值得到了国家的认可,中央主导和属地管理的保护力度前所未有,2005～2012 年八年间中央专项经费投入 50 多亿,不仅国家文化软实力得到增强,而且国家遗产的硬指标形象得到了一定程度的提高。

然而,课题组并没有因这些数字而沾沾自喜,他们继续深入评估,发现了考古不足、定位不清、急于求成、重建设轻保护等问题,有的遗址公园运营成本大、收入少,有的遗址揭露后保护技术水平较差,有的遗址公园处于关闭状态,有的遗址公园为出形象大拆大建造成财政负担过重,被人们议论为"华丽的转身",昂贵的门票更是让普通游客望而止步。大遗址作为一个公共景观无疑不是少数人赏玩的奢侈品,而应是普通公众身心愉悦的空间。大遗址只有真正与城市普通居民融为一体才能抚平过去的伤痕。

课题组在专项行动得与失的总体评估中,高度肯定了大遗址作为国家遗产(资源)的重要地位和价值,又尖锐地批评了一些遗址筹集巨额资金用于商业开发主导而不是文物保护主导,留下重重隐患与弊端,深层矛盾尚待化解,体制改革势在必行。他们叹息保护行动尚未带动制度建设,期望大遗址不仅具有历史文化价值,更期盼从国家战略资源基础上提升大遗址实在的国家遗产价值。

文化建设,精神遗泽

当今世界国家之间的竞争既有经济实力、科技水平、军事威力的竞争,也有越来越激烈的民族文化、思想价值、艺术创新和历史血脉的综合性竞争,提升国家文化软实力和推广民族凝聚力成为一个国家综合国力的标志。美国有 391 个国家公园,每个国家公园都有自己鲜明的主题,包括国家遗址公园,贯穿着自己的精神思想。他们认识到公园不仅是大众休闲的地方,也是一种提高文化品位、享受精神升华的场所,是美国社会文化建设的重要体现形式。

有卓越见识的人曾指出"文化是民族的灵魂,文化对国家发展进程的影响,比经济和政治影响更深刻、更久远。经济发展改变的是一个国家的面貌,而文化繁荣化育的是一个民族的风骨"。大遗址虽是历史的产物,但它是人类社会发展的重要见证。本书课题组清醒地认识到"保护大遗址作为重要的文化行动,其意义不仅是留存历史遗迹,更重要的是使其价值得到广泛传播和认可,在当代文化建设中发挥其应有的作用,不仅有利于公民素质的培育和地方文化品牌的塑造,而且有利于优秀传统文化的传承和民族凝聚力的提升"。

饶有趣味的是,课题组为了了解广大公众是否对大遗址有认知,设置了开放式问卷以便询问,结果是公众普遍对大遗址概念感到模糊,甚至有些人表达出疑惑,直接批评大遗址这个概念定位不清。这无疑是个遗憾的结果,说明遗产保护宣传了这么长时间,公众对大遗址认知仍然相对粗浅,即使关心也大多缺乏全面认识。不过,并不能低估广大公众的文化智力,他们提出了许多让人意想不到的精彩建议,从残垣断壁的遗址废墟到考古新发现带来的艺术灵感冲击,无不显示了人民文化素养的逐步提高,大遗址的展示需要进一步的阐释,真正能使文化遗产保护融入与惠及公众生活。

我们在思考,当文物工作者和文化学者在竭力使大遗址走出被毁坏的伤痛的同时,如何实现"有尊严的礼敬"而不是"华丽的转身",需要规划者的合理理念,更需要各方专家学者的参与,需要政府与市民的共识,需要社会团体、专业机构、文化企业几方面不同群体的共识,绝不应是一个人的独舞,更不是一个人指手画脚或一个建筑研究所独占地盘的臆想。

城市文化大遗址保护总是在寻找最佳的解决方案,最终目的是服务大众,提高大众的文化生活水平。重大保护规划蓝图并不是几个人的轮番"独舞",要真正实现每一项合理合情的规划,民众的支持很重要,要采取多种方式加强与各界文化人士的交流和各阶层民众代表的沟通,以求最后达到大多数人的认可,形成社会共识,这样大遗址保护才能符合多元主体利益的诉求,也才能让镶嵌在大地上的遗址"活起来"时避免走弯路、斜路。

当前大遗址展示"没什么看头"正是历史文化的常见遭遇，大遗址保护在文化建设中不能单纯依附官场政绩，更不能与经济开发挂钩化为 GDP，文化建设一定不能失去了本身最神圣的功能——对文明的推进，还有自身的发展与繁荣。我们不能永远躺在祖先的功劳簿上，在自豪地分享祖先荣光的同时，更要古为今用找到精神遗泽的契合点，从而使国家的文化遗产获得持久发展的生命力。

典型案例，深刻解析

在祖国大地埋藏着丰富的历史遗痕，其中大遗址是历史变迁的见证之一，一旦遭受到破坏就意味着永远消失，特别是我国和东亚地区大多是土遗址，生态环境又不理想，保护保存绝不容易。为了更广泛、更深入地对大遗址进行保护，本书课题组进行单个案例与整体保护的交叉解析，多种运作方式探索大遗址保护选取西安片区，彰显地域文化特色的"壮腰工程"选取荆州片区，跨区域超大型类大遗址保护选取长城，特殊政策扶持下"申遗"的丝绸之路新疆段，城市综合开发下隋唐洛阳城遗址保护项目，城市核心区遗址博物馆建设的南越国宫署遗址，以及良渚遗址、牛河梁遗址、燕下都遗址，等等，既探索了大遗址与民众生活的密切关系，又讨论了传统遗址保护理念的延续，可谓有声有色，丰富多彩。

针对大明宫遗址公园"曲江模式"集团运作和"文物地产化"的争议，汉长安城遗址大规模整体搬迁耗资巨大的争议，荆州大遗址保护占地面积太大的争议，长城旅游开发与本体保护重量不重质的矛盾困境，洛阳城大遗址公共资金浪费和运营风险的争议，各地普遍存在的土地之争、利用方式、资金募集、居民搬迁等等问题均不是一时一地所能轻易解决的，特别是以雷厉风行的运动来实施保护行动遇到了不少人的质疑，也留下了许多难以弥补的后遗症。课题组没有回避遮掩这些问题的存在，而是以高度理性不讳言的态度作了客观分析，因为大遗址是一个离不开现实的历史问题，各个案例留下值得检讨的问题将会长时间地成为我们思考的财富。

课题组在对大遗址保护管理体制与机制的综合分析中，还深入调查了 2010

年首批国家考古遗址公园的运营,因为考古遗址公园是以一定规模和分布范围的考古遗迹景观为主体而形成的人文景观,它不仅仅是一个休闲旅游之地,还有重要的历史价值、科学价值、艺术价值、普及价值以及独特的观赏价值。遗憾的是,12家国家考古遗址公园中有10家的运营成本每年均在千万元以上,绝大多数遗址公园经营收入不足以弥补运营成本,只能依赖高额财政补贴,面临这样的维护压力,究竟是坚持公益性质还是引入商业资本,真是矛盾两难的抉择。大遗址保护行动奠定的文化遗产公园不仅仅是给予百姓感观上的享受,也应有内心情感的文化提升和经济的适应性。

大遗址保护行动十年来的实践证明,丰富与驳杂的文物事业有着特殊的文化价值,《大遗址保护行动跟踪研究》这部书也说明增强文化软实力不能缺少学术文化,我们培育着制造财富的企业家,也要创造大师级的思考者。我积极推荐这部书,就是期望它超出文物学术圈,让它的思想温度传递给各行各业,因为底蕴丰厚的国家遗产与延绵不绝的精神遗泽,必将是相辅相成的,必将成为我们民族复兴之路上的有尊严的支撑之力。

《中国文物报》2016年10月14日

荫庇：前人栽树，后人乘凉

——为《应县木塔》第三次重印而写

写出一部古建好书就像栽下一棵巍然挺拔的大树，而后人阅读使用这部书时也犹如背倚大树绿荫乘凉，置身于葱茏翠色环抱之中。已故的陈明达先生所撰写的《应县木塔》一书，就是这样一部"前人栽树而后人乘凉"的传世之作。提起《应县木塔》，古建研究者和文物界读者都会如数家珍，耳熟能详，知道它的分量和重要性。但这部由实测图、历史照片、文献资料和全面研究所组成的学术著作久已售罄，自从 1966 年首版问世和 1980 年再版发行以来，极受读者欢迎，可惜印量太少，迫使需要者花费高价四处寻觅，划入珍贵资料之列，不能不令人叹息。

此次在国家文物局和山西应县木塔修缮保护工程管委会的共同协调下，由文物出版社第三次旧版新印，并且印制质量高于以前两版，这对广大读者来说无疑是一个福音与喜讯。人们清楚，古建图书一直受到文物界的高度重视，因为古代建筑不仅属于重要的历史文化遗产，是历史文物的有机组成部分，而且古建图书具有实用性，包含了调查勘测、保护维修、艺术文化、技术研究等方面。上乘的古建图书更是常销不衰，仿佛植根于沃土中的茂盛巨树，每枝每叶都永远传动着学术经典的回响。

《应县木塔》自初版以来已过了 30 多年，其长久的生命力表明了作者对古建研究的不懈努力和深厚的学术功底。陈明达先生出身于书香世家，虽家道中衰曾辍学谋生，但家学渊奥，滴水不堕，不仅手抄家藏古籍，而且常临摹家中藏画，黄卷青灯、纳新融旧,打下了深厚的国学根基。他 18 岁时入中国营造学社,师从梁思成、刘敦桢二位先生学习古代建筑,并成为刘敦桢先生的主要助手。在 1932 年至 1943 年之间,他不顾金瓯碎裂和社会动荡,跟随刘敦桢先生探赜索隐,亲览亲察,先后调查研究了河北、河南、山东、山西、四川、云南等地的古建筑遗构旧迹,测绘了大量古建,积累了不少资料,也勃发了许多创见,被誉为有奇思的古建学者。1953 年在梁思成先生的推荐下,他到文化部社会文化事业管理局(今国家文物局)担任教授级工程师,主持全国古建筑遗物的普查和保护工作,为选定古建筑重点文物保护单位作出了重要贡献。

山西的古代建筑一直牵动着陈明达先生的生命细节,山西的文化根脉也始终是他生命记忆中的永恒部分,他赞美山西是中国古代建筑的宝库,不光保存有中国最早的木结构古建筑,而且数量上已知者达九千多座,历经千年或几百年的风雨吹打,依然屹立在广袤的黄土地上。他曾说:"去山西走一趟就可以把古代木建筑的各种形式都认识到,是我们研究建筑最可靠的依据,也是古代劳动人民智慧创造累积的结晶。"

在山西数以千计的各式古建筑中,建于辽代清宁二年(1056)的应县木塔(佛宫寺释迦塔),是中国现存时代最早的木结构高层建筑物。"远观擎天柱,近似百尺莲",67.31 米高的土红色木塔兀立于县城之内,巍峨壮观、直入云天,历经十几次五级以上地震仍挺拔不倒,而千年古塔的木结构设计和做工更是巧夺天工、独具一格,它采用了刚性很强的双层套桶式结构、重楼式构造、暗层框架结构和竹节式的圈梁结构,大大提高了木塔的强度、稳定性和抗震性,仅这座塔里就设计了近六十种形态各异、功能有别的斗拱,把梁、枋、柱连成一体,达到调整变形与增强抗震的能力,使人不禁感叹古代匠师的聪明才智和高超技艺,确实远观雄伟壮丽,近瞧鬼斧神工。听说就是在如今科技飞速发达的建筑业中,要求不用一根铁钉维修、保持原塔的完美无缺,中外建筑界也无人敢随意夸口承担此重任。

浓缩华夏古建文明的应县木塔研究工作开始于 1933 年,当时由梁思成、刘敦桢两先生组织调查测量,不幸的是,在战火纷飞的抗日战争时期,风尘逆旅的流离迁徙,使实测图和摄影照片受到极大损失。1942 年陈明达先生依据残余污损的图稿,在他乡异地绘制了一份二十分之一的详图,1954 年就是按照这份筚路蓝缕的详图制成了木塔模型,陈列在中国历史博物馆内,展示着中国古代建筑文明成果的立体形象。

1961 年以后,陈明达先生调任文物出版社做编审,负责古建筑、石窟、雕塑诸方面书稿的审定。由于当时文物出版社计划编印全国文物保护单位的资料图录,拟定了 20 多个具有代表性的古建实例名单,陈明达先生以应县木塔作为第一个试点和研究对象,从此开始了编辑与研究相结合的学术道路。在呕心沥血编写《应县木塔》这部书时,他再次赴山西应县进行一丝不苟的测量和细部摄影,反复核实数据,绘制精密测图,并与莫宗江等同仁切磋讨论,对木塔的历史沿革、设计手法、模数运用、艺术造型等方面作了深入细致的分析研究,想象复原了佛宫寺塔院昔年的形貌,还对木塔在古建领域的价值给予了科学的阐释,终于在1966 年出版了这部记录性图录的专著,为编撰全国重点文物保护单位的专集树立了样板。这年他 52 岁。

《应县木塔》首版发行后,在学术界反响很大,特别是对单项古建筑设计手法的探索取得了突破性进展,因而好评如潮,被奉为圭臬。因为这部专著阐明了中国古代建筑从总平面布置到单体建筑的构造,都是按一定法式经过精密设计的,通过精密测量与缜密分析,是可以找到它的设计规律的,所以为其他单体古建修复技术和价值判断奠定了里程碑式的基础。可惜的是,"文革"开始后陈明达先生的研究被迫中断 13 年,否则他会继续将榜上有名的"国宝级"古建筑实例一个个地研究下去。1990 年《应县木塔》再版时,他又写了解难释疑的说明和点石成金的补充,进一步阐述古建结构设计的本质问题,许多真知灼见至今颠扑不破。令人感佩的是,陈明达先生坦然地反省了这部专著中某些不足之处,认为不具备解决疑难问题的条件时,不可能有一劳永逸、绝对完善正确的结论。他这种谦虚谨慎和襟怀坦白的大学者风度,足令那些炫耀"成果斐然"却错误累出的后人们汗颜。

1986 年以后,我在大学为历史系考古、文博专业学生讲授"中国古代建筑"课时,曾在图书馆版本库找到陈明达先生编著的《应县木塔》一书,当时双目不禁为之一亮,因为我在讲稿中总是认为唐以后佛塔大都变成了没有浪漫风韵的构筑物,拜读了这部著作之后才知道辽代建筑更多地保留着唐代建筑的做法和风格,我懊悔自己的浅薄与知识的贫乏,更感悟到陈明达先生这一辈老学者深邃博大的学问和从不懈怠的品格,就像一棵参天大树,让我们这些后学乘荫纳凉、受益匪浅。

如今已进入二十一世纪,陈明达先生等老一辈学者和出版工作者多已退居或物故,但他们耗费心血的传世性成果,至今还能使现在的文物出版社诸同事在大树底下乘凉,尤其是目前古建勘测与研究报告类的经典图书甚少,这不能不激发我们在新世纪古建图书出版中,更注重文化遗产的精品,像陈明达先生那样栽下一棵棵拔地而起、郁郁葱葱的大树,从而为祖国的古建"国宝"维修和保护服务,作出重发新枝的贡献。面对《应县木塔》这部鸿篇巨制,我们许诺:不能愧对前人栽下的"唐柏辽槐",不能愧对千古之奇的华夏建筑丰碑。

《中国文物报》2001 年 10 月 26 日

长城研究三百年

——《明长城防御体系与价值》序

一

古今中外凡到过万里长城的人，无不惊叹它的磅礴气势、宏伟规模。长城犹如一条巨龙穿越崇山峻岭停驻在中国北方，是中华文明的瑰宝，也是祖先留给后人最神奇的建筑，堪称人间的奇迹。近年科学测量现今长城墙壕遗存总长度为21 196.18千米，蜿蜒于国内15个省市的404个县市。古迹斑驳的城墙令人震撼，很少有人能一步一步地走完全部长城，还有好多无人涉足的长城墙体禁止人进入。俗话说"不到长城非好汉"，尤其是长城之险峻地段，爬起来不禁令人心惊肉跳、两腿颤颤。我曾经考察过东边山海关，也踏勘过河西嘉峪关，北京周边的八达岭、司马台、金山岭、慕田峪、黄花城、箭扣等重要景点也都去爬过，一处一景，难以忘怀，每次我触摸墙面，似乎都能感觉到古人的呼吸，爬完长城后更加佩服古代人民的智慧和辛劳，更能体悟歌曲《万里长城永不倒》的激励。

中国作为世界上公认的最早兴建长距离防护墙的国度，古代工匠的一锤一凿穿过屏障，在中华大地上留下凿石、堆砌、筑障等类型的印痕，长城成为中华民族集体文化记忆中的一个重要符号。十几年前我到法国卢浮宫参观时，接待人站在大厅热情地对我谈起中国长城，说你们怎么能建造出那么长的雄伟墙体，很多欧洲人向往这辈子能到中国看长城。因为近代以来西方常常将长城视为中国封闭保守与孤立的象征，看到一个法国人眉飞色舞地着迷于谈论长城，我不禁为外国人这么关心中国文化遗产的殷切之心所感动。

追溯历史不难发现,长城研究的书写与国际传播实践并不是早已有之,战国秦汉的断简残篇只有零碎文字显现,唐宋长篇经典文献又很少专门提及,每一个朝代的长城记载都是莫衷一是。隋代大业三年曾"发丁男百余万筑长城,西距榆林,东至紫河,二旬而罢,死者十五六",可惜后世史家很长时间搞不清这次修长城的地点在哪里,加上因抹黑隋炀帝又无法确定真实人数,蠡测争议和学术商榷一直未定。

到了公元十一一十二世纪,北宋无法抵挡北方崛起的游牧民族的进攻,后退的边界远在长城以南,可宋人心中始终未遗忘长城,在积贫积弱的国运和失地屈辱现实的夹击下,他们用心在舆图上绘制了现存最早的长城图像。那时舆图上的长城,已经处于北国契丹人、女真人、蒙古人轮番统治的疆域腹地,暗弱的曲线蕴含着沧桑演变的悲凉感。

对长城的研究开始于明末清初,当时"反清"志士出于对国家边疆的思考,对长城进行历史文献的考证。顾炎武的《日知录》单列"长城"一章,顾祖禹的《读史方舆纪要》对长城的起源、沿革作了论述。清乾隆之后,乾嘉学派以考据为基础,对长城进行了更细致的史地考释。杨守敬撰写的《历代舆地沿革险要图》成书于光绪五年(1879),是我国较早研究长城走向的重要成果。

长城也是世界了解中国的窗口。1687 年,法国人 Jean-Francois Gerbillon(张诚)来到中国对长城进行了踏查,他在实地考察的基础上写的《对大鞑靼的历史考察概述》,是第一份比较专业的长城报告。两年后,康熙皇帝命在华西方传教士绘制《皇舆全览图》,以三角测量的方法标绘了明长城沿线 300 多处关隘城堡,成为精确测量长城的开始。这两项长城考察测量成果距今已有 300 余年,此后西方探险家和学者纷纷踏足长城开展相关研究,从那些零零碎碎的外国人的叙述中,我们不难捕捉到世界对中国长城的向往。

1914 年张相文通过实地考察作《长城考》,开创了历史地理学研究长城之始。随后王国良的《中国长城沿革考》(1929)、寿鹏飞的《历代长城考》、张维华的《中国长城建置考》、李文信的《中国北部长城沿革考》等历史地理学著作如雨后春笋般冒出。

而由西方探险家实践的长城田野考古工作,也早在十九世纪末就已经开始。1896 年斯文·赫定对新疆孔雀河沿线的汉唐烽燧进行了考察。1907 年和 1914 年斯坦因先后两次考察西北汉唐长城遗址,并进行了最早的田野考古发掘工作,发掘和采集到 1 万余枚"居延汉简"。

中国学者自然不甘落后,黄文弼会同一些外国考古学家对居延汉代长城作了考古发掘,虽然运气不好,没有找到大批汉简,但此前大量出土文献的获得,已为记录汉代长城的变迁提供了第一手的考古资料。1944 年著名考古学家向达、夏鼐、阎文儒参加了西北史地考察团,并调查发掘了汉代玉门关、阳关遗址。此后中外学者加深了对长城的研究,以大量翔实的史料徐徐解密了长城可歌可泣的历史。

二十世纪五十年代以来,全国各地对境内的长城区域作了大量调查,除了系统性地对战国、秦汉、北朝、金、明等朝代的长城作地理考证、墙体走向和烽燧线调查外,还针对由关口、城障、城堡、仓储等相关设施构成的防御体系、军事聚落、边疆制度等进行了考古学的文化研究。因而八十年代后随着文化复苏出版的长城图书,从军事聚落、断代考证到区域性质等,连篇累牍,硕果累累,影视作品还将长城作为爱国主义教育的生动教材遍传九州。

二

一代人有一代人的研究,一代人有一代人的看法,借助长城的兴衰史往往能够透视一个国家社会文化的流变,是追溯历史脉络、探寻文化特色的重要线索,也是了解不同民族之间相互共情的纽带。

2012 年在中国文化遗产研究院工作的李大伟考上我的博士生,他确定了专攻世界文化遗产长城领域的研究,根据学校规定还要配备一名校内导师,我选择了后来英年早逝的西北大学文化遗产学院副院长段清波教授,一是他曾承担过国家文物局陕西早期长城调查项目,二是他此前未带过博士生,正好大家可以合作互鉴。所以李大伟结合中国文化遗产研究院承担的长城资源调查保护项目，开始了他的历史理论与田野保护相结合的实践研究。

在读博的五年时间中，我们师生讨论如何以长城遗产价值研究为切入点，怎么把长城作为古代文明发展的有机组成部分，置于古代社会与文明发展的视野之中，探讨长城背后所蕴含的社会政治因素、农牧两大文明交流互动。我们认为不能局限于长城本身的研究，要跳出过去传统研究长城的模式，从更为宏观和广阔的时空角度，系统研究明代长城筑造的内在原因、管理制度、功能及作用等较为深层次的学术问题。为此，我几次提示李大伟要扩展从长城到中国古代建筑史的视野。

我们思考只有在十四世纪中期到十七世纪中期的多极亚洲格局中，把长城与古代社会政治制度、王朝秩序构建、农牧文明交融和中华文明的发展结合起来开展研究，才能客观和真实地界定长城为何物，解读长城在历史中的发展轨迹、功能与作用，探讨长城所蕴含的文化价值，以便对长城的文化遗产价值进行补充与阐释。俄国一些探险家出于军事扩张目的对中国长城进行详细调查，得出了"成吉思汗边墙"与"金界壕"的结论，把金朝人在平原上抵御蒙古铁骑南下挖掘的壕沟也误作长城，从而在二十世纪六十年代抛出"长城边界说"，声称长城以南才是"中国的疆界"，缩小中国疆土，制造"边境危机"，将长城变成要挟中国的政治筹码，这是完全错误的。

经过长时间的探讨，李大伟顺利完成了他的博士论文，获得博士学位，在校内外专家的评价中，大家认为其创新点有三个显著特色。

第一，分析了长城防御体系建造过程中所呈现出来的复杂关系，提炼出其背后所蕴含的明朝北部边疆治理体系的特点。在军政管理上，明长城沿线防区实行总兵、巡抚与镇守内官相结合的"三堂共政"体制，以及都察院巡按御史主导的监察制度，作者指出王朝军政体制的管理是以前长城研究容易忽略的地方。作者从长城建造的决策、规划、人员、经费、监管五个方面，全面分析长城建造过程中所反映出来的政治体制、兵制、财政制度和监察制度，提出了明朝在中央集权体制下内外相制、文武相制的边疆治理体系特点。

第二，探寻长城建造的内在驱动力及在王朝秩序构建中的作用。过去谈及长城修建的原因，人们大都是从游牧与农耕两大文明的战争与冲突、自然地理分界线、气候变化等方面开展研究，而作者对从战国至明历代长城修建的原因进行了系统梳理与分析，侧重于从修建长城的政权自身需求，探寻古人建造长城的内在驱动力，认为长城不仅仅是单纯的军事防御设施，还要以开疆拓土和民族认同的角度为出发点，从"华夷之辨"的思潮与"御外控内"的功能深入切入，从人与社会政治需求角度探讨长城修建的原因。

第三，探讨了长城在中华文明多元一体发展中所体现的文化遗产核心价值。在世界文化遗产突出普遍价值的框架下，对长城文化遗产价值重新进行了阐释和补充，认为长城符合世界文化遗产的全部六条标准，而不是 1987 年列入世界文化遗产名录之时提到的只符合五条，同时尝试对长城的世界文化遗产价值作了更新的阐释。

作者从历史时空视野出发，将长城置于更高的层面和视角，试图从中华文明发展的角度，对长城在历史进程中所蕴藏的文化遗产价值进行阐释，各王朝对长城地区的经营是中国古代人类对农牧交错地带土地开发和管理的范例，长城的建造促进了边地经济的发展和南北经济的交流。长城地区又是中华文明发展动力的贮存地，文化和民族上的互融互通，成为中华文明多元一体的重要动力和组成部分。

三

长城著名的十三关各有魅力，摄影家和游客最喜欢长城景色的四季变化，让人忍不住一去再去，在记忆的长河里留下一幅幅定格画面。长城自 1987 年 12 月被列入世界文化遗产以来，成为旅游业迅猛扩张的活动地，但是往往也乱象丛生，出现了一些不可持续利用的现象。文化遗产是一种公共资源，保护、治理和利用这些资源是全人类共同的责任和权利。

放眼世界文化遗产，长城一直是我们关注的对象。罗马帝国时期在北部边疆不列颠行省修建的边墙,与中国长城一样是巨大的防御工程,两道相距万里的"墙",虽然建筑年代、功能、用途、样式等都各不相同,但价值同样巨大、保护管理同样艰巨。其中英国的哈德良长城建于公元122年,墙体长度120公里,与中国长城于1987年同时列入世界文化遗产。中英"双墙对话"缘起于2017年的文化遗产高级别对话,此后每年都互访交流,双方既有"隔空对话",也有初步研究成果的展示。不过,列入世界文化遗产的长城不独中国有,英国哈德良长城和安东尼长城、日耳曼长城、上图拉真长城和下图拉真长城以及东欧蛇墙共同构成了古罗马帝国边疆(Frontiers of the Roman Empire)体系。欧亚之间的"长城"(或叫做"边墙")的深入研究还需更长时间。

值得深思的是,2022年是哈德良长城始建1900年,英方举办了各国长城合作伙伴联盟的一系列纪念活动,下半年采取线上形式分享各方保护利用的经验。令我吃惊的是,不仅中国有长城,朝鲜、印度、伊朗、东南欧等其他国家和地区也有长短不一的防御长城,有的已经列入世界文化遗产。2021年德国、比利时、荷兰、奥地利等国陆续公布了同属环地中海的已发现的罗马帝国防御体系,这是罗马帝国北部的防御边界,当时延长到北非,全长5 000多公里。中国秦汉时代的长城也就3 000—4 000公里,现在我们说的2.1万公里是从公元前五世纪战国到十七世纪明代不同时期历代官方修建的长城,如果仅仅以同时代相比,罗马帝国的工程量是无可比拟的。残存的古罗马帝国长城虽然断断续续,德国保存修复公元一世纪的"防御墙"居然也有近600公里,经调查相匹配的罗马道路系统就有12万公里,其中还包括有8万多公里的铺石大干道,无疑是除中国长城之外最宏大的工程。

联合国教科文组织遗产专员屡次说中国的口号是"爱我中华,修我长城",但修复长城前后的新旧对比实例不见公布。国家文物局陆琼司长向我提出编一本修复长城的图录,比如紫荆关沿线残破虎皮墙修缮前后的对比、山海关修复前后的照片等,以回应外国专家的质疑,但是最终因资料库没有十八至十九世纪的老照片,只出版了一本《明长城》现代图录。修复长城国家投了那么多的钱,对外宣传结果却非常遗憾,也可见过去长城历史图像资料的缺乏。我记得有西方传教士拍摄的长城老照片,如《两个威廉与长城的故事》《追寻远去的长城》,都是当代民间人士复拍老照片后形成的古今图像对比。可惜有相似主题的图书出版非常零散,没有人专门收集成册。

这些年我们再次认识到,文化遗产研究的核心是价值认知,如何客观准确地揭示长城文化遗产价值是公众认知和保护的根本。长城以其上下两千年的修筑、纵横数万里的时空跨度,成为世界上规模最大、长度最长、修建时间最久的防御体系,是古代中国科技水平的集中体现与国家治理经验的总结。长城是永不过时的安全屏障,也是举世无双的工程奇迹。它是中原王朝的边防线,却从来不是中国的边界。长城作为伟大的军事防御工程,其所具有的价值并不仅仅局限于工程本身,它的出现和建造具有广泛而深刻的时代背景,反映出人类文明的进程和发展过程。

本书作者阐释长城的文化遗产价值,对提高长城认知与保护具有重要的现实意义。这两年公布的第一批国家级长城重要点段共计 83 处,其中秦汉时代 12 处、明代 54 处,其他时代 17 处,可见明代长城是万里长城中的精品,不仅涉及省区多,而且文化内涵更有价值,如果再将沿途分布的界壕/壕堑、敌台、烽火台、马面、关堡等单体建筑算上,共计 43 721 段/座/处。实际上,我们还有 30% 消失的长城需要进一步考古追寻。目前随着国家《长城国家文化公园建设方案》的出台,李大伟这本书的出版正逢其时,无疑有将历史认知转化为社会价值的作用。

长城研究断断续续已经有三百年了,我们期待着有更多填补空白、研究长城的著作出现,以科学之笔激动国民之心,并能做到中外对比提炼精华,真正使中国长城文化在世界遗产之林占有显著的一席之地。

《读书》2022 年第 9 期,生活·读书·新知三联书店

奋楫笃行：保护文化遗产的思想库

　　历史文化遗产是人类文明延续和进步的见证，是具有不可再生价值的人类珍稀财富，只有通过有效保护才能"代代相传""延年益寿""永续利用"。但持续保护、合理利用涉及各个方面，绝非一句话所能轻易解决，需要一个保护历史文化遗产的思想库来宏观阐发与有力释放。

　　思想库是对国家政策、战略选择和中长期社会发展规划施加影响而从事高层次的多学科研究工作，需要理智与清醒的论证，是智慧和实践的结晶。我国历史文化遗产领域的思想库由于先天不足的重重困难至今还没有形成，面临的凸显矛盾又层出不穷，编制"十一五"规划亟需建立一个承载历史重任的思想库。

　　最近细读素以思想性见称的马自树先生新著《文博丛谈》（紫禁城出版社，2005年），逐篇读后掩卷而思，感到这本著作就有作者执着努力从思想性到思想库的发展规律特征，根据其一百多篇文章汇集的内在库容，凸显出以下追求价值。

　　第一，具有独立性。作者是坚定不移的文物保护者，长期在文博系统担任领导工作使他对文化传统的感性钟爱上升为理性保护，针对一些体制机制上的矛盾敢于揭露批评。比如他认为文博系统管理体制改革需要仔细研究，慎重行事，一些文物机构和博物馆的隶属关系随意变更，令不少人颇感疑惑，不仅改革尝试不成功，也无什么积极意义，实践证明管理体制随意变化是弊大于利的。早在1999年他在《关于建立文物保护事业新体制的思考》一文中就提出文物事业应该是服务于社会的文化事业，而不是一种谋利的产业。文物作为历史文化的载体,与国家、民族的精神、意识相联系,有的还是国家、民族的象征,因而又具有主权意义。他认为全国文物系统从业人员才6万名,远远不能满足事业的需要,所以文物保护要动员全社会参与。类似这样的观点也曾有多人探讨,但作者却善于从多维角度思考,以第三方的独立眼光融合一处,显示了思想积淀的合力。

第二,具有前沿性。新世纪以来,世界范围内各种思想文化相互激荡,历史文化遗产的保护与发展也迫切需要深入研究以回答重大理论与现实问题。马自树先生许多文章都引导学者转变学术观念,研究现实问题,他在《科学发展观与文博事业》一文中严肃地指出一些地方官员对本辖区的文物工作不支持、不保护、不抢救,任文物毁坏、流失而无动于衷,或者把文物当作负担,把文物保护与经济建设对立起来,甚至以牺牲文物为代价来发展经济,拆古建筑、毁古墓葬、破古遗址,将文物景点视作经济增长点,把文物单位作为企业资产经营捆绑上市,凡此种种都与科学发展观背道而驰。同样,对甘肃敦煌阳关和武威白塔寺建设性保护事例,他则积极推介提供保护思路,无论是正面经验还是反面教训,目的都是为党和国家的决策提供智力咨询与理论依据,这是这部书作为思想库存在的社会基础。

第三,具有综合性。这部书洋洋43万字,容量大、承载重,即信息量大,文章选材范围非常广,又集纳多样性,感性与理性交融。比如北京一些媒体对拍卖公司炒作宋徽宗《写生珍禽图卷》和宋高宗真草法书《养生论》非常热衷,但报道过高吹嘘父子俩多才多艺,引起作者"别有一番滋味在心头",他撰写了《孔明两表无人读,德寿宫中写洛神》一文,指出这两位皇帝利用国家资源来扩展自己的艺术禀赋,代价却是山河破碎、帝身被囚、生灵涂炭、英雄被戮,国家分裂了150年!所以决不能用艺术高超掩盖人品低下,直截了当批评时下混淆的历史观。作者还擅长由当前现实问题延展到对过去成功失败的反思,他在《甲申三百六十年纪念》一文中,从历史遗产角度剖析李自成功败垂成所留下的血的教训、历史之谜和相关文物,突出了今人学术研究的纵深。

第四,具有现实性。密切关注现实是作者自觉的选题倾向,不仅增加了文章的时效性,而且多是社会热点、难点、焦点的综合考察,例如在《科学论证要尊重科学》一文里，针对四川有关部门 2000 年在距离都江堰 6 公里处修建紫坪铺水库造成自然遗产被破坏的后果，作者批评开出"通行证"的所谓专家"论证"实际是"伪证"，是某种利益驱使的产物，但四川有关部门 2003 年又在距都江堰 1 310 米的地方拦坝修建杨柳湖水库，作者心情沉重地写道："在工程方案论证中，一定要有科学态度，不仅要听取工程专家意见，还要听取人文专家、环境专家的意见，进行综合评估。""放弃一个被否定的项目，并不是失败，而是战胜了失败，是另一种成功。"使人们清晰地看到作者著述作为思想库对重大现实问题的关注度。

第五，具有权威性。作者始终把开阔的文化视野锁定在具有全局性、前瞻性、战略性的重大时代课题上，发扬以实际问题为中心的优良作风，例如关于文物保护方针有一个发展和完善的过程，"保护"与"利用"争论了许多年，作者写有一组 6 篇文章，提出"保护是永恒的主题"，什么时候也不能离开保护这个主体性原则，所以他从不同侧面、不同角度学习新的《文物保护法》规定的"保护为主，抢救第一，合理利用，加强管理"文物工作方针有感而作，给人以旗帜鲜明反对"保护是手段，利用才是目的"的说法，从可持续发展和代际公平意识上论述"保护也是目的"。这些文章融思想性、理论性、实用性于一体，很有分量，其中不少思路基本上就是历史文化遗产大领域操作性很强的对策研究，具有不可替代的权威性。

为了增强思想内涵，提升学术品位，作者的文章切入角度和学术主题都讲究持续发展的后劲，尽收眼底的如法规政策类《保护文物的原始生态》《节约型社会与文物保护》《对革命旧址、名人故居不能搞现代化改造》等，博物馆类《建设研究型博物馆》《世纪期待：呼唤国家民族博物馆》《博物馆要支持社会科研》等，时评类《匪夷所思的国际接轨》《不合时宜的涨价》《艺术品市场应该打假》等，有些文章虽短但并不是一些零碎的补白，而是随着实践检验和时间推移愈发凸显出思想金链的延伸，是把科学发展观贯穿于文物事业发展的整个过程。

此外，作者文采飞扬让人不难感到思想与灵魂的鲜活，他在《敬畏文物》一文中感叹走近文物，我们往往会有一种强烈的震撼，会产生一种穿越时空的沧桑感悟。"历史的斑驳色彩，社会的生活画面，先人的喜怒哀乐，都会在文物中呈现出来。"这样的描述会大大提高这部书的可读性,会赢得专业圈外更多的读者,促使全社会有兴趣共同关心历史文化遗产的保护。

如今历史文化遗产领域的图书虽然很多,但大多缺乏政策性、时评性的思想冲击力,难有广泛深刻的影响力。尽管马自树先生借《文博丛谈》这一"杂议"外壳形式谈了文博工作的思想研究,但丰富了个案剖析,颇具典型意义,注入了多层次的思想个性,可以说"导向正、基调好、品位高、特色鲜",表现出作者顺应发展、与时俱进、自我超越的理性自觉。

我们期望马自树先生贴近实际继续进行探索,再写华章,为我国综合国力增强构筑成熟的人文思想库模式,为目前编制的"十一五"规划作出新的思路启迪与理论贡献。

《光明日报》2005 年 12 月 5 日;全文发表于《中国博物馆通讯》2006 年

彰显奠基性工程的文物学新收获

文物研究在中国是一门古老的学问,滥觞于古代金石学;但文物学在中国又是一门起步较晚的年轻学科,二十世纪八十年代才逐渐建立。近十年来,文物学成为日益兴旺的新兴研究领域,其兴旺的原因有二。一是从现实角度看,文物事业在我国全面进入建设小康社会的转型期中,出现了诸如文物收藏、鉴定、拍卖、保护等许多以前难以理清、难以解决的实际问题,很难形成比较成熟的统一认识,人们不仅希望从以往的历史经验中寻找借鉴,而且期盼从理论上进一步廓清文物学学科的体系。二是从学术角度看,文物学在我国还有更广阔、更深入的领域需要拓展,虽然不少研究者手头已有了相当数量的资料积累,但由于资料浩繁又分散,缺乏梳理和提高,特别是急功近利心态造成学术研究的种种缺陷,缺少在学科建设上有所建树,充斥报纸杂志的某些奇谈怪论,引起一些学者投身于文物学领域研究的强烈愿望,企盼能突破向纵深发展的瓶颈,建立我们自己的文物学体系。

不久前,李晓东先生的著作《文物学》(学苑出版社,2005年),就是突破制约瓶颈重新起步的开拓之作,更是一部文物学研究的新成果著作。笔者仔细阅读后感到获益匪浅,颇受启迪,印象之深至少彰显出以下特点。

其一,文物学学科理论的构建与完善。

任何一种学科理论的提出与形成,都不是凭空构想,都是在深刻了解已有研究成果基础上的推进与提高。李晓东先生在文博行业担任领导工作多年,毕其一生的学术钻研和实践积累,力图构建文物学学科理论,他认为文博系统有的干部习惯于就问题谈问题,处理一些棘手事务往往受到理论匮乏的限制,尤其是一些管理者多年来用经验指导工作,具体事例多,没有在一定理论指导下来做事,目的性、重要性都受到影响,在处理问题中就事论事,对整体事业的贡献和发展提不上高层次水平。一些文博机构的专家曾多次呼吁过要加强文物学学科的建设,但回应者寥寥无几。所以,李晓东先生撰述《文物学》这部书时,就不是论述具体文物或一件藏品,而是对文物学框架体系进行构建,阐述一个学科的系统。他在对比各国"文物"称谓时,指出希腊称为"古物",日本称为"文化财",实质上与我国所称的"文物"内容大体相当,把文化遗存统称为"文物"具有中国的传统特色,只不过各国有不同的理解和自己的传承,它们在联合国教科文组织那里,皆称为"文化遗产"。作者思考的主要问题是把学科框架体系构建完善起来,抱着建设一个学科的历史使命去认真实践,所以对文物学的任务、研究对象和研究方法均贯穿全书,作出了清晰的论述。

其二,文物学学科的界限区别与联系特点。

目前学术界对文物学学科本身讨论得不是很充分,由于文物学与地理、方志、宗教、建筑、自然等内容交叉联系,造成一些人对文物学研究方法和研究对象认识不清,他们表现出两种倾向。一个是无限扩大,把文物学变成无所不包的东西,认为人类创造的一切都可以是文物,好像是十分重视文物学的地位,实际上消解了文物学自己的特性。另一个是无限缩小,把文物学研究零碎化、分散化,认为不要去研究范围特性等宏观问题,只研究具体器物细节问题就行了,仍属于手工作坊式性质。李晓东先生对此非常关注,他的这部书就有扭转这两种倾向的意义,寻找文物学特殊的规律,寻找将基础性与研究性、系统性与个案性相衔接的结合点,相辅相成,指向非常清晰。他在书中特别指出,有些人谈论文物特点时只简单地讲其不可再生性,对文物的物质性、时代性、不可替代性以及价值的客观性等博大精深的内涵认识不够。文物是有形的历史文化载体,是人类历史发展的见证,尽管文物的形态是多种多样的,但文化内涵都深藏于文物载体之中,即文物具有有形价值和无形价值的双重特征,是人类在社会活动中遗留下来的具有历史、艺术、科学价值的遗迹和遗物。

其三，文物学学科与其他学科的互动关系。

文物学学科研究面涉及很广，不可移动与可移动文物都在内，相关学科的问题一直缠绕不断，专家学者之间很早就有争论，最突出的就是考古学是否包括文物。作者在本书中明确指出，尽管文物学与考古学都属于历史学科，两者关系十分密切，但考古不包括文物，因为考古学研究的是古代，它与近代、现代无关，不研究近代、现代不可移动和可移动文物，也不研究传世的古书画、古器物、古文献等。作者不是将学科之间的差别当作问题意识，而是将问题意识贯穿在研究活动的整个过程，注意到它们之间既有联系又有区别，例如文物学与历史学、博物馆学、宗教学、建筑学以及自然科学和工程技术科学等相关学科的交叉，指出随着学科的不断分化，文物学的边缘分支越来越多，跨学科互动也越来越频繁，但文物学研究的根本特点是文化遗迹和遗物，这一点是独立的、不可动摇的。

其四，文物学学科宏观体系不可缺少微观审视。

李晓东先生在构建文物学体系框架时，并没有仅仅将宏观历史进程作为一种虚化的表述背景，或只注意整体认知而不着眼具体事例，也关注审视其进入微观层面的实践过程，在宏观与微观之间建立某种沟通的途径。例如文物鉴定的对象不同、内容差别、手段多样，使得其鉴定要求也比较复杂，作者于是从鉴定方法切入，分别论述了瓷器、书画、古建筑的鉴定要点，以及现代科学分析鉴定技术和年代测定技术，说清了鉴定为文物研究打下的基础。又例如梳理清楚古代文化史迹的范围与种类，按各个年代和历史进程分门别类讲清石窟、古建、遗址、墓葬、石刻等文化史迹，把不可移动文物作为文化史迹网来整体认识，犹如一个"大地博物馆"与综合大陈列，使读者对博大精深的学科体系有一个全面系统的认识，这样就真正进入了由历史认知到文化遗产的大殿。

其五，文物学内容需要不断补充。

有些人觉得，文物学学科的体系构建实际是理论上的事，文物研究理论思维可有可无。还有些人普遍存在一种错觉，仿佛只要汇集几个名词概念，一个学科理论构建便指日可待了。他们恰恰忘记了一个更根本的问题，文明社会离不开理论的研究与创新，一个学科如此，一个民族、一个国家更是如此，只有用科学理论武装的民族，才能走在人类文明发展的前列，只有文物学学科有了自成特色的理论，才能成为一门成熟的文化遗产学问。特别是学术创新与理论构建是离不开长期积累的，李晓东先生从二十世纪八十年代开始撰写《中国文物学概论》（河北人民出版社，1990 年），就一直孜孜不倦地探讨文物学各方面内容，这次又对文物学架构体系作了大的调整和补充，新增加文物定名、古书画、古文献、近代现代文物和二十一世纪的文物学等，特别是依据新修订的《文物保护法》对"文物保护管理"中的法律法规进行了深入扩充和完善，这些新增加的内容都为文物学的建立与成熟奠定了基础。

据笔者接触文物研究领域的视野来说，我认为这部书具有奠基性的意义，是文物学研究的一个里程碑，也是文物领域研究者和学习者的必备参考书。李晓东先生为避免非学术的研究方式和低水平的重复，涉猎领域极广，吐纳历史风云，经过长期冷静的思考、严谨认真的研究，来探索文物学的形态建构，他认为唯有这种学科基础建设工作的实施，才能使文物研究走上有序、正规、良性发展的轨道，从而使文物学发展成为一门成熟的学科，开创出一个新局面，迈上一个新台阶，这一点是非常可贵的。正如全书最后展望二十一世纪的文物学，将在已取得研究成果的基础上，与文物保护事业一起繁荣发展，并将呈现出多学科交叉与互补，更深刻地揭示文物价值与内涵，充分发挥文物在综合国力中的"软实力"作用，造福于小康社会和人民群众。

《光明日报》2006 年 1 月 27 日；全文发表于《中国文物报》2006 年 2 月 15 日

京华大地：反思北京考古的心血之作

　　城市是人类文明的摇篮。从考古意义上说，人类发展的文明史就是一部城市发展史。从二十世纪初期开始，北京地区的考古成果就逐渐丰富多彩起来，为人们认识北京古代文明的真实图景打开了一扇新的门窗。中华人民共和国成立60年来北京的考古事业更是快速发展，盘点总结这些年的考古发现和反思研究也成了一件大事。由宋大川先生主编的《北京考古发现与研究（1949—2009）》上下册正逢其时，自2009年9月出版以来，作为首都60年城市的考古发现与学术研究受到了学术界的广泛关注。

　　宋大川先生以世界城市发展为背景，立足北京考古研究实际，策划主编了这部近90万字的著作，他用考古眼光和历史视野来解剖城市脉络，研究城市肌体，注重从人类历史发展的进程中，纵论七千年北京城市的演变与发展，不仅为回答中华人民共和国成立60年来北京考古这个历史课题交出了一份优秀的答卷，而且为我们认识北京城市文明史的真实图景打开了一扇新的门窗。

一

　　早在1927年中国考古学的萌芽阶段，北京房山周口店猿人遗址就进行了试掘，并于1929年出土了引起世界轰动的完整的北京猿人头盖骨化石，距今50万年的周口店人为悠远的北京人类祖先的存在提供了起源证据。这表明北京人种早就在这块土地上生存繁衍，有着自己土生土长的文化源头，虽然关于北京人起源是一元还是多元学术界尚有争议,但即使保守的看法也证明至少1万年前北京山顶洞人就在这里有了悠远的独立发展序列。60年来,北京考古连续发现了旧石器时代遗址约48处、新石器时代遗址40多处,分布于九个县区,甚至在王府井东方广场、西单中银大厦这样的城市中心区都有重大发现,其城市起源通过考古发现产生了深远的影响,引起了广泛的反响。

与西方文明形成过程中青铜技术主要是制造生产工具所不同的是,东方文明中青铜技术不是用于制造生产工具,而是用于制造上层建筑的礼器与兵器。北京的夏商周考古发现再一次证明了这一模式。刘家河商墓出土了精美珍贵的青铜礼器以及铁刃铜钺等兵器,将我国的用铁历史上溯了500多年,而且农业民族与游牧民族的代表性器物共存,构成了3 000多年前北京地区商代青铜文化的独特面貌。在连续式文明形成路径中,北京琉璃河遗址是目前国内少数同时具有城址、墓葬、居址的西周早期遗址,一批有燕国铭文的铜器的出土,为确定北京为西周初期燕国都城提供了重要证据,使得长期以来关于燕国始封地的争论得到了解决。

近年来北京地区商周田野考古学信息不断增多,非常有益于年代谱系和聚落文化的探讨,从考古理论上阐述分析以北京为特色的文明起源日趋成熟,如"辽西型"与"燕山型"的区别,先燕土著文化与关中姬周文化的区别,北部玉皇庙与南部燕文化的不同类型,这方面北京文物研究所的考古工作者如果抓住时机总结提炼,一定会有大的学术突破。令人可喜的是,他们已在应用自然科学手段方面取得了一些成果,既出版了一批有分量的论著,又大大提高了考古科学性的水平。

二

宋大川先生清晰地认识到:"北京地处北方草原文化与中原农耕文化的过渡区,因此北京汉唐时期考古学上呈现出鲜明的军事色彩与民族融合特点。"这个认识对学术界重新估价北京汉唐考古发现成果具有积极意义,也有利于推动和引导北京地区汉唐文明的探讨研究。

例如60年来通过考古发掘,北京地区的两汉10个县城、西晋蓟城、唐幽州城城址的具体位置已经基本得到确定。两汉时期城址所体现的军事防御功能与民族贸易中心的特征尤其强烈,一方面是防御北方胡人侵扰的重镇,另一方面是与北方民族贸易交换频繁的集散地,特别是1956年的考古发现确定了汉代蓟城在宣武门至和平门一带,为北京历史的嬗变提供了史书文献无法考证的证据。

而根据60年来考古发现的唐代墓志,结合房山石经题记,北京考古文物专家们复原出了唐代幽州城的城址,东城墙约在今法源寺东墙的南北延长线上,西城墙大致在今会城门村稍东一带,南城墙大致在今宣武区白纸坊东西街一带,北城墙约在今西城区头发胡同一带。这样我们就可以看到一个处在与北方突厥、契丹、奚等民族接壤地区的重要城市面貌,明白幽州城在唐初就被设置为大都督府的原因。盛唐开元天宝时期幽州城成为汉人与胡人混杂的聚集地,安禄山以此为基地屯物集粮、招兵买马,发动了影响中国古代历史进程的"安史之乱",并自称国号大燕,将幽州称为"大都",也是"燕京"称呼之始。1981年发掘的史思明墓,不仅有40余枚(段)汉白玉磨制的哀册、谥册,而且有工艺精湛的铜座龙以及其他文物,使人们看到史思明作为叛乱首领称帝后割据一方、称霸北部的奢侈豪华。可惜此墓破坏严重,面目全非,不能提供更多的文物信息,否则将会对北京地区隋唐考古带来更大的收获。

正如隋唐五代考古这一章作者总结中说的,幽州当时与中原两京地区相去甚远,区域特点显著,正统观念淡薄,尽管佛教非常兴盛,但是充分显现出民族多元化的特点,这是与其他地域文化不同的特征。

三

十世纪以后,北京地区政治、经济、文化随着北方契丹、女真等民族相继在此建都,历史地位不仅发生了重大变化,城市发展也达到了一个新的高度。对辽金元时期的考古,北京文物工作者做了大量卓有成效的工作,他们通过考古调查,有重点地清理了辽南京城遗址、金中都遗址和元大都遗址,获得了许多以前不清楚的新资料,最近又对元大都排水系统作了重要的考古发掘。60 年来,北京辽代考古是一大亮点,除了已报道的 137 座墓葬外,云居寺藏经洞发现 10 082 块石经版是重大收获,重要塔基、墓内壁画、精美器物、石刻墓志等陆续出土,引起了学术界的广泛反响,门头沟龙泉务瓷窑窑址究竟是否为官窑竟引发了 20 多年持续不断的争论。值得重视的是,北京房山金代皇陵是近年来最重要的考古发现之一,出土了金丝凤冠、白玉耳坠等许多精美文物,对主陵区的勘查试掘为研究金代陵寝制度提供了弥足珍贵的资料。

早在二十世纪前半叶,中国营造学社等学术单位就对明代十三陵、长城、旧城宫苑等进行过考古调查,中华人民共和国成立 60 年来不仅对城垣遗址进行了局部发掘清理,而且对明代陵寝墓葬第一次作了有计划的重要发掘。定陵的发掘是北京明代考古的一个里程碑,出土的 2 648 件随葬品成为精美文物的代表,其工艺技术和丧葬制度一直是学术界研究的坐标尺。清代文献史料浩繁,但考古资料研究比较匮乏,几十年来利用清代考古资料复原北京历史面貌蔚然成风,如对圆明园、畅春园建筑遗址、恭王府庭院基址、国子监学馆基址等处的考古发掘,为北京政治制度、宗教信仰、民族关系、环境变迁等都提供了生动的新资料,大大开阔了人们的眼界,可以领悟到中华民族伟大的智慧和非凡的创造力。

可以说,北京考古出土的大量实物资料,具有重要的学术价值,有的被列入全国重要考古发现,有的被评为全国十大发现,吸引了许多高水平学者专家纷纷投入研究,发表了许多有见地的论文,出版了许多重要论著。但是通过一个世纪的对比,我们要指出的是,虽然北京考古工作起步肇始阶段较早,可是品古论史比较零乱,拆毁损坏的文物较多,有过若干曲折。系统的考古开展和文化序列的建立,则是近 30 年由北京考古文物研究工作者逐步完成的,特别是近 10 年来他们把田野考古、文物保护与科学研究三者紧密结合起来,使北京考古研究由活跃走向繁荣,由“系统梳理”进入“全面盛世”,从而跃上了一个新的局面。

60 年的光阴冉冉而过,回溯历史,掩卷反思,我们看到宋大川先生和北京文物研究所的研究者们正是在考古发掘基础之上铸就了一部结晶之作,《北京考古发现与研究》不仅是一部考古总结学术性图书,它还是一部可供城市各级干部规划城市、建设城市、管理城市和推进城市科学发展的实用手册。随着我国城市化进程的加速，旧城消失、老城更新的诸多"综合病"纷纷出现，对考古文物以及文化遗址的追寻更为珍贵。像北京这样的世界历史文化名城，需要考古新发现来体现自己的文化底蕴，塑造自己的文明形象。

难能可贵的是，这本书每一章都按时代作了研究综述，不同朝代的考古研究现状线索清晰，使人一目了然，此外还有作者对考古发现成果的客观认识，这就不是一般的罗列清单、叠加堆积，而是改变了过去"只摆病例不见诊断"的弊端。例如辽代考古重点说明塔基状况，金代考古专门联系皇陵，明代考古介绍长城修建，清代考古阐述园林水系，配以图片和绘图，归纳有序，行文流畅，给人以言之成理、持之有故的新认识，有着起点高、思维新、针对性强的新突破。

我们相信，随着时间的推移和学术的积淀，北京的考古必将迈向更高的境界，注定要在中国的考古史上留下浓墨重彩的一笔。

《中国文物报》2010 年 4 月 2 日

长安内外的学术引桥

——《长安绎古——汉唐历史考古文集》序

要进入汉唐长安城内的宏丽殿堂就要通过直贯南北的渭桥,近几年来数座古代渭桥被考古发掘出来,庞大的遗址、直木的桥桩、雕刻的石基以及散落的钱币(从五铢到开元通宝),都反映出桥梁的变迁,不仅将长安内外棋盘般地连接一气,也将中西交通的丝绸之路互相贯通。其测绘技术、建造工艺都令人惊叹不已。但是要了解研究这座城市的文化内涵,亟需一座快步便捷的引桥,引导读者由外到内"城心城意"深入其中,尚民杰先生的这部书就是一座值得仔细品味的学术引桥。

一

唐代长安犹如一张巨大而瑰丽的拼图,对它任何细小而生动的局部解读,都需要认真的考释,很多中外学者都倾心投入其中描摹着这张拼图。但是最熟悉街衢坊里的人,恐怕还是生活在这里的人。民杰先生长期在西安文博界供职,长安不仅是他精神生活的城市,更是他心灵回味的原乡,所以他有积累、有底蕴,撰写长安的文章经得起慢慢细读。

例如关于长安基本格局的探讨,他从魏晋南北朝时期长安的大城与小城入手,罗列丰富的史料,讲清"大城"即外郭城,"小城"即宫城,采撷典型事例,梳理西晋、前赵、前秦、后秦、西魏、北周的殿堂宫观,补充了纷繁变幻的历史背景。他以考古实测数据立标树帜,俯视隋唐长安城的设计思想,论述唐人对隋大兴城基本格局的维护,这些选取的研究课题都形象地揭示了长安城市格局演变的过程,既有政治需要的基础,又有礼制传统与天象附会,无疑站在了更高的视角,深化和丰富了研究的内容。

对于西汉以后未央宫的利用与维修,以及唐大明宫的三条轴线,作者都有自己的考释,特别是对长安、万年县的乡村续考,大量使用了墓志,拾遗补阙,异常丰富。尽管这块热土经历了太多的变故,物是人非,但有足够理由切近、切磋这些被发掘的文物,这才是真正的家园情怀,从而使长安内外飘散着浓郁的"世说新语"韵味。

二

我不太相信逝去的历史真相可以重构,尤其以个人研究很难复原历史的本真。然而民杰先生将考古实践融入历史研究中,别具慧眼地解密古代长安文化符号,提出了诸多新看法,不乏真知灼见,带给众人富有创意的遐想。

从大的方面来说,作者着眼于长安城郊出土墓葬的相关问题,从史前成年男女合葬以及二次葬式的流变,探析姜寨遗址以来的部落联盟;追溯汉代皇陵与董仲舒墓,深入长安"野狐落"与"宫人斜",纠正了一些过去不确定的猜测说法。众所周知,长安近郊是唐皇室成员的埋葬区,从刊布的唐墓志资料来观察,昭应县(今临潼)的追册皇帝、太子陵墓,万年县细柳原、见子原、崇道乡的嫔妃、亲王、公主等皇室墓,铜人原、长乐原、浐川乡的王公贵族墓葬,可谓遍及长安周围郊区,显贵当红者众多,冤死者也不少,皇家王室的内部斗争使得政治喧嚣波澜起伏,墓志中透露出的信息令人扼腕叹息。陵墓安葬有着政治荣耀和笼络人心的作用,更有着钱财物力支撑的奢靡浪费,留存下的遗痕和文物绝不只是展现了个体生命的悲怆,"幽暗家园"里还有着"苦难伤痕"的基调,促使人们发掘历史深处时反思国家民族的自我救赎。

从小的方面来说,作者征引史料,信手拈来,通过研究小小的鱼符与鱼袋,指出唐代调兵遣将的鱼符与臣僚随身的获赐鱼袋,功用有别,使用不同,推测形式新颖的鱼袋"似与鱼腹藏书的传说有直接关系"。关于唐尺的长度看似不登庙堂之学,实则关乎中国古代度量衡大事。他针对唐尺长度不一的误差,专门区别官方的标准尺与民间的常用尺,所作解读堪称步步精到,敞开了汉唐诸多特殊年代的日常生活场景,梳理了当时世俗生活的公共经验。

三

我与民杰先生结交多年了,最早相识是以文结缘,他撰写的《唐大盈库与琼林库》,是我感兴趣的文章。二十世纪八十年代,我在研究唐代国库制度时曾涉及过皇家库藏,探讨过左藏、右藏与内藏的关系。而他在这篇文章里细化了皇家私库考证,既运用了出土的"盈"字款瓷器,又利用墓志中有关"大盈库使"和"琼林库使"的记录,披露了鲜为人知的内容,从而证明了皇家内库的性质。

1979 年西安出土的唐代"都管七国"六瓣银盒曾轰动一时,排列的波罗门国、吐蕃国、疏勒国、高丽国、乌蛮国顺时针旋转,其中所涉及的"昆仑王国"与"白柘□国"由于史书没有记载,故对这两国的考释历来都是众说纷纭、云山雾罩,作者认为"昆仑王国"实指骠国,"白柘□国"为"白柘羯国",笼统泛指中亚昭武九姓诸国。尽管作者这一假说推论还有待未来出土文物验证,但是敢于探索、知难而上的精神值得我们尊敬。

传统史学一般认为政治史才是历史研究的核心场域,但是学者们很少会用政治语言和思维方式进行实证化考证。现代学者摆脱政治史转向更广袤的人文领域,立足于用考古的实证发掘真谛、阐发真知,一地一物都有了生命的温度,生活在古今长安的尚民杰先生就是这样写出了一篇篇求实的文章。

通览全书,作者平实理性的阐述,给人的启发是多方面的。我知道民杰先生是游旋于政学两界的人,政务之余全身心投入学问追寻之中,养成了宁静不旁骛的治学心态,孜孜不倦,笔耕不辍,积学储宝,寻觅长安城郊的种种谜团,接连推出一系列学术分量厚重的论文，犹如搭建了一座连接长安内外的引桥，让我们兴趣盎然地走进长安。我相信若将这座引桥继续拓宽延长，会引渡更多的人愉悦地走进闻名世界的古城长安。

尚民杰文集《长安绎古——汉唐考古历史文集》序言，文物出版社，2016 年；另见于中国考古网 2016 年 10 月 9 日

开创"没落"留下的不朽事业

——评《故宫与故宫学》

故宫博物院院长郑欣淼先生新出的《故宫与故宫学》一书典雅精致,简约大方,我从书桌上拿起后焚香沐手翻阅了几遍,备受启迪,心中几多感慨几多钦佩。自从他于2003年首次提出"故宫学"这个倡议以来,身行力践,爬梳整理,连续发表了一系列关于故宫学的高水平论文,被获国家期刊奖的《新华文摘》连续转载了4篇,在海内外产生了广泛的影响,这不仅是他对故宫价值评估与研究探索的一个小结,而且也是他对世界文化遗产故宫保护的一个里程碑式的新认识。

一

记得2003年10月我亲耳聆听作者讲述故宫学研究思路与构想时,学术界一些人曾持怀疑态度,反应不一,有人认为研究故宫是一个"没落"衰败的事业,它是一种封建帝王的失落,是后妃宫女的哀怨,是遗老遗少的怀旧,是抹不去的向后看的精神意向。特别是文人叙述故宫的作品中常有一种浓浓的失落情绪,又有一种不甘结束的格调,这绝不是封建社会晚霞中的康乾盛世的昏暗之美,而是令人想起忧患重重时代的末世飘零,在故宫背后掩藏着巨大的历史创伤,一种历史剧变与宫廷个人劫难的相叠。

其实,作者并没有怀旧、恋旧、依旧的意识,他认为"故宫学"本身就是开放型思维结构的客观产物,它是以文物为主,直接面对故宫的可移动文物和不可移动文物的研究，它是以故宫及其丰富的历史文化内涵为研究对象的一门学科。他提出故宫学的目的就在于期望着故宫能在新生的震颤中唤起生机，他是试图守护着故宫遗产而又要超越没落的历史，不是守卫着颓败明清史遗留下的创伤记忆，而是进入这个没落历史的深处，用现代意识激起再生的文明，再现传统文化的经典，超越朱明王朝那些不肖子孙的没落僵死思维，超越努尔哈赤那些"贵胄"子弟所谓的"丰功伟绩"。

故宫学表达的是什么？作者指出故宫学是一个涉及历史、政治、军事、建筑、古器物、档案、图书、艺术、宗教、民俗、科技、博物馆等诸多学问，自成体系的综合性学科。故宫学研究范围包括故宫古建筑（紫禁城）、院藏百万件文物、宫廷历史文化遗存、明清档案、清宫典籍、近 80 年的故宫博物院历程等。作者认为故宫学与敦煌学一样，首先是从文化遗产的研究开始的，由于故宫文化有着皇宫的独特性、以紫禁城为中心的丰富性、不能割裂的整体性和辉煌文化的象征性，所以故宫学有着大文物的保护观念，拓展了宫廷文化的社会背景，不仅使流散海外的清宫旧藏有了学术归宿，而且让社会公众将故宫旅游认识升华为对中华文化的朝圣。

作者指出故宫人必须转变消极守成观念，改变偏狭封闭心态，改善旧有客观条件，以空前开放的学术胸襟来推动故宫学的深入发展，其中以物证史、以物论史或以物鉴物、以史论物的辩证观点与平和叙述，脱离了经院式的繁琐论证，不乏对故宫 580 多年来历程的抒情和激情，其中一些带哲理的思维论据，令人难忘，值得回味。

二

在故宫博物院成立 80 多年的历程中，郑欣淼先生是提出"故宫学"的首创者，这倒不是因为他担任院长职务情有独钟，而是出于学者的情结与世界眼光的胸襟。自二十世纪以来，有关故宫不少前辈学人已取得了诸多卓越的研究成果，故宫文物的魅力曾使多少人痴迷忘返，但故宫的研究一直缺少阔大气象，整体理论层面一直无人问津，缺乏一部从学科基础角度探讨的理论著作。专家们刻意于具体文物的应用性，局限在紫禁城自己院庭里转圈较多，书法、绘画、玉器、陶器、瓷器、漆器、青铜器、金银器、家具、古籍等等虽然分门别类细致，但没有高屋建瓴的扛鼎之作来指点迷津，似乎很难跨出红墙面向外界伸出一枝红杏吸引世界。

作者在书中始终将故宫作为一个博大精深的文化整体来看待，他认为故宫的藏品、建筑与蕴含其中的丰富的宫廷历史文化本来就融为一体，也只有把它们作为一个整体对待，研究才能深入。故宫学要跨越学科疆域进行研究，必须打破画地为牢的自限，避免陷入片面性的孤境。所以他呼吁走出故宫，发挥优势，加强国内国际上同行间的交流合作，共同促进故宫学的研究不断深入。

故宫是底蕴丰厚、价值无量的文化宝库，它与中华文明是一个有机的整体，辐射到其他地域和领域，人们往往会沉湎于皇家政治统治的至尊气势，忽略宫廷文化气象非凡、蕴涵着无数古人的智慧。针对这种薄弱环节，作者是渐有体悟，心为所动，例如他讲紫禁城与故宫学的区别和联系，谈故宫和故宫学的相互关系，论述明史、清史与故宫学的差别，都有着从粗浅到高深的一个认识过程，都有着厚积薄发的深厚功底来条分缕析，读后让人领悟到一个新天地。

故宫不是太虚幻境，也不是大规模修缮要重现往昔的华美繁荣，更不是依恋感叹帝王当时豪华的生活，皇宫里的盛世狂欢景象早已荡然无存，故宫是见证历史尽头封建末期颓败命运的实物。但故宫绝不是荒草凄迷、旧墙斑驳、院落霉苔，不是一个疲惫王朝的背影。过去几年里，作者曾不赞成故宫大修要以"康乾盛世、金碧辉煌"面貌出现在世界面前，他提出抢救维修一些破旧古建以"康乾风貌"即可，这真是有识之言。正如作者在书中讲到故宫价值和内涵时说的，"故宫"不只是"中国最大的文化艺术博物馆"，而且是世界上极少数具备艺术博物馆、建筑博物馆、历史博物馆、宫廷文化博物馆等特色且符合国际公认的"原址保护""原状陈列"基本原则的博物馆和文化遗产，是一座博大精深的中国历史文化宝库。这个认识是作者长期调研后得出的结论，也是目前对故宫定位和特色的最准确总结。

如果说故宫是一部博大精深的大书,那么即使人们想要穷尽毕生精力去读懂它也不容易,因为故宫并不像那些胡编乱说的"清宫戏"影视剧那样简单,故宫所代表的文化精髓需要全方位的解读与研究,必定是要一步一步深入下去。作者认为故宫学正处于从自发到自觉的重要时期,他更清楚天道酬勤,因为故宫学的建立是一个长期不断的探索过程,一部好书要靠文化功底实力说话,一个学科更是要靠众多学者共同努力去推进。这些观点以前也有人认识到,但像作者这样撰述一部从学科角度探讨的开创之作,高度赞扬绝不为过。

<h1 style="text-align:center">三</h1>

作为世界文化遗产,故宫是世界上最丰富、最重要的中国艺术品的宝库。如果说许多国家都有以皇宫为代表的世界遗产,例如法国巴黎的凡尔赛宫、英国伦敦的威斯敏斯特王宫、俄罗斯圣彼得堡的皇宫、奥地利维也纳的霍夫堡皇宫、德国柏林的波茨坦王宫、意大利都灵的萨伏依王宫等等,它们都是自己民族历史文化传统的象征,那么故宫则浓缩了中华民族五千年文明延续的精华,囊括了中国古代各类文物藏品,时代长、类别全、品级高,稀有珍宝的重要价值令人叹为观止,没有另外的任何文化集群地有如此磅礴气势收此成效。郑欣淼先生对此有着清晰的认识,他不着眼于故宫外化的立体建筑形式,而是重视宫廷文化品位的内蕴与性质,他多次提出博物馆是出研究成果的地方,特别是故宫有着 80 年的历史积淀,即使让研究专家耗尽毕生精力也感觉它是很难穷尽的,仍会有新的见解不断涌出,即用"新材料"研究"新问题",形成"学术新潮流"。

故宫学的研究离不开人,缺少不了众多领域的专家学者,作者提出故宫要有"养士"的胸襟和气度,要团结吸引一批专家学者形成"故宫学派",这是颇有眼光的。过去我们一直重视的是静态的"死宝"文物,轻视的是那些研究"活宝"人才,对于一个国家来说,比那些国宝文物更应珍视的是人才、思想、制度,只有重视"人才"才能推动国力的强盛、经济的发展、社会的稳定、体制的进步,才能真正将故宫学营造为一块为国家争得荣誉的领域。保护国宝的意义不仅仅是集拢过去

"国富"的象征和过去的艺术创造,而在于重申珍视自己创造文明的态度,更在于珍视历史以便创造未来。

掩卷而思,该书对故宫学的开创性贡献是显而易见的,作者屡屡呼吁并希望尽快建立起长期被学界忽视淡忘的宫廷文化研究,强调故宫学对中国文明研究的重要基础地位与不可缺少性,无疑是有深邃眼光的。同时他又注意契合故宫保护的实际,对故宫各个方面进行了富有成效的探讨,总结了一些有规律性的例证,书中俯拾皆是,娓娓道来,很有说服力。

通读全书汇集的 21 篇文章,我们深深意识到,郑欣淼先生近年来孜孜于故宫价值发掘与故宫学的探索,实际上正在开创并成就着"没落"留存下的不朽事业。他唤醒了沉睡于故宫内外的守护者,激起了学者研究故宫的热情,如果说德言功行,其绩不泯,那么只有激扬文字才能跨过末世景观,借助天府永藏而纪传信史,弘扬经典文化而撷采扬芬。

《人民日报》2009 年 6 月 18 日;全文以"从自发到自觉"为题,刊于《紫禁城》2009 年第 8 期

草原蒙古与中原元朝交汇的中都城

——读《元中都——1998～2003 年发掘报告》

　　十三世纪蒙古人的征服战争震撼了整个亚欧大陆,仅仅几十年时间草原上的蒙古人就改变了世界,不仅在群雄争峙中脱颖而出跨入了文明门槛,而且在持久征战中建立了庞大的国家。草原地区始终是蒙元帝国难以割舍的核心,而农耕定居社会的舒适生活也诱惑着蒙古贵族,因而这成为一个困扰蒙古贵族难以两全的问题。自 1260 年忽必烈立国中原、建立元朝起,就耗费精力缔造帝国的首都,从而出现了元上都、元大都和元中都这样一连串的控制帝国交通、军事、政治与经济、文化的城市。

　　元中都位于河北省张北县城西北 15 公里,原为"北连朔漠、南控幽燕"之地,1307 年由元武宗下诏创建,1311 年元仁宗敕令停建,元末废毁。因建造和使用时间短暂,史籍记载不多,长期湮灭鲜为人知。明初称为"沙城",后误传为辽代通市易的"北羊城"。二十世纪以来,一些学者实地考察,逐渐揭开了它神秘的面纱。1998～2003 年,河北省考古工作者对元中都遗址进行了系统的考古勘察和发掘,终使元中都得以正名。

　　元中都上承元上都、元大都,下启明清北京城,时代特征单纯,建筑规制保存较好,是研究古代都城特殊演化的精良标本。作为游牧民族入主中原后又回首在草原边缘建立都城的唯一实例,它体现了草原观念与中原皇权制度既统一融合又相互抵牾的矛盾,也是以北方草原为中心的蒙古帝国到以汉地为重心的元朝的抉择,其独特性令人感叹。元中都的发现、发掘与研究具有重要的学术价值,曾入选 1999 年全国"十大考古新发现"。现在,元中都考古报告的出版,不仅将引起考古界的极大关注,无疑也将激活学术界的探索兴趣,从而推动都城考古和蒙元历史研究的新进展。

前几天,1 200 余页、大 16 开上下两册的《元中都——1998～2003 年发掘报告》摆在案头,装帧简约,风格朴素,我立刻感受到了它承载的厚重历史内涵和写作者非同一般的心血。历经六载寒来暑往的田野考古工作,之后又是九个春秋夜以继日的整理工作,这部《元中都》把一座占地 8.6 平方公里屹立于草原的蒙元帝国都城呈现在我们面前,报告全面细致地介绍了元中都的勘测和发掘成果,通过以点带面的工作,把支离破碎的细部串联成一幅较完整的画卷,让大家了解蒙古人从草原毡帐到中原城邑发展演变的面貌,并为元中都后续考古工作的开展奠定了良好的基础。

《元中都》报告收获的成果是十分显著的:通过大范围的调查勘测,对元中都的三套城墙和地面遗迹进行了测绘,明确了元中都三城相套的都城规制;通过对宫城西南角台、宫城一号殿址、宫城南门、宫城南墙 1 号排水涵洞和皇城南门的发掘,揭示了元中都宫廷的恢宏气势和称雄世界的气魄;特别是揭露出的建筑基址与构件都属于皇家规格,无论是螭首、鸱吻还是鸟喙神兽、龙纹方砖等,皆具有很高的造型艺术和珍贵文物价值,不仅体现了当时最高的技术水平,而且反映了元代君王兼具蒙古大汗与中原帝王的双重性格。

《元中都》报告融入了撰写者张春长对元中都全面而深刻的理解,他借鉴聚落考古学和环境考古学的理论,在实地考察和翔实记录的基础上,运用文字结合图片介绍了元中都周边的山川植被、地理环境,将一个水草丰美、地形独特的元中都展示在人们面前,加深了对元朝难舍草原为传统基地的认识。

这本报告又一个突出特点是可读性强。著者在遵循材料可靠、客观全面、结论严谨的原则前提下,根据材料的特性作了一些新的尝试,以丰富的历史文献资料和准确的勘察结果为依托,以凝练精当的诗句点题,配以清晰图片而娓娓道来,既像传奇故事,又似清新散文,环环相扣,引人入胜。这不但与元中都历史背景非常契合,又深入浅出地把元中都建设脉络梳理明白了。同时著者对与元中都密切相关的历史地理名词都作了详细说明、深入考证,并把它们放在注释中,既便于阅读检索又不影响读者的深入理解。如关于"野狐岭",指出它在金元时期的重要地位和在元中都建造过程中所起的重要作用,并在文章注释中用较长的篇幅,考证"野狐岭"的位置和相关史实,使人们对之有了更深层次的了解。

报告对遗物特征的观察准确到位,描述精确传神。如第四章在总结一号殿址出土的汉白玉角部螭首形态时,作者写道:"双肘半屈,有一跃而起之势,臂腮肌肉丰隆,爪背筋腱突起,趾尖嵌入石座,身躯前扑、头部微昂,蓄张扬之势,凸吻皱鼻、拧眉瞪目,蕴愠怒之情,双角贴颈、两耳后抿,含欲发之态。龇牙翘腭,须发飘摇,似箭之在弦、一触即发,如怒涛排壑、声震千里。动态造型蕴含着无穷力量,摄人心魄,令人不寒而栗,把雄健、凶悍和气吞山河的气势表现得淋漓尽致。"使整个螭首的形态跃然纸上。

考古工作是琐碎、繁杂而艰苦的,但在琐细和艰辛的工作中保持一颗追求完美的心,在我看来是考古人应当具备的人格特征。《元中都》报告就体现了这一考古人的特质。报告文字叙述详尽,语言规范,论断严谨,图表精确,图版主次分明,尤其是对重要遗迹和文物从多角度拍摄,整体与细部兼顾,便于读者的比对观察。《元中都》报告的出版,迫使我们更急切关注拖延甚久的元大都考古报告的面世,祈望不久的将来能看到元上都、元中都与元大都这样一个连锁的系统报告,能为人们了解蒙元帝国提供更多的丰富信息。

元朝是中国史上第一个由游牧民族所肇建进而统治全国的王朝,也是蒙古帝国包拥亚欧的世界帝国之一部分,《元中都》作为一部质量较高、科学严谨的考古发掘报告,对内陆亚洲史的探讨无疑有着重大意义。中国学者不能唯我独尊闭关自守,一定要认识到这是世界性的学问,是多民族多文化的世界史的一部分,我愿与大家一起共勉。

《中国文物报》2012 年 12 月 14 日悦读版

检阅：我国文物科技保护成果出版回顾与展望

文物科技保护是文化遗产保护事业重要的组成部分，"保护是前提，修复是过程，科研是手段，传承是目的"已逐步成为考古文博界的共识，文物保护作为文博单位展示的必经窗口、试验田、示范区，经常处于考古田野实践的前沿、博物馆修复的前沿、新科技探索的前沿。改革开放 30 年来科学技术在文物保护领域得到了飞速发展，目前文物科技保护又处在以往未有的快速发展时期，国家经费投入的规模和数额都是前所未有的。

文物保护科技成果近年来也陆续面世，除了各家文物考古类刊物开辟有"科技保护"专栏外，考古报告专著后面现在一般都附有科技检测报告，文物考古领域的科技保护论文总数量大幅增长，目前已经形成三大比较有影响的论文集群，一是中国化学会应化委员会考古与文物保护化学委员会主编的十届论文集（宋迪生、王惠贞），二是中国文物保护技术协会主编的四次论文集（陆寿麟、李化元），三是中国文物学会文物修复专业委员会主编的四集《文物修复研究》（贾文忠），尽管这三大论文集群有内部书号与公开出版之分，出版社水平有高有低，发行量有大有小，装帧有好有差，但都说明了文物科技保护成果公布从不成熟走向成熟的一个过程，证明了大家都期望把我们的文物科技保护事业做强做大的心愿。

近年来中国文物学会主办的《中国文物科技研究》（彭卿云）和文研所的连续出版物《文物科技研究》（已出五辑）等也公开面世。一些文物保护科技著作也陆续推出，大型工具书四卷本《文物科技分析与文物保护修复技术开放创新及规范化管理实务全书》（中国科技文化出版社，2005 年）也编辑出版了。可以说，一个基本反映我国文化遗产领域科技保护研究与发展水平的成果已经枝繁叶茂，硕果不少，成为我国科技事业、文物事业和出版事业不断发展的重要力量。

改革开放初期，我国文物保护科技成果出版还很少，甚至连介绍性的小册子都是凤毛麟角。1981 年国家文物局博物馆处内部印行的伯纳姆·菲丁《文物保护浅说》、1985 年联合国教科文组织编纂的《文物保护工作中的适用技术》（对外翻译公司），都是开眼之作。1979 年文保所内部印行的《古建木构体的化学加固》、1980 年徐毓民的《古艺术品修复》、1985 年郑求真的《博物馆藏品保管》、文物出版社 1989 年出版的《亚洲地区文物保护技术讨论会论文集》对文博界很多人来说还是陌生领域。1991 年科学技术出版社《现代试验技术在考古中的应用》（李士、秦广雍）、1992 年四川教育出版社《文物与化学》（宋迪生）、1992 年中国地质大学出版社《文物保护和环境地质》（潘别桐等）、1994 年甘肃民族出版社《李最雄石窟保护论文集》、1995 年西北大学出版社《文物保护材料学》（王惠贞）、1995 年林业出版社《古建筑与木质文物维护指南》（陈允适等）等著作，尽管有些内容是学科介绍性的，但是它们的出版不仅展现了文物保护科技研究的成果，而且进一步推进了该领域科研技术的发展。

近 10 多年来，文物保护科技领域著述更是数量增多，例如奚三彩《文物保护技术与材料》，王惠贞、宋迪生《防腐防霉杀菌概论》，黄克忠《岩土文物建筑保护》，张承志《保藏学原理》，郭宏《文物保存环境概论》，马清林等合著《中国文物分析鉴别与科学保护》，吴小红《铅同位素研究》，金正耀《中国铅同位素考古》，等等。教材有陈铁梅《科技考古学》、王惠贞《文物保护学》等。

然而，随着与国际文物保护界的不断接触和交流，人们看到了我国文物保护有影响力的知名著作还为数不多，科技信息量较低、学术质量不高、出版周期过长等问题成为制约科技保护水平提高的瓶颈。仅从有些急就章的论文和编纂的著作来看，作者水平高低不一，有的心态浮躁，有的学术不规范，有的只是为评定职称而写的充数之作，出版社亦是五花八门，旅游、美术、画报等出版社门类繁多，专业不对口，编辑水平良莠不齐，在一定程度上影响了正在发展的文物保护研究声誉,有的文章抄袭剽窃还引发过批评争议。特别是集体编写过于拖拉,出版周期又长,有些大型文物保护科技总结性的著作还未面世,其中的内容已经落后,远远不能适应科学技术的飞速发展。

文物出版社作为全国文化遗产界特别是文物考古界唯一具有金字招牌的国家级出版社,过去我们对文物科技保护成果出版重视不够,很大程度上还拘泥于传统观念,编辑中具有文物保护科技知识的人很少,除了古代建筑保护维修成果出版了 40 多部,直接推出文物科技保护的图书还很少,虽然陆续出版了一些有关丝绸、纸张保护修复的图书,例如《书画的装裱与修复》《古籍修复技艺》《传拓技法》等,但是不成规模、不成系统、不成系列,目前成系列的就是"行业标准化"33 本文物行业标准,出版后得到各地考古文博单位的好评,普遍反映实用、适用,今后将继续每年出版 10 本左右(共立项 69 个)。根据国家文物局领导在文物出版社现场办公会的指示,要把文物科技保护著作列入重要出版规划,一些老专家也纷纷为提高我们的出版水平出谋划策,特别就质量问题提出一些很好的建议,形成了以下共识。

一、我们特别期望各位专家学者能将精彩思想和精辟论断贡献给文物界,能够把思想的碰撞、智慧的交融展现给同行,文物出版社是文化软实力"走出去"战略的前沿单位,是国家 36 家版权贸易先进单位,是参与国际对外交流工程的优秀出版社之一,著作转摘引用率高,能保证让各位学者专家的科研成果在国际上传播产生影响。

二、始终以精品扩大品牌影响力。文物出版社 2007 年荣获首届政府出版奖先进单位,在全国 27 家获奖单位中排名第 20 名,国家的属性非常明确,获奖图书在全国出版机构中名列前茅。每年出版 300 多种新书,原创图书占 85％以上,尤其支持各位学者专家向高、新、专、精、特方向发展,形成在文物保护科技行业有较强的影响力,出精品、出人才,给予支持和优惠政策,推动进一步做强做大。

三、我们信奉"崇尚创新,宽容失败",鼓励"创新模式,破解难题",特别愿意推出治学严谨有新意的前沿课题著作,最近正在准备出版的考古现场动植物保护技术手册,就是我们主动约稿投资做的,但是我们不允许试验造假、编造数据,反对"垃圾论文""伪劣著作",愿意为建立合理、公正的学术规范而作出自己的努力。成果出版是好事,但"虚火旺盛""虚假繁荣"则会使科学研究走向另一个反面,这是我们必须提早防范的趋势。

四、注重科学性、普及性、趣味性、可读性,让人知道文物科技保护的过程和成果,过去保密造成神秘,与人民群众严重脱离,现在要造成人人皆知的效果。据零点公司调查,90%的人都赞成文物保护,但同时50%的人不知道保护什么内容,所以希望能出版一套科技保护小丛书,加强与人民群众"零距离"沟通。

在纪念改革开放30周年之际,回顾过去,展望未来,我们进一步认识到:学术论文和专业著作是文物科技保护领域承担科技创新历史责任的主角,起着繁荣学术争鸣、传播科技知识、积淀科学文化、凝聚专家学者的作用,更是造就一大批优秀专家学者的平台,为了让优秀科技保护成果脱颖而出,把握创新发展机遇,增强科技竞争力,更好地服务于整个创新型国家建设,文物出版社愿意吸引和团结广大青年学者,与大家做"良师益友",共同商讨文物科技保护出版合作的新形式、新方法,解决出版难、发行难问题,对国家资助下完成的科研项目更有责任承担任务,保持品牌鲜明特色和重要学术影响力。

2007年在文物出版社建社50周年大会上,中央领导评价文物出版社是文化遗产领域的"中央台",好导演和优秀演员都要到这个舞台上来表演,文物考古界的顶尖著作都以在文物出版社出版为荣,我们同样也希望文物科技保护的著述能在这个平台上推出,我们也愿做强做大这个国家级的平台,不仅为文物保护科技界服务,也为文化遗产事业发展作出贡献。

2008年全国第十届考古与文物保护化学学术研讨会主题发言稿

文物法规是文物保护的守护神

获悉李晓东先生集毕生之力撰写的文物学系列著作出版了，不由得感到非常敬佩、非常敬重，一位 80 多岁的老文博工作者仍然孜孜不倦，耕耘不辍，大脑不退化，以学术为主旨，研究写作成为他生活不可分割的部分，像这样的人在目前确实很罕见了。

看到《李晓东文物论著全集》六卷本，我沉思了好久，半个世纪来他发表的一系列论文都汇集在此，涉及文物工作的方向性、全局性和根本性问题，遵循和明确文物保护的目标与价值。可以看出，他是坚持守正创新的文物工作者，从不偏离文物学研究的正确方向，不搞概念偷梁换柱，不屑抄袭别人文牍，不随意否定前人观点，特别是不搞花花点子、卖弄新名词，建言献策有理有据，批评指正充满善意，表现了一个老文物工作者的正气底线。

现在文博界都知道李晓东先生作为一个文物法专家的贡献，他对"文物作用"和"文物利用"一直坚持着自己的观点，他多次讲过早在二十世纪五十年代，国家法律法规就使用过"文物""文化遗产"和"大遗址"等鲜明的概念，这些概念的使用表明我们国家在 1949 年后有着清晰的认识，按照历史发展的脉络来讲，文物是不可再生、不可替代的宝贵资源，要始终把保护放在第一位，这也是老文物专家都强调和最重视的问题。应该说，这对完善文物法规体系、标准体系和名录体系都有着不可缺少的指导意义。

一个人一辈子写几篇文章并不难，难的是一辈子始终不渝地写下去，多出有针对性、有专业性的高水平研究成果。李晓东先生不忘文物工作的紧迫任务，不断地阐明文物资源的特殊价值和重要意义,这需要很强的使命感与坚持不懈的责任感。每一次遇到社会上对文物工作的不理解,遇到文物行业内部的不同争议时,他都和谢辰生、马自树等老先生一起,纠偏纠谬,拨乱反正,敢于发声,及时指出具体工作不偏离的方向,将法律法规的理论转化为指导实践的政策举措,让人们认识到文物工作是一项功在当代、利在千秋的事业,不是"一任领导抓一件事""一阵热点一阵风"。文物保护需要站位高远的理论研究,摸清保护与利用之间的规律,没有几十年的经验是不行的。对此,我对以李晓东先生为代表的老一代文物工作者表示衷心的敬佩。

我因故不能到场出席《李晓东文物论著全集》图书发布会,但老先生亲自打电话给我,朗朗之声仍使我倍感亲切、备受鼓舞,他的全集大著出版不仅标志着一位老文物专家的学术研究的总结,更是推进文物事业和留住文化根脉的又一次开始,在此我表示对李晓东先生的衷心祝贺、祝愿、祝福。

2020 年 9 月 15 日在《李晓东文物论著全集》发布会上的发言稿;本文删节版见《中国文物报》2020 年 9 月 18 日

第四章

超越考古再现的艺术之旅

文物普世的美并不是历史的偶然，或是被编织的艺术神话所蛊惑，而是从古至今所创造的艺术之美，启发了无数的音乐、文学、绘画、雕塑……十八世纪中叶以来艺术启蒙运动开始深入民心，拯救灵魂于自私、无知、愚昧和怯懦等罪恶，于是艺术之旅成为培养美德的必由之路。

美的感受超越文物实体本身，美的力量是挡不住的，美的图书需要我们眷顾。

从美源之旅到艺术圣殿

——评介杨泓、李力《美源——中国古代艺术之旅》

　　今明两年内全国将有近千家公益性博物馆、纪念馆免费开放，原来门庭冷落、沉睡不醒的一些博物馆将成为提升人文素质的大平台。如果说博物馆存在的意义本来就是让国民有机会近距离地接触和感受文明的源流，从而提高国民的人文素质、科学思维和精神品位，弥补公众参差不齐的素质差距，那么将文化资源回归公益性事业无疑是一条正道，能满足人民群众日益增长的文化需求的期盼。

　　博物馆往往被人们誉为艺术圣殿，既是一个地域历史和文化积累的总和，又是继承人类历史文化遗产的重要载体，还是展示社会文明发展的重要窗口。人们都知道，国外一些发达国家的艺术成就和艺术品位堪称一流，除了国民艺术教育，数不清的博物馆、美术馆都在潜移默化地影响大众，不说是什么教育，起码是审美熏陶，而在今天我国文化博物馆如何吸引观众特别是如何提高观众的艺术品位，就成了一个重要的问题。而最近由三联书店推出的杨泓、李力撰述的《美源——中国古代艺术之旅》，正符合这种久旱巧逢及时雨的需要。

　　翻开这本印制精美的图书，七十七篇文字分别整理描述了形式不同的陶器、玉器、青铜器以及雕塑、壁画、漆器、瓷器等等，每类文物又以其发展最成熟、最辉煌的时期为重点，如古朴拙雅、色彩斑斓的新石器彩陶，文饰繁缛、造型奇特的商周青铜器，气势壮观、逼真传神的秦汉俑群，体容丰腴、栩栩如生的唐三彩，饱满洗练、风格优雅的晋唐雕塑造像，讲求意境、笔法细腻的宋元绘画，尽管每篇的篇幅不长,但通俗易懂,可读耐读,让人在轻松中感到娓娓道来,讲述了许多文物艺术造型由雄浑庄重转向意态生动,接着陷入呆滞萎缩,最终失去艺术光彩的程式,使读者理解了美的萌芽和美的绚丽,让冰冷的历史骤然活跃起来。倘若说读彩图、识文物如同听故事一般生动有趣,那么美的主题借助文物艺术得到了一次又一次的升华,艺术美的感染力使人百年千年之后犹感叹不已。

艺术的本质是一种文明。人们缺乏去博物馆、美术馆的动力,其中一个原因就是对艺术不了解,或者是从小学教育开始就缺乏对艺术审美的培养。近年来国内博物馆新展览推出繁多,但是许多观众不会欣赏高端展览或者顶尖艺术,博物馆常常感叹观众素质参差不齐,使展览效果大打折扣。这使我想起美国政府曾通过调查提出,进入博物馆不是免费开放问题而是教育素质问题,首先是通俗普及问题然后是艺术提升问题,要引领民众一步一步走进高雅的艺术圣殿。杨泓、李力在书中就指出不同艺术瑰宝的优美造型,青铜器里猛虎与柔鹿的对比,六朝青瓷里胡人骑狮水注表现的张口露牙与卧伏降服的反衬,唐墓壁画里名家之手与匠师绘制的区别,宋代龙泉窑温润如玉的粉青和景德镇晶莹剔透的影青,都奇异无比,具有撼人心弦的艺术魅力,而这些正是一般观众不知道的地方。作者还提醒人们注意"秦俑并不能代表当时人像雕塑艺术的最高成就",而汉代裸体陶俑穿着丝绵衣服"明显承袭了楚文化的传统","东魏北齐的陶俑制工较细腻,造型清秀而传神,注重细部刻画;西魏北周的陶俑制工较拙稚,造型粗放而质朴,以表现大轮廓为主"。近几十年来考古出土的文物珍品,正是通过着这样的阶梯导引,使人步入中国艺术史的圣殿。

艺术的修养并非一蹴而就,需要先行的积淀、时尚的审美和对技巧的反思,艺术素养提升是一条锁链,其源头从人类童年开始代代相传,不断更迭,要真正理解后世艺术的精髓,必须从前代艺术创作开始追溯。所以观众不满足初级阶段的"耳目之娱",需要更进一步的艺术解读和心灵感召,通过那些载入史册的艺术作品把握鲜明的主题。杨泓、李力两位作者是从事文物美术研究多年的实践者和探索者,他们把考古发现的数量空前的古代艺术珍品展现在人们面前,特别是近年海内外所关注的新的文物精华被汇集于书中,仿佛是铺路架桥的先锋军,又像是引入艺术圣殿的讲解员，所以《美源——中国古代艺术之旅》这本书能起到引领学生和普通读者欣赏美的源头的作用，必然会受到大家的欢迎。

一个国家的文化有它辉煌的顶峰，一个朝代的艺术也有它的代表经典，从大众文化的工匠之作到艺术极致的精英名家，有着一条审美品格和欣赏过渡的必由途径，需要大量的推进。过去我们常常是在艺术的彼岸向往着听风寻梦，现在通过《美源——中国古代艺术之旅》这本书细细品味享受美的愉悦，就像是在博物馆这类艺术圣殿中近距离地欣赏，不仅让我们见证了从远古到明清艺术之美的亮色和底蕴，而且使人明白美的滋润是我们内心永远的伟大力量源泉。

《中国文物报》2008 年 9 月 10 日

静观：千年法门之遗珍

在中国这个有着五千多年历史的古老国度里，宗教历史一直是国人关注的热点与焦点，因为宗教关联着人的信仰与理想，伴随着人的喜悦与悲哀，涉及千家万户的生活秩序，影响到一个国家或者一个民族的共同心愿，所以，1987年被誉为千年名刹的法门寺佛指舍利的出现和唐代佛教艺术文物的出土，曾引起亚洲佛教圈子内各个国家与地区的震撼，也引起全球范围的兴趣，传奇式的故事到处讲述，成了"高端节目"的传播者，人们从中吸取了很多的灵感，澄清了围绕法门寺和唐代佛教的众多传说，因而掀起了一次次争相目睹、礼拜敬佛的热潮。国外从泰国到韩国，国内从香港到台湾，许多电视台纷纷推出宗教揭秘纪录片，描述文物探秘的新发现，期盼能寻找出光照人间的永恒魅力。

但是，电视传媒只能作几分钟一晃而过的欣赏，一眨眼往往意犹未尽，不能认真观察与分析研究，要弥补这样的缺陷，大型图录作为一种不可替代的纸质媒介就会继续吸引着广泛的读者，特别是一部收录齐全的法门寺文物大型图录，有着广阔的佛教文化背景，更是人们翘首企盼和强烈关注的，它拉近了与老百姓的距离，贴近了研究者的眼睛，让人们在审美中细细品味千年前古人的智慧创造，领会中国佛教文化的博大精深。

图录是一种不容忽视的力量，它能把我们的感知浓缩于一个狭窄的空间、一个凝固的时刻。图与人类的文明史密切相关，早在文明的萌芽期，图画就以其直观明了赢得人类的青睐，遂成为人类纪事的最早方式之一；文字产生以后，绘图画片依然占据着重要地位。在中国古代，"图"与"书"二字往往并连使用，所以有

"图书"一词。现代意义上的"图"包括照片,甚至没有底片的数码图片,对文物来说照片就是直接映像,比起线描手画更具真实性和准确性,而且犹如今人与古人之间灵魂的撞击、心灵的对接。这样看,图片能让人如此动情大概也就不足为奇了。但是,不要忘记,感情代替不了理解。通常说来,如果要对一件事物作出判断,仅靠图片提供的信息是远远不够的,但是,情感能给理智以力量。如今我们这个世界被图像紧紧包围,图书出版配图是一种潮流,有其好处,也有其坏处,好处是照片的作用——它令人难以忘怀,记忆不会断裂;坏处是叙述越来越简单,思考也越来越少,撰写的文字越来越差,甚至只剩下一句简单的说明或介绍。学术界对一件文物的不同看法、研究观念的激烈碰撞、话题延伸的深度和广度、所触及文物的价值判断,很多往往在当今图书中被删去了。

围绕法门寺相关的图书林林总总,二十多年来已经出版不少了,有的精美有的平庸,有的繁杂有的简单,从考古报告到讲解说明都有,但作为一部既搜罗齐全又细节清晰的大型文物图册还比较罕见,我与法门寺博物馆多位研究专家商谈过要出版一部这样的图录,经过近十年的曲折磨合,现在终于编辑成功了。

这部法门寺文物图录犹如一部珍贵的档案,其意义恰恰在于,它向世人昭示了唐代岁月中的佛教巅峰起伏,它为现代人类最大规模地提供了一个唐代重佛、崇佛的全景式记录。其中许多文物图片资料是首次介绍给海内外广大读者,如果永远封存这些珍贵资料,那就会成为僵死的文化遗产,从而失去其公共价值、研究价值、鉴赏价值。现在全面公布这些资料,实现了从古代宗教文化财产向现代公益性文化遗产服务的转变,比放在文物库房里价值远远要高,让公众重新获得了对历史的一次阅读和阐释权利。

比起文字记载来,读图在发掘历史方面有不可替代的作用,而法门寺的文物图片可称为"图像文献",这本图录收集的就是编撰者多年来悉心筛选的1 500多幅照片,但它们的价值远远超出一般的历史照片,而是具有历史价值、艺术价值、科学价值三者合一的文物图片,有些照片是发掘时拍摄的,随着文物保护与修复的变化,不可能再现,只有这些照片完整保留了真实的场景和文物的原状,是最早的资料证据。作为文化遗产的忠诚守护者,为了确保文化记忆的延续,法门寺博物馆研究人员做了大量的工作，许多细节汇集起来可以写出一本动人的故事书，我就不再一一叙述，以免脱题，但他们的敬业精神已彰显在这本图录之中。

中国很早就有左图右史之说，读图可以证史，或弥补文字记载的不足，或订正文字记录的谬误，许多史学界争论不休的问题，通过出土文物图片证明马上水落石出，或是通过文物细部精微的勾勒迎刃而解，这就是"图录有征"的证据可靠性。唐代后期史书记载的法门寺迎佛活动，皇家喧嚣一时，百姓如痴如狂，这曾长期被人们怀疑是否真实，但现在只要一看出土文物图录，观察那些本真状态的写照，便不会再产生异议，这就是图录证史的作用。

考古学家不厌其烦地挖掘文物，归根到底是为了拿证据说话，而编撰出版文物图录，也是为了让材料与事实说话。我曾在1990年首届法门寺历史文化国际文化讨论会上发表过《法门寺出土珍宝与唐代内库》一文，说明唐代长安皇家内库的大量珍宝被奉送给法门寺，而出土的几件金银器皿上恰恰就有錾刻或是墨书的"内库"二字，文物完全印证了我的论断，法门寺作为皇家寺院得到了文物的证实，千年前的历史被后世出土文物所印证，当时我的心潮起伏久久难平。2005年在法门寺·正仓院中日文化交流国际学术讨论会上，我与几位日本学者讲过唐朝国库制度对日本的影响，其中长安"左藏""右藏""内藏"与奈良、京都"大藏""内藏"的渊源关系值得进一步深入研究。遗憾的是，至今我也没有见过一本日本正仓院全部文物收藏的大型图录，不知东海彼岸何年何月才能整理完毕出版公布。

正因为一部法门寺文物资料齐全的图录对我们了解古代佛教世界非常重要，因而收集编纂的工作也就非常艰辛，我们随手从现在这部图录中就能翻检出许多以前未公布的材料。

例如过去往往不经意间被忽视的石刻文物，一般认为也就是些残破石碑，长期无言地散落在寺院内外，可是它们却有着不能小瞧的价值。1981年法门寺钟楼倒塌时发现的北魏题名碑，上面刻有北周独孤氏、宇文氏等女性姓名，反映了当时妇女礼佛的状况。法门惠恭大德之碑碑侧线刻有高鼻深目僧人踏山云游图，说明了外来高僧弘法的形象。惠恭支提之塔碑上图刻有手捧细颈壶和长条盘的一对梳髻侍女,唐代女性形象栩栩如生。此外金代法门寺藏经碑记述了寺院收藏修补佛教经典文献的传承过程,印证了"关西名刹"的地位一直延绵不断。

本书中有一件宋代石刻过去不太引人注目,这就是刻于北宋太平兴国三年(978)的《法门寺浴室院暴雨冲注唯浴镬器独不漂没灵异记》,它与收入《金石续编》卷一三的《法门寺浴室灵异记》相同,对当时寺院在社会公益事业中的作用研究非常重要。据石刻记载,陕西扶风法门寺之浴室院,自唐僖宗乾符年间(874—879)迄宋太宗太平兴国三年(978),百年间每日供僧俗千人沐浴,除污垢疗疾病,未曾中断过,这是"缁侣云集、凡圣混同"的善举之一。浴室院还有浴室社长(时社长为王重顺)与社众,可见经费或出自这些社众,或由寺院经济承担。我曾想,法门寺作为一个皇家道场、西府名刹,浴室院能提供每日千人洗浴,其规模应该不小。凡浴室院之设必有盆镬,购薪买炭,建大镬以化汤,筑方井以汲水,凿渠道以引泉,冬用暖堂,夏用凉堂,僧众老少皆宜。唐代寺院沐浴管理上常常击鼓以为进退,人员杂沓则不许喧哗,在沐浴中静静地享受佛祖温暖的恩赐。洗涤尘埃、祛病养生的沐浴,是寺院组织推动的社会福利事项,佛教寺院必和地方公益事业紧密联系,服务百姓奉献众生才能吸引信徒。寺院僧侣积极介入地方公益事业,自然与福田思想和因果报应有关,但寺院扮演社会世俗中举足轻重的角色,一定与其慈善救济(养老、医疗、济贫、浴室等项目)是分不开的。此类问题倘若和地宫出土的浴佛银盆等文物结合继续细化研究,定会收获不小,对我们现代社会多些惠泽苍生的善举是否有点启示呢?

类似的石刻文物不止这一件,还有许多明代塔砖铭刻题记,传递了当时施工、施舍、庙会等一些历史信息,足证法门寺文化研究内容丰富、内涵深远,目前通过文物实证有许多问题还有待于进一步深入探讨。

1981年法门寺明代真身宝塔坍塌后,从明代到民国期间的68尊塔上佛像和宋刻、元刻佛经以及手抄本佛经散落废墟四处,后经扶风县文化馆保存,但一直没有集中公布,这次编辑者悉数搜罗一一展示,为明代以后法门寺地区佛教香火延续提供了重要证据,不仅资料弥足珍贵,而且为人们了解法门寺藏经真相提供了难得标本。尤其是法门寺宝塔倒塌时的影像记录,更使人有如亲临现场的感觉。法门寺是唐代皇家佛事地位极高的内道场,更是中国古代佛教史上屈指可数的高等级寺院,但是长期以来无人投资保护,作为文化遗产最后被雨淋风吹摧毁坍塌,本身就足以说明文化保护的脆弱性。现在我每次看到这些影像图片,就有一种分崩离析的失落感,图片使我们不再患有"失忆症",不能再淡忘这些民族文化遗产,一定要抓紧保护。

历史真是太容易被淡忘了,历史的真相也是极容易被掩盖的。幸亏有了文物的流传,不仅填补了历史场面的空白,而且一次次激活了我们对千年以前历史的关注,特别是出土的顶级国宝文物,让我们不再是从远处聆听古刹钟声,而是融入佛教文化情景之中,穿梭于菩提树林之下。

令人惊讶的是,隧道石门门楣上白粉书写的梵文题记,表明可能有"胡僧"参与了地宫的布置与封闭;而隧道石材上众多写字与刻字所显示的人名,有迎送官吏,有施工工匠,大家争先将自己的名字镌刻在此,究竟是要将供养身份流芳百世还是要封闭地宫担负责任,值得进一步研究。由此考察,地宫的文物放置不是随意的摆设,完全可能是一个佛祖舍利供养坛场,作者为了使人们一览无余仔细观察,还配以清晰的地宫器物分布线描图,使我们对地宫文物出土原状有了直接的感受,保存了当时现场珍贵的场面。当我们看到一幅幅宝函图片清晰的原状时,看到那些宝函上镌刻的记载文字时,不由得体悟到真要感谢考古工作者的悉心呵护,使这些国宝级文物完好无损流传给后人。如果说影像图片使考古瞬间被凝固下来,那么印刷在图书上则是最好的传承载体了。

编纂者显然是一个有心人,他把唐代地宫填土中出土的残损石刻,一块块排列出来,这不是一般的器物排队,而是展示了文物的细部价值,有人物造型,有灵帐垂穗,有灵兽基座,有龙盘宝珠,特别是众多供养弟子合十跪拜的石刻线画,男子虔诚,跪姿直挺,女子温婉,手捧莲花,个个慈眉善目,人人肃穆庄严,使人联想到敦煌佛教石窟中那些供养人的形象,两者如出一辙,艺术创造心心相印。这是我们前所未见的珍贵图像,值得注意。同样,法门寺地宫出土的金银器、瓷器、琉璃器等瑰宝也被一一按细部排列展示,原来一些不甚清楚的文物细节真貌现在全部显现在人们眼前:伎乐中的胡人舞蹈、跪坐圆毯上的抚琴吹箫者、两人对坐下棋饮茶、农夫扛锄离开家人、卷草纹饰中的水禽、狂奔速跑中的野兽……真是难得呀！法门寺博物馆我去过多次，从文物展览到地下库房也都参观过多次，但只有经过这次图片细节的对比，才能感到文物背后的一记重音，才是真正地享受到了艺术带来的无比喜悦，一部精美的文物图录就是一座流动的博物馆。

漆木器的科技保护在中国北方一直是一个难题，法门寺的檀香木函、檀香木微雕人像、描金檀香木山，以及已经残损的檀木浮雕，因为过去处于严格保护下都一直秘而不宣，这次在图录里也开始露面，对研究者来说十分重要。至于澄澈晶莹的玛瑙、水晶、琥珀等文物精品均亮相于图册之中，它们以抒情方式诗意地讲述了佛教文化的精神信仰。

我还注意到在献物帐碑中记录有蹙金鞋、紫跋鞋等，实物中首次发现的金银结条鞋，是用银丝编织的，以前国内考古出土的多为用丝、麻、葛类等材料编成，这次见到的银丝编织鞋虽然毁损严重，但不难看出它原来有非常精美的六角形纹，鞋帮内还衬有丝绸，鞋口上斜纹绫缘边，鞋面上装饰有掐金丝盘六瓣团花。在美国私人大收藏家安思远的手中曾有类似这样精美的唐代金丝女鞋，有人对此表示怀疑是赝品，如果看了法门寺地宫出土的这双供养鞋，就不会产生假文物的疑问了，这种可参照对比的标准器文物以前确实罕见。

最后要说的是法门寺地宫出土的丝绸织品，也是由于文物保护技术不过关的问题，原来博物馆展柜陈列给人们的只是很少一部分照片，或是一些现代仿制品。在陕西考古研究所科技部门恒温藏室内，我曾看过一些经中德专家合作保护的法门寺丝绸样本，尽管美轮美奂，可稍有振动即会脱丝掉渣，所以出土后的丝绸一直是"藏在深闺人未知"。可喜的是，这次图录中展现了出土时丝绸的原状，如金银平脱镜镜衣、紫红罗地蹙金绣织物、斜菱格对凤织金锦，都是不可多得的物证，显微镜放大的织物结构犹如纪实性绘图，直观地反映了唐代纺织工匠的高超技艺。丝绸保护专家王㐨先生曾告诉我绢丝包袱上有亭子建筑的织绣图案，可惜这次图片并没有局部清晰显现，看来丝绸保护问题真是迫在眉睫又亟待突破，以便拂去岁月的尘埃展现原貌。

过去总说中国是丝绸起源古国，是丝绸之路起点的大国，在人们印象中也就是常见的丝织品,而法门寺出土丝绸带给后人的意外惊叹,则是唐代纺织品中制作奇异的想象、精巧的构思,各类纹样仿若充满神秘与悬念的斑斓图画。这不是普通的上乘之作,估计至少是皇宫少府寺或文思院里匠师的制造,而不会是京城内一般手工作坊织造,那些丝绸织物上的蹙金线,已不是千针万线的缝纫,而是千锤百炼拉丝而成,成为古代丝绸世界的翘楚。

对法门寺文物全貌的关注,一直是人们的渴望与期待,过去中国出版经典性质文物图录的出版社寥若晨星,为数不多,除了文物出版社外,很少有人愿意投巨资制作精美的文物图录画册。现在编辑图文并茂的历史出版物在国内已经形成一种发展趋势,而且印制越来越优良,设计越来越精美,这对放大文化视野、改变文字枯燥论述无疑有好处,起码图册具有形象性、直观性的积极意义。

但在我国通过"读图"来"读史"还是一门比较生疏的"手艺","以图证史"也是学术界新鲜但也有不同看法的一个新课题,期望用文物画册来搞通俗的普及读物,往往容易走向泛滥和无度,甚至走回倒退伪造的陷阱。故有学者调侃中国制造的"读图时代"太过浮躁功利,引导的是快速消化阅读而不是对优秀文明成果的品味欣赏,造就了一批无文化根基的表层化读者,因此屡屡呼吁出版经典文物图册为文化遗产充值、为文化经典补液,特别是通过一些原本不为人们所注意的文物图饰细节,恢复并进而提高文物经典图书所蕴含的荣誉,让中国文明真正在世界文明中占有一席之地。我同意这些学者的看法,期望文物图典在新一轮的文化大潮中再创辉煌。

法门寺文物图饰收集整理出版无疑是珍贵的,文物所凝聚的文化信仰无疑也是激励后人的一种方式。尽管我们不可能再恢复历史的场景,但是文化的递传却离不开过去珍品的精美图册。

我们生活在一个宗教长期存在的时代,一个人可以不信宗教,但可以对宗教投以兴趣、报以回应、进行研究。尤其是佛教自汉晋以来对中国人信仰的影响绝非一般,隋唐又是佛教兴盛的黄金时代,留传下的文化遗产有着无限宽广的世界,所以,有文化的读者不能不翻阅这部丰富细致的图册。

我们相信,在历史上有着璀璨光辉的法门寺文物有朝一日终究会腐朽褪色、烟消云散,但那些珍贵的文物形象永远不会销声匿迹、历劫难而磨灭。因此,阅读、收藏这样一部有分量的图册也是一种文明共享,使得中华遗产能永世留传。

《法门寺文物图饰》序言,文物出版社,2009 年;《中国文物报》2009 年 7 月 15 日全文刊载

陕北石纹上的艺术

——《佳县古代石窟艺术》序言

纵观中国石窟艺术史的浩浩长河,地处陕北佳县的古代石窟一直不为人们所知,尽管有少数石窟被列入省市保护范围,但大多数连县级文物保护单位都没有进入,有些颇有价值的石窟遗憾地被遗漏了,似乎淡出了人们的文化视野,消逝于古文明中断的无声之中。

从佳县沟壑纵横的地形上来观察,其犹如一个饱经风霜、有着皱纹般印痕的老翁,那漫长沧桑岁月留下的年轮,斑斑驳驳卓尔不群,人们很难相信会在这样一块黄土地上有着众多像样的石窟。然而,经过全国第三次文物普查的野外调查,佳县已经发现了55处石窟遗迹,使我们得知陕北榆林绝大多数石窟都集中在佳县县境中,其他县境内大都是村庙祠堂类的地面建筑,真正有民间石窟艺术的地方还是黄河之曲的佳县。

佳县有这么多石窟,大概是因为当地石山多、风化慢、开凿易,石头成了最重要的佛教艺术载体,凝固了古代的文化,使得佳县民间信仰文化永远定格和留存,不会变成随风逝去的石沫风尘。从最早的隋代大业五年(609)玉泉寺石窟开凿到明代较多有代表性的石窟来看,千余年间佛教浮雕、圆雕和壁画融汇一体,有的古朴拙劲,有的粗犷大气,但是有的石窟断代还需认真斟酌,像卧虎山石窟是否唐代风格就还不能确定,因为明清以后当地人对石窟"修复"过大,已失去了真实的原貌。不过,我们相信迟早会发现一些断代的蛛丝马迹,把每个石窟串联起来作为孤证的补充和说明,关键需要文物工作者们有一双从石刻资料中发现历史细节的眼睛，从而达到历史人文环境全方位的还原。

中国古代石窟从公元三世纪至十六世纪，前后延绵雕凿了一千三百余年，到明代开凿造像活动已进入尾声，各地虽有一些小型石窟的开凿，但毕竟印度"梵式"、中国"凉州式""云冈式""龙门式"等大型石窟渐渐衰微了，而地处黄河沿岸的佳县却仍在热衷于开凿石窟，值得人们从人文景观上给予关注。这大概与五百年前明代洪武至永乐年间（1368～1424）山西的大规模移民有关，在明代移民大潮中，民间艺人来到佳县地境，从而将山西的佛教艺术传入了这块土地。如果说宗教信仰是民间生活的精神支柱，那么开凿石窟、雕塑神像都外化着老百姓的精神向往与理想世界。各种塑像中神佛排列的阵容，正是世人对天堂的想象、对祖先的虔诚仰望，外来移民把自己无法丢弃的故土信仰和乡情文化扎在了佳县的土地上，这可能也是佳县石窟较多的精神原因之一吧。

本书收录了佳县有代表性的 16 处石窟，主流仍是以明代为主，作者依靠实物资料把人们带进历史现场，展现的不仅是历史档案，而且是文化家谱，每幅图像都带着令人惊奇的细节闯入我的眼帘，给人以田野发现的文化冲击：

被列为佳县"八景"之一的云岩寺石窟，不仅有北宋宣和四年（1122）的摩崖石刻题记，窟中还有精美的宋代将军形象浮雕，最精彩的水月观音身连窟壁，祖胸披帛，足踩莲花，神态栩栩如生。然而，佳县已发现的石窟内壁画多，而不是雕刻多，壁画尽管面临风雨冲刷、焚烧砍凿，但保存得较好，这与这些石窟分散隐伏于乡野草莽之间有关，深藏无人识，深锁无人知，封闭的地理环境反而保护了这些"迷信"的遗存。

1992 年被列入省级重点保护单位的佛堂寺石窟，东南距离黄河岸边很近，我曾去过那里考察，观察到宋元石刻和明代石雕都明显与同时代的山西石质雕刻风格相同，估计石刻匠人多是从山西来的，有些窟壁题记上就写着山西绛州等石匠的名字，他们每年持续开凿，因为黄河两岸的文化交流非常频繁，每年的庙会也是秦晋不分，石窟风格自然是一致的。应该注意到，佳县有些石窟风化严重，雕像漫漶不清，壁画剥蚀惨重，在一定程度上影响了对历史文化和宗教信仰的研究价值，但是一个时代的风貌总是会投射到社会各个方面和角落，完全不受时代影响的领域是很罕见的。

佳县石窟所展现的多以明代的水陆画为主，像兴隆寺石窟内有一百余幅明代"水陆万象"壁画，它们以连环画形式出现，展现了佛教普惠天下的教化作用，虽然佳县没有佛教名山古刹，也没有名噪一时的高僧大德，却真实地反映了当地百姓穷尽钱财皈依奉献佛门的祈愿。但是佳县也有不是宗教信仰的石窟，它就是朱官寨明代"五女川石窟"，当地流传五女终身不嫁侍奉孤苦伶仃老母的故事，这是陕北榆林地区唯一保存下来颂扬女性孝顺贞洁的代表性石窟。从这个意义上来说，民间信仰并不都是宗教的神灵，它还有社会的习俗与传统，悲欢离合、生生死死的传说反映了民众的思想感情。

值得注意的是，佳县石窟浮雕藻井很有特色，一点都不比其他地域的逊色。例如龙岩寺、云岩寺的宋代藻井，莲花当顶居中，线条圆形辐射；龙泉寺、化云寺的元代长方形平綦浮雕，几何形三行划一，绘有动植物图案；兴隆寺明代穹窿式浮雕藻井，收拢归一，立体感增强；其余石佛寺石窟、王家川石窟、宝智寺等明代浮雕藻井均有各自的特色，种类繁多，琳琅满目。还有的是彩绘藻井，不施地仗直接绘于岩石之上，有骏马奔腾、麋鹿踏云，有凤凰展翅、月兔回头，有狮子扯球、白象散步，有长龙盘珠、阴阳太极……关键是本书作者有心收集归纳，从而一一展现于人们眼前，甚至连石窟门口狮子枕石、抱鼓石雕、镌刻石盆、石桌供案等都收揽在手，窟檐石雕斗拱、窟门两边浮雕等艺术雕刻小品也不忽视，都作为文化遗产的一部分，这无疑是全方位的保护观察，功莫大焉。

看着佳县石窟这些图像，使我忽然触摸到昨天，回忆起我曾走访过的一些佳县石窟，向当地百姓作过一点口述调查，当时看着那些衰败的石窟，总有一种"失落的文明"悲凉感浸入我的肌理，犹如生命的枯荣，岁月的无情。在佳县这样的穷乡僻壤里，百姓民众舍地舍牛，善男信女凑钱积银，他们雇工修建石窟，就是企盼风调雨顺、趋福避祸，这在已发现的石窟题记和碑刻录文中均有明确记载。历史是千年沉积、百年演进的，残存的石窟带给人们的认识是复杂的，当年百姓进入石窟拜神求佛身临其境，定会是一种如临天界、如脱煎熬的感觉，宗教石窟既是物质与精神的庇护所，又是依靠艺术创造意境的乡村亮点，人们在这里没有了喧哗嘈杂与浮躁神情，有的只是恬淡与平静，这里是一处心灵上的世外仙境。

我始终认为，艺术是人类一种重要的沟通工具，能够使不同民族走到一起来，从相识、相知到相互理解和尊重。同样，石窟艺术流传的文化脉络也是连接古代与现代的丝带，连接不同地域的纽带。佳县县委和县政府重视对文化遗产的保护，令我激情涌动，一个地方和一个人一样，当他从潦倒的困境中走出来，开始走向富裕的时候，能够不忘自己的历史、不忘自己血脉的文化，委实是值得赞扬的。尽管佳县石窟的内容比起敦煌、云冈、龙门等大型石窟还不够丰富多彩，甚至让人感到有些单薄，但它毕竟较完整地展现了佳县的历史和文明，展现了陕北黄河沿岸的人文情怀。

佳县石窟本已是尘秽封固的历史，但是经过榆林文物研究者的发现整理，一下子催醒变得鲜活生动起来，本来是没有生命活力的坚硬冰冷的雕刻泥塑，却使人有了几分体温的亲和感，拉近了我们与佳县的距离，通过具象的沟通找到了共同语言。现在各地都知道文化遗产的重要性了，近年对文物保护的力度也大大加强，为数不多的石窟更应得到民众的保护，这方面佳县也曾有过伤心记忆，例如开凿于元代的惠岩寺位于秦晋交汇偏僻之地，其中就有四个佛头造像曾于二十世纪九十年代被盗，可惜这些石刻艺术精品至今不知流落何方。

有人说过，文明是一种运动，而不是一种状态，是航行不是停泊。当今人们对文明关注更多的是辉煌耀眼的成果，很少注重鲜活生动的文明过程。也难怪，像佳县石窟中的一些艺术创作已经被定格、遗留在褪色的石墙土壁上，我们已经无法看到当年的华丽与壮观，似乎一切都已停滞、风干、枯萎，没了生命，任何一名考古学家都不可能发现储存下来的文明过程，但是我们可以想象在佳县这块土地上生活的祖祖辈辈，他们为了追求美好生活心里涌动着生命的张力，在那些石窟中留下艺术的神来之笔、刀斧神工。

石窟艺术是佳县文化发展的见证者，古代所有在佳县出生或是生活过的人都可能有过到石窟礼拜的经历，无论是官员士子，还是工匠农民，每逢社会动乱涂炭生灵、风霜磨难别苦离愁之时，总要祈祷盼望石窟神灵能发出多一些和谐的福音，化腐朽为神奇，变死亡为生机，或多或少对石窟寄托着一些向往应验的情感,正像龙泉寺金代窟壁题记祈愿所云"国泰民安,合家康裕"。从这个角度上说,人间生死、心灵诉求与乡土气息统统移入石窟,石窟象征的精神意义远远大于现实的物质意义。

最后需要提及的是,榆林文物考古研究所的王富春先生为佳县古代石窟普查立档,进行田野调查,保护好文明延续与传承的遗产载体,由个人化文博工作转化为群体性文化行为,殊途同归,这是需要大大赞许的,至少是为佳县和榆林地区留下了一份翔实完备的文化档案,使古人之创造不再濒危消亡,使前人之艺术不再缥缈散落,从保护民族文化遗产意义上说,这是值得肯定的发展方向,我衷心期望中国大地上多一些这样的文化遗产守护人,多一些这类记载历史文化的图书传之后世、泽被后人。

《佳县古代石窟艺术》序言,陕西旅游出版社,2009 年

黄土高原上的斑斓画影

——论佳县民间寺观壁画的文物价值

佳县民间寺观壁画由于位于山峁沟壑之间，千荆万棘人口稀少，年久失修隐踪匿迹，以及其他种种原因长期以来被人们所忽视，记录不全而文献阙如，青史县志又疏漏略过，所以遗忘野外，几乎被湮没百年。2007年承蒙佳县领导邀请，考察了佳县文化遗产资源中的兴隆寺、观井寺、佛堂寺、云岩寺、玉泉寺、香炉寺等多个文物保护单位，实地观察鉴别了寺观壁画，经过集体讨论，深感佳县民间寺观壁画具有不可替代的文物价值。

一

佳县位于明长城沿线以南，黄河西岸，古代人口迁徙不定，起伏变化很大，宋元时期这里兵家争夺战乱频繁，修筑了一些重要的军寨、砦、堡，但蒙古军队南侵掳掠汉人，造成境内人口大量避祸南迁，元代皇庆元年(1312)仅有327户，4 733人[1]。宋、金对峙和蒙古、西夏争夺时，佳县界线不定，犬牙交错，寻常百姓为躲避沦陷四处逃亡奔命，不可能大量修建寺观，即使曾有一些佛教石窟被开凿，也多是初创时节，因而有艺术造诣的元代壁画也很难出现。现在有人猜测佳县寺观壁画隋唐已有，宋元也有之，其用意可能是想借年代久远提升文化价值，然而从历史背景上看恐不可靠，没有众多人口支撑的历史实物依据。

明代初期，陕北是北方军事防御守卫线，佳县尽管当时处于"边患"二线地区,实际上仍属于边卫,亟需各方移民迁徙本地屯卫耕种,因此不仅有许多屯卫性、垦荒性移民迁入境内,而且有归降蒙古人内附来此寓居。明朝为了改变内忧外患的凋敝状况,开始大量移民,佳县也流传祖先是从山西洪洞大槐树底下来的传说。军屯和移民的增多,使三边地区至山西北部和京津城镇的商路驼道从佳县境内通过,带动了商业、手工业等经济的发展,家底丰实的人们有了修寺建观的金钱保障,为了保佑家兴福多,求神拜佛者陆续增多,香火兴旺造就了一批乡镇寺观出现,寺观壁画也随之繁荣,画工接踵而出,工匠代不乏人。特别是商人带来一些本地稀缺的颜料和绘画工具,从而使寺观壁画具有了满壁生辉的审美效果。

明代中期葭州(即后来的佳县)社会经济又不稳定,因为蒙古鞑靼部通过河套地区不断抄略延绥等地,虽然从府谷到宁夏盐池的一千余里长城将"边患"隔开,但嘉靖二十年(1541)葭州的户数 400 家,口数 13 001 人[2],这一记载即使有脱漏,也说明人数不多。人口规模的多少与文化传播面的大小直接相关,人口稀少也使僧尼、道士都会减少,民间宗教也不会广泛流传。不了解这个背景,就容易产生一些文化现象的误解。

然而,明代陕北军屯规模增加很快,意味着"军户"人数增多,这等于是各地移民不断迁入,新来的人丁必然会促进社会经济的恢复与发展,并且将各地的区域文化带入陕北,佳县民间寺观建设开始有了进展,既可以超度"镇边"亡灵,又可供民众祈福。

可以说,壁画与寺观建筑密不可分,因为建筑墙壁为壁画提供了存在的条件,所以壁画依赖于建筑。同时壁画又是建筑物内部最重要的标志之一,优秀的壁画不仅使建筑具有文化性与艺术性,而且可以提高建筑的等级和品位。在寺院道观里,雅俗共赏的佛教、道教壁画实际上是一种公共艺术,令群众百姓终生难忘。

从佳县兴隆寺、观井寺、云岩寺、佛堂寺、玉泉寺等多个寺观观察,宗教性的神像雕塑和人物壁画与寺观建筑三位一体,形成一个统一的艺术氛围,互相衬托,相得益彰,当人们走进寺观殿堂中立刻会感到壁画所体现的艺术感染力,对佛祖、道仙不由自主地产生崇敬、畏惧心理。一般来说，佳县现存的这些寺观建筑大都规模不大，壁画尺寸和装饰风格都受到一定的制约，而不像山西、河北、甘肃等地一些明代大型水陆道场壁画那样画面巨大，不像它们那样气势宏大。这与当时佳县地理环境封闭、经济发展实力、建筑科技水平等都有关，壁画在这里所起的是"美化烘托"和"画龙点睛"的作用，而不是追求宏大的排场，其妙处只有身临其境才能感受体会。

二

壁画艺术，曾是中国古典艺术文明的骄傲，汉唐时期陕西地区的壁画创作成就一直走在全国前列，特别是唐代壁画艺术可谓是达到了中国古代壁画艺术史的顶峰，仅从唐代全国遍布大小佛教寺院四万多所来看，"画圣"吴道子在长安和洛阳绘制的壁画就有三百多处，至于敦煌石窟至今保存完好的洞窟多达 247 座，更是给了我们震撼的视觉体验。西安地区历年出土的墓室壁画更是琳琅满目[3]，不仅扩大了艺术史研究的视野，而且证明当时壁画艺术水平极高，不仅有收放自如地控制复杂关系的巨大构图，进行充满想象力的巧妙处理，而且在色彩上富丽精致的风格化特色，皆是绘画技巧能力与形象观念思考的突破。

但至宋元以后壁画创作艺术趋于停滞，明清这一特殊的艺术门类更日趋衰落，因此观察这一时期的壁画要从二维空间（平面）、构图、色彩（色调）、造型（形象）、笔触（线条）等因素一一入手。由于宗教信仰在社会上流行而使各地不断建造寺观，寺观壁画就成为公众的画廊，与百姓联系密切，宗教壁画倾向于世俗化，民间画工也以现实人物为原型来体现自己过硬的绘画功夫。

我们从佳县寺观壁画分布来看，兴隆寺的壁画和观井寺的壁画最有代表性。

位于上高寨乡郑家沟村（俗称郑家寺）的兴隆寺石窟，创建于元代至大年间（1308～1311），明清两代多次重修，1982 年公布为县级文物保护单位。兴隆寺存有壁画 54 幅，正窟中两壁绘制的壁画颇有明代遗风[4]。画工们图绘的各色人物端庄秀雅，柔媚娴淑，不像唐代雄奇外露，也不像宋代平淡虚静，尽管可以上溯宋元,汲取了江南风格,实际上还是直率的平民风格,虽然画中题材不外是山水花卉,人物也不外贤人高士、才俊仕女、渔翁耕农,但画工们最大限度地抒发了他们的个性,甚至民间两人摔跤的场面也被描绘得历历在目。应该说这里没有传统的文人画,即士大夫悠闲的画,没有玩弄笔墨的境界,但民间画匠提倡"古意",模仿回归明代以前更早的绘画传统,并重视绘画技巧的运用。

在兴隆寺考察时,我们询问了寺窟郑姓守护人,得知他们村里以郑姓为主,祖上几代人都是家传画工,从而使我们清楚了乡村民间画工家业承袭,代代相传,在农忙之外成为一种职业画工,保存了质朴风格的传承。他们通过木板画谱或是粉本画谱的流行,走村串镇云游四方,使绘画得到空前的普及。

我们审视从佳县寺观收藏保留下来的清代纸本画小样可知[5],这种为寺庙彩绘壁画或塑像参照使用的小样,对画工世代相传作用很大,其实就是传授的课本。例如赐福天官、赦罪地官、青厄水官等"三官"形象雍容大度,富态可敬,红龙、白龙、黑龙、青龙、黄龙等"五龙王"的形象风度翩翩,脸部面容各不相同,而"财神""山神""城隍""土地"的画小样表现了道家艺术的追求,"佛法身""消灾障菩萨""马鸣菩萨"等画小样则反映了佛教艺术的影响,还有民间流传的"关圣帝君""水草大王""牛齐大王"等等,均描绘了百姓群众的信仰。这些清代的小样完全继承了明代的风格,没有一点清代服饰和装束的影子,这说明壁画并不会因为朝代更迭而彻底抛弃前人的传统。

当时佳县不可能像京师、省城或榆林之地有画铺、画店的专业画师,当地的画工大都是依靠父子以祖传秘本相传,或是对师傅的画谱稿本悉心揣摩,靠观察默记临摹。宋元以后文人士大夫喜欢山水花鸟画创作,对道释人物画偶然为之,因而大量的寺观壁画均由士大夫鄙视的民间画工承担,这些画工为许多寺观绘制了无数形象生动、场面壮观的巨幅壁画,但他们的姓名却多不为后世所知,从而默默无闻湮没世间。

1986年公布为佳县县级文物保护单位的观井寺,位于朱家坬乡李家坬村观井沟,有明代弘治十三年(1500)重修碑记,正殿的壁画分为东西两壁,东壁上六层人物排列有序,西壁上也是六层各色人物密集,近千个人物糅合了绣像故事、宗教信仰、年画版画、戏曲插图等许多门类的形式,所以人物繁多,形象并不雷同[6]。画工根据各种不同人物的身份进行表现刻画,帝王后妃都画得面容丰腴,体态端庄,服饰华丽,表情矜持;武将则是着重表现其面部夸张、勇猛威武的精神;僧尼道冠外表虔诚,内心恬淡,缁衣道貌,落拓不群;儒者贤士穿着褒衣博带,负琴捧书,意态雍容,表情生动;士农工商、医卜星相均有明显的职业标记,手持不同工具用物。尤其是生旦净丑末等戏剧人物,刻画得栩栩如生,例如"生"着圆领长袍,翘翅幞头,手执书卷;"旦"着小袖上衣,素色短裙,下露纤足;"净"上身裸体文身,睥睨众人;"丑"短须浓眉,短翅幞头;"末"则长须裹巾,身穿补缀长衫。百戏演员的形象一望可知。特别令人注目的是一对上身赤膊露腹的男子手拿折扇,逍遥自在的神态呼之欲出;而另一对妇女大胆地袒胸露乳,怀抱婴儿依偎胸前,母子养育爱抚之情真实自然。整幅壁画巨大,人物繁多,对研究中国古代后期的社会风俗、阶层职业、服饰装束等状况都有重要的参考价值。

应该说,观井寺壁画艺术的主流不是含蓄的、士大夫的、象牙塔里的闲情逸致,而是表现了乡土亲情、下层百姓的真实情感,既有传统画中的喜庆吉祥、多子多福,又有贵贱身份的职业分别。画工描绘这些人物时采用高古游丝细描手法,服饰衣纹流利婉转,女性表现了体态丰满、温文慈祥,男性显露出身材魁壮、端凝静穆;主要人物的内心活动,通过面部表情的入微刻画反映出来,足令观者为之赞叹仰慕不已。

通过观井寺的壁画,我们可以确定绘画人物多是丰颊厚颐,大部分服装为明代制度,偶有元人衣履,绝无清朝装束,设色大红大绿,具有明代人物画的风格与特点,与同时代的山西佛教水陆画风格极为相似[7],因此把它们定为明代作品,是比较恰当准确的。

这使得我们认识到佳县寺观壁画创作中虽然没有宫廷味丹青世家,但有众多乡土味浓郁的民间高手,历代民间艺人,真名实姓往往失传,但他们描摹的壁画,勾勒生动,设色清丽,章法自然,毫无刻板之气,他们以乡民信徒为欣赏主体,借助宗教绘画的艺术形象,更注重宣泄下层民众的追求,体现普通百姓的向往。

壁画作为建筑内部的一种文化内容,也包含着一个地域人民生活的基本方式,乡村修建寺观需要私人集资,富者出钱,穷者出力,这与当时社会经济稳定有一定关系,也与乡镇手工业作坊发展有密切关系;画工需要的颜料、盖房需要的木料砖瓦,无不依靠这些手工作坊提供,实际上直接反映了以佳县为代表的黄河两岸当地的经济水平与文化需求。

三

现在大家一谈佳县文化就以白云山为标志,白云山白云观确实有其特点,但白云观壁画不可能是孤立的存在,而应该是有其广泛背景支持的,这个支持就是遍布佳县境内及其周边地区寺庙道观中的壁画传承与创新。例如佳县化云寺存有壁画54幅,玉泉寺残存壁画4幅,还有一些寺观只剩下遗址残片,真迹虽然荡然无存,但都说明宗教艺术的壁画曾普遍存在。如果将眼光再拓展远些,山西、甘肃等地均有一些明清时期的寺院道观壁画,这说明佳县寺观壁画出现不是孤立的文化现象,而是在整体上互相影响、互为交流。

需要指出的是,佳县境内寺院创建时代往往早于白云山道观建设时间,例如玉泉寺、化云寺传说建于唐代,云岩寺创建于宋宣和四年(1122),符家寺建于金大定年间(1161~1189),惠岩寺、佛堂寺均建于元大德年间(1297~1307),金明寺建于元至顺年间(1330~1333),开花寺建于明弘治年间(1488~1505),著名的香炉寺也创建于明万历十一年(1583),而白云观创建于万历三十三年(1605),因而这些寺庙都早于白云观,它们对白云山的影响无疑是深刻的。

其实白云山庙观现存的1 300余幅壁画除了真武大殿后殿《诸神图》为明代绘制外[8],其余有许多壁画时间可能较晚,因为清代的许多壁画内容已是程式化表现,人物形象表现也流于概念化。例如三清殿《老子八十一化图说》中《入觐宾》《捧神龙》等图里描绘着身着清朝官服的人物[9],使人怀疑明代绘画说是否可靠。在清末(1904)《真武修行图》连环画中忽略了一些具体人物的个性特征,特别是画真武祖师像时,画师谨循旧规,不敢轻越雷池半步,失去了原先世俗人物那样的传神生动。至于清代末期一些壁画中,勾线缺少刚劲有力,线描失去流畅,渲染点缀全无章法,已很难达到技巧与壁画整体的高度统一。对比最明显的是,明代壁画中白线均用蛤粉描绘,故至今工笔重彩、明亮如新,颇有古韵遗风;而清人用铅粉作画,经久便黯然褪色、枯淡沉滞,两者在矿物颜料用色上无法相比,直接影响了壁画的装饰性。尽管白云观壁画可能请到的是"画师"而不是"画工",但布局、结构和意境深邃的创造受到了很大的束缚。

从文化大视野上看,佳县民间寺观壁画虽受到人为破坏较多,粉皮剥落较大,但仍有不少值得关注和重视的精品,具有文物古迹原则中的历史价值、艺术价值和科学价值。

近代以来人们对佳县寺观壁画重视不够,彰显不多,原因固然多种多样,实际上存在概念上的误判偏差。

首先,一个时代的误会就是认为这些壁画价值不高,在偏僻沟洼的乡村里,这里没有什么名家,即没有艺术家的名气,细笔粗画,设色白描,人物面部表情诙谐,形体动态富于市井趣味,似乎是一种民众心向往之的宣泄,所以有人认为不登大雅之堂。

其次,过去"文革"对宗教的批判,使得寺观壁画被列入封建迷信范围之内,而改革开放以来人们急于脱贫求富的心理,对这些残存的壁画有一种盲目的判断,有一种急功近利的偏激主张,特别是在外来文化的压力下急于求变的心理,所以认为这些乡土宗教信仰作品不值得重视。

再次,由于佳县乡间寺观建筑过于分散,在全县境内交通距离较远,单独的寺观零落破败,孤立封闭,遗存隐蔽,加上晚清壁画布局简单,造型粗糙,掩盖了一些有风格的壁画。人们只注意佳县城边白云观这样大型建筑群内的壁画,总期望其大放异彩、独树一帜,对乡间寺观藏于民间忽略漠视。

我们实地考察后认为,正因为佳县近代以来乡村相对落后封闭才能保存下来这些明清之际的壁画,在求神拜佛的氛围中代代相传有一股不屈不挠的顽强奇崛精神,壁画不仅构成了记忆的深度和历史的重量,而且是一种审美价值和认识价值的双重思考。可以说佳县寺观壁画表面上弥漫着宗教的氛围,但所绘的世俗生活,却是本地一种斩之不断的精神根脉和挥之不去的生命记忆。

从文化遗产保护角度来看,中国壁画艺术史的发展,并不完全以朝代更迭作为标志,也不以规模大小作为评判标准,佳县乡间寺庙的壁画中不仅保留了一些明代风格的画风,而且其价值在于壁画和建筑环境结合起来具有突出的地域文化特色,它代表着一种独特的艺术成果,在一定时期对佳县及其周边地区产生过不可磨灭的影响,是佳县及黄河文明的特殊见证。

我们认为应该提升观井寺、兴隆寺等为省级重点文物保护单位,列入省级濒危文物名录,以使它们不再被忽视和遗忘,更为了一个时代的代表文化不再消逝,我们有责任保护好人类的共同遗产,传承给子孙后代。

注释:

[1]佳县志编纂委员会编《佳县志》第 58 页,1994 年。

[2]嘉靖《陕西通志》卷三三《民物一·户口》,嘉靖二十一年刻本。

[3]李星明《唐代墓室壁画研究》,陕西人民美术出版社,2005 年。

[4]《中国佳县白云山白云观壁画》第 312 页中突兀出现清代官员骑马图,令人质疑兴隆寺壁画是否在清代修复重绘时覆盖了明代壁画,或者原来就是清代画工所作,故存疑。文物出版社,2007 年。

[5]王富春等编著《中国佳县文物精华》第 109—140 页,陕西旅游出版社,2008 年。

[6]《中国佳县白云山白云观壁画》第 301—307 页,水陆道场图局部,文物出版社,2007 年。

[7]山西博物馆编《宝宁寺明代水陆画》,文物出版社,1998 年。

[8]《中国佳县白云山白云观壁画》第 4—23 页,文物出版社,2007 年。

[9]《中国佳县白云山白云观壁画》第 75、80 页,文物出版社,2007 年。

《2008 白云山论道》,陕西旅游出版社,2009 年

秦晋交界的"佳话""佳境"

——《中国·佳县文物精华》序

地处秦晋交界的佳县犹如陕北的额眉,但很长时间内被人们视为地居偏僻荒边之处,印象中的佳县丘壑如肠,绿意稀嶙,一片昏黄,景物凄凉。只有半个世纪以来一曲响彻神州大地的《东方红》,才使人们朦胧地知道这首颂歌原出处就是发自九曲黄河之湾的佳县。

二十年前当我第一次听到清华大学校长高景德院士是佳县人时,犹如一道惊雷震撼了我的心灵,让我惊讶的是黄河边上的一个陕北小县城竟然能产生出一位中国最高学府的大校长,而且在这座精英荟萃的学校里,高景德作为校长博学而文,在任职期间提出"要把清华大学办成世界一流具有中国特色的大学,必须以理工为主、兼有文科",我不禁想到这位校长能有如此的开阔胸襟和文化素养,其故乡佳县必定人杰地灵,俊才辈出,绝不是一片榛荆寂寞的遐荒土地。

果然,当我今天看到《佳县文物精华》这本图册书稿时,不由得感到佳县文化底蕴非同一般,既孕育古代文明,使文化寻根源远流长,又穿梭古今,每一件文物均可寻求到一段历史风貌。青铜的庄重威仪,陶器的朴质天真,玉器的温润谦冲,瓷器的苍颜古风,书法的银钩铁划,绘画的浓墨重彩……度过时空如读史,有着鉴古知今的意蕴。

翻开图册,首先映入我们眼帘的便是新石器时代的陶器,龙山文化、仰韶文化的斝式鬲、陶鼎、单耳罐、双耳折腹罐、三耳袋足鬲等等,说明佳县这片土地悠悠文明尚早,数千年前就有人类定居繁衍。考古发现了70余处新石器遗址,估计那时这里自然环境并未恶化,至少不是杳渺荒僻之处,所以先民们刀耕火种生活在这里,用泥与火培制的日常生活用具,仿佛是陶冶的精灵隐约在古老高原上巡游。特别是五千年前的新石器石铲、石锛、石簇以及罕见的两把三孔玉刀,都表明先民打磨石器时已经开始具有了"审美"的意识。

战国时期,群雄逐鹿于中原,黄河天堑那时虽不可轻易突破,但佳县城关占家坪出土的战国蕉叶纹壶给人留下了深刻印象,其他错金敦等青铜器与蛇纹灰陶铲足鬲、陶豆等亦在这里流行,几座战国墓葬历经千秋岁月后,给我们留下了可追寻的足迹。

秦汉时期这里一直是人们关注的地区,秦皇拓疆举斧,汉武北击匈奴,播迁军民驻守河套东南,在此屯田开土种植,遂使移民从边立邑建县,分立对峙中又有胡汉贸易互市往来,像出土的错银琵琶形带钩、错银鹰形带钩都带有匈奴制品的风格,因为琵琶是游牧民族擅长的乐器,而搏击长空的雄鹰更是匈奴人崇拜的"天神"。

佳县青铜器中的"长寿宫"铜鼎、三只"熊抱脸"兽蹄形足支撑,造型精美,使人联想起长安的将领带着皇家赏赐的器物,到这里保家卫国、戍边设防。金戈铁马鏖战中所必需的生活用具遗留很多,从铜镳、提梁卣、提梁筒、铜钫、铜洗、铜龟灶、铜釜、铜鍪、铜罐等,到铜扁壶、铜洗、铜盒、蒜头壶、铜匦、温酒炉、博山炉、"西河库"铜灯,无一不是如数家珍、润物有声,究竟是夺来抢去的战利品,还是军营扎寨的必备品,我们无法判断,但这些文物多层次地展现了当时人们的生活色彩,则是不用怀疑的实物资料。

汉代的青铜镜中,佳县保存的颇具汉韵古风,像四乳龙虎镜图案中两组羽人戏龙,另两组为猛虎追羊,构思奇拙,其他配列铭文的日光草叶纹镜、四乳铭文镜、"家常富贵"镜、"昭明"铭带镜、星云镜等,不知是婆姨俏姑使用,还是靓男猛汉挟带,反正工匠的制作竭力模仿着京师长安的气魄。汉人使用的带柄搓、三孔削、车马銮铃、龙首刷等生活用具,皆是制造技术进步的表征。出土的汉代铜剑、弩机、铜矛、带孔穿矛,更是驻守这里的军人使用过的兵器,经过了战火的锤炼和厮杀漩涡的冲洗。

风水关乎水土，山河孕养人气。汉人制作的陶器中，既存留有带盖豆、熏炉、彩绘釉陶鼎，还有绿釉灶、绿釉甑釜、羊形虎子（冥器）等，并没有给人留下截取历史一肢一节的尘封往事感觉，而是构成了那个时代才有的朴直风格。

隋唐时期，隶属于银州管辖下的佳县还未建县立制，可是各地开凿石窟敬拜佛像的风气也传到这里。最早的佛教造像是隋代的四足方床铜站佛和唐代的铜坐佛。这一影响直至后世，遗存的宋代石雕释迦佛头、元代石雕佛头、三面浮雕石菩萨站像以及石雕观音等，不仅说明了佛教的艺术创作继承了隋唐时期的风格，而且佳县十余个石窟和摩崖题刻见证了佛教的兴盛。

宋代这里是几方交界争战的地方，然而佳县西有高原峻岭敞怀拥抱，东有黄河缠绕滋养，据黄河之西首障，与周边诸州县安危相属，控北部之锁钥，御疆治乱安定之据点。神泉寨、乌龙寨、姨娘寨、峪口寨、谭家坪寨等遥相呼应，宋元丰五年（1082）由河东转运使建立了易守难攻的葭芦寨（后改为晋宁军），从此"黄河要塞"崛起在高山之巅，遗留的北宋熙宁十年"□□（葭州）第二指挥第三都朱记"铜印，仿佛是当时军民联防的信诺佐证。

宋代的瓷器发展进入一个新的阶段。宋代耀州窑鹅戏水碗、白釉"元参政词"梅瓶，均为工匠圣手相承，名家妙思创新，特别是白釉"黄河诗"瓷枕描写的"群领空山不断头，东南西北复还流。三穹穴聚鱼千只，九曲能行万里州。神后浪翻重后土，庙前波汲壮浦州。川运世界难阑截，也备江湖大海收"。这位无名文人赋诗相伴，真是挥洒自有面貌。

西夏、金朝均是宋代和元代之间更迭中的两个王朝，很容易被"大历史"所忽略，往事常常会成为一段悄然湮没的往事。但是金时葭芦寨改为州城后，烽火台分为北线和西北线连成一片，从此"铁葭州"成为防御西夏的塞北军事重镇及兵家必争之地。文化的遗迹也保留在了这段历史的峡谷中，西夏的白釉碗、黑釉剔花小口瓶，金代的褐釉敞口碗、白瓷碟、二花釉罐、绘花釉罐、茶末釉黑花小口瓶、黄釉印花碟都保留完好，与同时代这里出土的钧窑碗、龙泉窑盏工艺不分上下。元代更是瓷器发展的高潮，白釉褐花碗、白釉高足杯、黑釉褐斑碗、五叶釉罐、钧釉碗等集中体现了元代民窑工匠的制作水平。

明代佳县依靠险要地势修筑补葺了近七里的城墙,其整体布局颇具地域文化特色和艺术价值,依山就势而建的石城墙、石头街、石窑洞构成了名副其实的"石头城",至今仍是陕西乃至全国存留不多的山城之一。

明代继承宋代崇佛奉道的传统,在名山辟神仙盛境,开莲花净土,佳县于万历二十八年(1600)在凌空绝壁上修建香炉寺后,万历三十三年(1605)又开始在白云山大兴土木,建造了宏大的白云观建筑群,上主国泰,下保民安,设化教民,治病救人,影响之大不仅辐射周边,连接秦晋内蒙,而且香客云集,祈祷祝福四邻。明代晚期古香古色的"玉虚宫"金匾,距今已有数百年的历史了,仍然墨香久远,史韵悠长,而百姓敬献的巨额牌匾蔚为大观,这一传统沿袭到清代,从清乾隆己巳年(1749)"三官殿"匾、道光二十五年(1845)"德参造化"匾、咸丰十年(1860)"撰合阴阳"匾,一直到晚清同治十二年(1873)"尊居北极"匾、光绪十五年(1889)"坎宫乾德"匾,都表现了祈福求愿的心理,也包含了"正直而一""扶正驱邪""普救生民"的哲理。

不过,明清统治者也借白云观的名声来扩展自己的"皇恩",明万历四十六年(1618)八月神宗朱翊钧的"圣旨"和清光绪十五年二月十七日的"圣旨",使白云观成为受两代皇家恩赐的上品宫观。现在这两幅"圣旨"犹在述说着当时的"四海八方同归清净善教"。

白云山一千多幅明清时期的壁画是最有价值的文物,尽管出自民间画匠之手,却有着精湛的绘画艺术特色。而壁画的"粉本""底图"能被保留下来殊属不易,现存的清代佛画有"二金刚""五龙王",也有"财神、山神"和"城隍、土地",既有"佛法身""消灾障菩萨""马鸣菩萨"等佛画,又有"五温使者""二大王""关圣帝君"等构图。"日值、时值使者"和"年值、月值使者"佛画、"金桥"和"银桥"佛画,一帧一个寓意。甚至恐怖的"转轮洞""望乡台""枉死城""饿鬼地狱""无间地狱"等佛画,也都强调了做人必有的善念信条、做官必以苍生为重的准则,烁古励今,警煞世人。当我们一页一页观察这些民间画匠的描绘摹本时,犹如回到了他们中间瞩目延展,求功德、谋福祉。

佳县的佛像造型在明清立体艺术中也是独树一帜,明代的文殊菩萨铜像、乘龙观音铜像、石雕坐龙观音等庄严肃穆，清代的铜韦驮像、铜关公像、铜菩萨坐像等别具一格，最有特色的恐怕还是明代的檀木雕黑龙大王、红龙大王、紫金大王，柏木雕"三官"等，清代的泥塑既有佛教的释迦佛、观音、地藏王、药王等，又有道教的太上老君、真武祖师，以及灶君大王，都表现出一副清虚无欲、儒雅内敛的神态。

毫不讳言地说，佳县收藏保管的文物有些并不是闻名遐迩的精品，有些器形还不完整，但它们依然具有很高的历史价值和地域遗韵，例如汉代螭虎石插座、玉剑饰，明代的石香炉、铁火盆，正德二年（1507）的铁碟，嘉靖十二年（1533）的铁钟，万历三十八年（1610）的铁磬，以及清代的供神用具"三官"木供楼、木牌楼小样等，虽不是精品华章，却古风久远，也是民间原生态艺术的真实反映。

历年收集的文人墨客作品，有清嘉庆十一年（1806）的黑底金字立轴，清代红底金字二条屏、书法横幅和四条屏等，其中楹联"培养人才真学问，留心经史大文章"表现了佳县文士乡贤的功名心迹，对联"兰虽和不若竹有趣，山至静亦与水同情"则流露了当时文人的闲情雅趣。至于绘画作品有清代花鸟画四条屏、"刘海戏金蟾"横幅、八仙寿字画立轴等，以及民国初的"真武祖师"挂像，尽管皆不是久滋名门的大家作品，但也足以说明文化的渐渐浸润。

佳县自 1993 年被陕西省政府公布为省级历史文化名城后，尤为重视文化遗产的保护传承。我们深切感受到陕北文物工作者所具有的坚韧刚强精神，他们守护艺术宝藏，承袭文物伟业，从而使这本文物精华图册得以汇集出版，让更多的人了解黄土文化的渊源。

如果说"天工镂、地貌成"的自然环境无法变换，那么佳县得天独厚的人文环境，则足可以演绎历史"佳"话，融汇黄河壮观"佳"境，由文物携挟的人文脉流，衔历史之命奔腾不息，必将崛起于黄土高原、振荡于黄河峡谷。

《中国·佳县文物精华》序，陕西旅游出版社，2008 年

黄河岸边：夜读《府谷名胜古迹》

　　由谭玉山主编撰写的《府谷名胜古迹》请我写序，一般新书稿都是过眼匆匆，因为每年上百部书稿从我案边手下签过，不会每本都细看，除非这是一本值得慢品滋味的好书，但是这本书稿展示了府谷的历史血脉、文化渊源、民情风土、创新思想等等，亮出了概括力极强的文化答卷，不由得使我注目长阅，手有余香。

　　作为一种地方史的图书，往往是按照地方志的思路，描述山川地势、表述历代职官、彰显先哲贤达、记录社会风俗、展现城镇经济、类编碑碣歌咏，既有地方百科全书之称，又有资治、教化、存史之功用。但是封建时代的史家重视的只是上层社会的历史，只知上有朝廷而不知下有社会，只知有权力而不知有文明，只知有官员而不知有民众，对传承文明的文物古迹更是不屑一顾，如今谭玉山为了留住身边的历史，正以文字图片的方式寻找和确认自己独特的精神印记，编纂了这部《府谷名胜古迹》，说明他们不仅正在更多地善待文物古迹，而且能在缅怀历史之余领略千年文明传承的成果。

一

　　如果以人文地理和历史痕迹为线索来梳理中国北方的文化资源，孕育在陕西最北部的府谷县就被定格在壮阔的自然风景和人文世界里，仿佛就是一轴神秘而独特的画卷，黄河不仅在这里急流奔涌直下晋陕峡谷，而且延绵的长城东西横贯百余公里，成为"出河回风"的界标性双绝景色。

在人们过去的印象里,府谷就是历史书卷中苍凉的一页,黄河的长年浸润似乎没有带来过多的光华闪烁,沟壑交错的黄土山上砥砺着日出日落的祖辈先民,内蒙古与晋陕交界的三角地带矗立着一座充满风沙的古城,如果没有去过这块神奇的土地,光听府谷的名字,很难判断出它究竟是天府富饶谷地还是贫困不毛之乡。

我最早瞩目府谷,是听说府谷人与黄河对岸的保德人争议杨家将、折太君之祖籍归属历史悬案,双方都说宋代的抗辽大将杨业和折太君是出生在自己县境内的杰出人物。为了调和这场历史人物的名分之争,又说是杨业为保德人,折太君是府谷人,两家秦晋婚姻之好亦是人杰地灵的产物。后来读书多了,才知道杨氏家族原来出自魏晋"五胡乱华"以后的氏族,世为酋长,前后相传四五百年。折太君也是来自西羌莫折氏,本为关西羌中强族,后分封亲属驻守边城,既有显宦也有武将,代代相传与汉族错居融合。像这样北方民族大融合的记载很多很杂,源自胡姓、蕃姓的家族不胜枚举,上自魏晋匈奴、鲜卑,下至隋唐突厥、西域诸胡,大凡氐族、羯族、东胡诸姓遍布陕西、山西、河北、甘肃等地,丘穆陵氏改为穆氏,达奚氏改为奚氏,步六孤氏改为陆氏,贺兰氏改为贺氏,拓跋氏改为拓氏,慕容氏改为慕氏,党羌氏改为党氏,独孤氏改为刘氏……如此等等,有兴趣者不妨翻阅姚薇元先生大著《北朝胡姓考》,查查北方民族祖先线索,没有多少纯种的汉人。由此可知,上千年来北方一直有着游牧民族之间的深度碰撞,有着草原与农业民族冲突激荡的起伏,也有着胡汉民族融合融化的灵魂,如果说杨业、折太君均为北方少数民族后裔,地处兵家必争之地,血脉里流淌着扬鞭奋鬃、英勇善战、威武不屈的鲜血,都是可以理解认可的,绝不是空穴来风、牵强比附。

有证据表明,府谷孤山堡二处折家墓地出土了折继新、折克行、折可适等人的碑刻墓志,足可以印证史书之记载。立于公元905年的刺史折嗣伦碑虽然漫漶不清,但是记载其祖先为云中人,世袭家声,一门忠烈,守护府谷,见义有勇。1976年清理废墟中发现的折继闵神道碑也叙述了折家据守府州"捍蔽戎虏、历世赖之"的事迹,他们"论古今将帅,识其用兵意",防御契丹,抵抗西夏,均立下保家卫国的功勋。最为传奇的是,折太君本名折赛花,她是府州节度使折德扆的女儿,生长在世代名将家中,奔马射箭熟悉兵法,她嫁给杨业为妻,生有七子,成为北宋"杨家将"抵御辽夏的精神支柱。尽管北宋昏君将她看作是"折家军"的"蕃将",可由她不畏强权、老当益壮、威震一方的故事而改编演绎的《折赛花》《折(佘)太君百岁挂帅》等戏剧,脍炙人口、长演不衰,她早已成为我国艺术殿堂上妇孺皆知的杰出女性。如果考古能发现折太君的墓葬,她给人的力量一定是正面的,不仅有着巾帼英雄的飒爽英姿形象,而且犹如民族之魂,远远超出北宋帝王将相的影响。

二

"以旧志考辨,以新志存史"是目前学术界通行的做法,如果说以前旧志的文献价值在于挖掘考辨,提供编写研究的依据,新志的编写价值就在于求真求是创建文献,创建足资后人征信的文献依据。《府谷名胜古迹》编纂的内容就达到了这一要求,无论是人文遗址还是古代建筑,或是历朝墓葬、碑文石刻,以及文物收藏,都流淌着让人留恋的历史气息,不禁有一种历史的厚重感油然而生。

翻阅书稿映入眼帘的府州城,雄踞在石山梁上,地形险峻,悬崖峭壁,令人长久凝视,这座始建于唐宋之际的靴形城址,周长仅仅 2.3 公里,面积 22 万多平方米,虽然经过多次修缮,但是七座城门依然巍巍竖立,颇具易守难攻的军事要塞功能。城内主街横贯东西,12 条坊巷纵横成网状,过去这里因地处戎狄毗邻的边陲,华夏与戎狄之间外贸繁华,夷狄分置的店铺林立,直至近代外延的商号众多,各方商贾都到这里交易获取利润。因而在历史上府谷历来被认为是中原王朝治边的前沿重镇。

据史书记载,府州城多次成为军事上的争夺之地,北宋庆历二年(1042)西夏王元昊率兵十万前来进攻府州城,激战七日,双方伤亡惨重。1269 年蒙古人又进攻府州城(时称永宁府),城陷之后烧杀劫掠,留下"铁血屠城"的记忆,从此一百多年间府州城及其周边荒无人烟,残垣断壁,仅有遗址留存。明朝驱逐鞑虏之后,实施移民实边政策,从各地迁来移民,才逐渐发展成水陆码头,慢慢恢复了过去的生机。现在府谷境内的文物古迹许多都是这一时期兴建的。1996 年府州城被国家公布为全国重点文物保护单位，成为温故历史最鲜活的"教材"。我不知道府谷是否有历史博物馆，但我们不能让我们的文物古迹沉睡不醒，府州城就是一个能用活的博物馆，就是一个陈列在广阔大地上的遗产博物馆。

如今府谷境内有一系列城堡遗址，东胜堡、安定堡、金城堡、宁川堡、靖化堡、建宁堡、镇羌堡等等，无论是宋代修建的还是清代改设的，仅从名称上听，无不与保国守土有联系，也均与拱卫县城、府城、州城有关联，特别是明代修建长城，这里是明榆林镇的重要关堡之一。当我们沿着长城一线考察时，看到残存的城堡土垣、角楼烽墩、建筑遗存、砖瓦遍地，无不为历史的沧桑巨变而感叹不已，如果说历史叙述着生命环境的迷惘忧伤，那么时代旧痕就是由这些文物片段组成的。

一座懂得与历史对话的城镇，不会忘记用文字图片记录身边稍纵即逝的历史，谭玉山用双脚、用双眼、用心灵去体会府谷的文物世界，用镜头定格历史留下的痕迹，从"圪塄""圪垯"这些带有异族语言的新石器文化遗址，到战国至秦汉时期的大昌汗城遗址，从汉代富昌城遗址到宋代旧芭州城遗址、震威城遗址，府谷境内一串串村落遗址和城堡遗址，仿佛都在诉说着人文演进的变化，即使府谷境内山沟交错、交通不便，即使宋元时代的战乱破坏使文化进展迟缓，但是府谷没有由此彻底退出历史舞台，黄土黄河相交的地理环境、御寒抗旱的五谷杂粮食物，以及作为文化财富遗存的文物古迹，都一再表明华夏子民在这片土地上繁衍生息，活态传承，永续不灭。

三

近年来府谷经济上的出色表现曾惠及全国，因为神木、府谷以及整个榆林地区都因煤而富，据《中国民间资本投资调研报告》称，榆林亿万富豪超 6 000 人，商铺租金逼近北京，这些被称为"陕北投资客"的人从 2007 年开始涌入北京房地产市场，异军突起，超过了山西、内蒙古鄂尔多斯的投资规模，占据了更大的民间投资市场。应该承认，府谷和陕北的发展均与煤炭密不可分，其经济增长速度曾连续五年位居陕西省第一。府谷这座古老城镇也在经济大潮中不断改变着面貌，建设的新气象时时给外来客人以惊喜与赞叹。但是经济的飞跃并非实力的全部，随着渐渐褪去过去的喧嚣和热闹，更多的还应是来自对这座千年城镇历史的尊重，对历史文化遗产价值的珍视。

谭玉山这些文化人近年将府谷名胜古迹提炼出"十景"，从自然山水到人文胜地，从古韵名胜到滨河映月，使得府谷古老躯壳呈现出一个窈窕丰满的身材，散发出"讲好府谷故事、传播府谷声音"的魅力。

府谷的"荣河书院"无疑是当地的文化遗产亮点，这座书院始建于清乾隆三十四年(1769)，是由为寒门子弟就读的"义学"改为培养人才的"书院"，因府谷在宋政和五年(1115)曾被赐名为荣河郡，故称"荣河书院"。乾隆三十四年安徽泾县人郑居中担任知县时，捐献俸银，联合乡贤绅士输送钱米工料，用时一年建成书院，聘请鸿儒担任教习，改变了原先文化乏善可陈的状况，从此提升了府谷的文化形象。尽管我不清楚知县郑居中是否出自"皖系"乾嘉学派，但是他起码知道"明道救世"、阐明大义，从而使文化传播有了遥相呼应的支点，造就了府谷以后百余年间众多学子励志勤学的文化基因。

我注意到谭玉山倾注感情专门撰写了荣河书院一节，他在《重修荣河书院碑记》中写道："千年府州，雄踞边塞，北枕长城，西屏神榆，襟山带河，气象万千。是境地阜物丰，文教昌盛，俊彦驰列，素有文化之乡、黄金金三角美誉。""有举莫敢废也，凡事皆然，而关乎德教者犹为盛。值兹昌明盛世，府谷各界共襄书院修复，以传承历史，弘礼教民。"细细读来犹如聆听演讲，与活生生的教科书一样，能感到一种耐人寻味的文化规律，这就是府谷人厚德载物的文化力量，也是其最核心的教育价值取向。

随着经济的腾飞与发展，府谷文化遗产会越来越被视为独一无二的名片，越来越受到关注和保护。我们发现这些历史印痕已经悄悄融入了这座曾经的边塞古城发展的脉搏之中，人们对它的认同感并未随着时间消褪，城市反而因这些历史印痕重新焕发出了活力，维修文庙、复建寺观、树立碑记、新铸铁塔、举办庙会、翻建戏楼……所有的文化资源都"活"了起来，渗透进身边的日常生活，引发整个社会的关注,带给人们一种久违的脉搏跳动与灵魂交流之感。

最后需要说明的是,《府谷名胜古迹》的作者对自己家乡文化家底耳熟能详、如数家珍,全书图文并茂,文字写意自如,图像定格准确,视界阔大不羁,成为世人认识府谷名胜古迹和自身魅力的一个新起点,即使是中国传统文化的产物,也因彰显地域特性、确证民族身份、反省文明胸襟、吸纳外来菁华,唤醒了陕北大地的勃勃生机。倘若透过府谷审视东方崛起,我们似乎能看到它折射的文化之光,因而殷切希望这本书能和其他中国文化瑰宝一样漂洋过海,让世界各地的陕西人乃至中国人都能收藏这本图书,不是填充书架或丰富书库,而是以文化软实力承担历史的使命,在文物古迹的潜移默化中释放出巨大的文化推动力,更加从容与自信地走向未来。

《府谷名胜古迹》,西安出版社,2015 年出版

凝结线条艺术的珍贵遗产

　　盼望已久的《唐乾陵陪葬墓石椁线刻画》终于出版了，书名冠以"线条艺术的遗产"，配合着精美的印制，更是吸引人们的视线。这部大图录由临摹者花费了近十年时间描绘而成，线条再现的历史使人动容。作为总编辑的审稿手札我愿公开发表，并向历史考古研究者、美术创作者、艺术爱好者以及广大读者推荐。

　　第一，唐代石刻线画是一种最具原创力的白描艺术，作为唐人别具一格的审美思维和造型技法，既呈现出极高的视觉效果和艺术价值，也真实地再现了历史记忆。线刻画中的人物似乎有着生命的呼吸和灵魂的悸动，犹如一幅幅展现那个时代风情的人物画、花鸟画，激起读者心中的涟漪。

　　第二，唐代石刻线画内容丰富、题材广泛，虽然是平面构图法，但经过艺术工匠的不断创新，运刀如笔、造型简练、线条流畅、匀称飘逸，有序的线条仿佛是浑然天成的描述语言，弯曲的线条又有表现物体造型的别样感觉，线条强烈的曲线美与画面韵律感所构成的视觉语言，不仅给人赏心悦目的审美享受，还给人深邃悠久的历史感。

　　第三，唐代线刻画的艺术形象倾注了古代艺术家的杰出才智，作为历史的特定形象和标志符号，柔和线条表现的人物生动活泼，构图上主次分明疏密得当，线条的魅力展示在石椁上是无价的经典，而经典是无法克隆与复制的，但却渗透进我们的心灵深处，既超越逝去的历史与时代，又给人无穷遐想的空间。

　　第四，懿德太子、章怀太子、永泰公主墓石椁线刻画上展现的这些美女，既是唐代皇家等级中的美女标准像，又是宫廷生活中幻化出的传奇形象。首先是清纯之美,捧花闻香,悠然休闲,犹如一张白纸之美。其次是天使之美,容貌端庄,宫装华丽,透出遥不可及的唯美唯真。这些"红颜"年轻女性栩栩如生,从青涩之美变为成熟之美,从外在之美演绎成内在之美,暗含着画家线雕的敏锐捕捉和创新意境。

第五,如果线刻画临摹出"形",那是匠人的表现,而临摹出"神",则是艺术家的功夫。本图录临摹花费了十年时间,根据石刻对象的时代内容、人物造型和敷彩技法以及艺术风格,保留了原作精华,弥补了无法细看的缺憾,是准确精细的"再创作临摹",值得艺术爱好者仔细观摩与珍惜收藏。

上面五个特点是我审稿时的感想与思索,也是石刻文物显示的艺术之美。很难想象,如果没有古代高超的艺术工匠,怎会流传下如此令人赞叹的艺术线条遗产?如果不运用线条进行创作,又怎会让千年之后的我们"一线化像""多线观画"?

西方哲学家康德说过,"线条比色彩更具审美性质"。但是线条如何由抽象艺术演变为诗性的艺术,康德似乎没有论证的过程,这就使得评判线条艺术的地位缺少依据。然而,我们眼观唐代线刻画的临摹作品时,总会给人以具象的心理感受,每一条似为漫不经心的起伏线,其实都是强烈的表现语汇,构成了由线组织的平面绘画,既有"紧劲连绵、春蚕吐丝"的技法表现,又有"循环超忽、投射极致"的审美表现。

由于古代画师、画匠对线条的凝练和升华,即使漫漶不清的石椁线条画,也能描绘出一种层层叠加的人物画,画面中每一个局部都可以随心而出,人物、飞鸟、花卉、器物等仿佛伴着佩饰的响声走到人们的眼前,粗粝的石头上竟能雕刻出鲜活的细节。尽管我们不知道线描和线刻的画师、画匠是谁,但是他们特定的线描笔法可能奠定了后世的"十八描"范式,面对不同的生活对象,可以使用水纹描、竹叶描、镢头描、枣核描、颤笔描、减笔描……然后通过石匠的雕刻一条线一条线布局到画面上去,犹如行云流水,一气呵成。

我们不能不承认这些为皇家贵族墓葬服务的工匠们有着得心应手、游刃有余的创作。我们更感叹这些工匠要完成这样工程浩大的线刻画,需要多少时间,耗费多少精力,重要的是在创作时还不能脱出皇家限制的窠臼而任意绘画、信笔游走,这简直就是戴着镣铐起舞,没有对深锁府邸人物生活的深沉感情,没有对宫廷等级区别亲临其境的了解,就不可能完成这一幅幅的艺术精品、妙品和神品。

"观造化、绘人物、辨色貌、现心声",唐代的画家们以线取胜、以线审美,线条的注重、欣赏和铺成可以说在唐代墓葬石椁线刻画上达到了极高的水准,在宫廷闲适的生活与优雅的艺术氛围中,架构起画师胸中特有的文化情怀,用线条代替泼墨,用线图变幻画面,起稿线描,刀刻入石,不仅人物五官特征突出,而且姿态散淡闲逸,令人赞叹不已。千年后,这部书的临摹者又依据线刻对象的时代内容、人物造型和艺术风格,保留原作精华,弥补漫漶缺憾,实际上是"再创作临摹"。一般说来,用线条临摹出"形",这是匠人的表现,而临摹出"神",才是艺术家的功夫。他们数年如一日坚持不懈临摹出线刻的对象,使艺术记忆保持不变,无疑值得称赞。

生活是艺术创作的源泉,看完这部浸透着历史气息的精美线刻画图录,不仅仿佛看到了千年前唐宫里的人物旧影,也看到了殿堂里俊男靓女的真实面貌;不仅看到了当时就已展开的人物画传,而且听到了匠师们艺术之心跳动的声脉。近在咫尺、对视明眸,让我们的眼睛定格在这一幅幅骨肉丰盈的线刻画上,就像观赏图像笔记一样观看这部图书,更让我们走进人物图画与艺术历史巧妙结合之中,不妨作一次人文巡礼又如何呢?

《中国文物报》2013 年 11 月 15 日

追寻汉代碑拓的斑驳遗产

竣险秀丽、气韵神奇的华山不仅有享誉世界的自然遗产,还有闻名天下的文化遗产,尤其是流播于后世的前贤古碑,更是追流溯源的瑰宝。东汉的西岳华山庙碑就是一方距今近 1900 年的名作,遗憾的是随着时代嬗变剧迹纷呈,五百年前石碑载体已经消逝,只留下后人残存的拓本。

为了承接汉人书法精髓,探讨精深内容,后代拓本载籍频繁,穷其奥秘,名家才俊的题跋亦纷纭而至,向为书法爱好者所重,拓本与题跋互为映照、相得益彰,从而在中国书法史上占有重要的一席之地。

植根于西安碑林这片学术沃土上担任领导的强跃君,原先在西岳庙文物管理处供职,对碑石成林、文物密集之处自然有着特殊的爱好,耳闻目睹,熏陶弥久,不仅对那些缄口无言的石头产生了感情,更重要的是亲自整理研究残存的碑刻文献。他出任韩城文物旅游局局长之时,曾主持编纂了《韩城市文物志》,主政西岳庙时,又出版了图文并茂的《西岳华山庙》。长期的文物保护意识和强烈的文化使命感,使他动员组织人们将已焚毁五百年、享誉寰宇的西岳华山庙碑重新摹刻,再次树立在西岳庙,成为一个书法纪念性景观,使世人有幸重睹这通汉隶中的奇葩。

也许是出于工作业务的需要,也许是为生活环境所潜移默化,在众多的碑碣中,强跃君对西岳华山庙碑情有独钟,多年来披沙拣金、广集史料、潜心研读,终于将付出心血的《西岳华山庙碑·长垣本解读》凝结完毕,这是耕耘后收获的硕果,现在即将付梓,因我曾写过《书法与文化十讲》,所以他的大作初稿辑成后先送我一睹为快，犹如他快人快语、喜欢实学的风格一样，书中体现的是梳理头绪的法则、融会贯通的方法和书法审美的欣赏。

我感到这本书有以下几个特点。

一、彰显了汉隶厚重的书法价值

从残存的长垣本原拓观察，初稿中前半部搜集的原石虽有残泐，笔画难免有断缺，但汉隶的典型字体潇洒开放，起笔收笔藏锋露锋兼用，尤其是带挑的波折，更给人一种厚重而灵巧的美感，加上整体的精气神韵，尤显不同凡响。正如清初著名学者、金石收藏家朱彝尊所评论："汉隶凡三种。一种方整，鸿都石经、尹宙、鲁峻、武荣、郑固、衡方、刘熊、白石神君诸碑是已。一种流丽，韩敕、曹全、史晨、乙瑛、张表、张迁诸碑是已。一种奇古，夏承、戚伯著诸碑是已。惟延熹华岳碑，正变乖合，靡所不有，兼三者之长，当为汉隶第一品。"这种高度评价并不为过，在汉隶中像这样用笔高古凝重又顿挫分明的书法作品确实不多见，翻开石刻拓片古卷的每一页，历史的厚重之气都会扑面而来。

现在在保持原拓的前提下，尽量还原本来的书法面貌，这是值得赞赏的。

二、凸显了流传有序的历史脉络

作者对《西岳华山庙碑·长垣本》作过长期的追踪研究，他以时间为经纬红线，撷取有代表性的版本对比，以线串珠，将长垣本前世今生的递藏过程贯穿起来，一一展示给读者：

明朝长垣王文荪收藏——清康熙三十八年（1699）商丘宋荦得长垣本——乾隆五十八年（1793）归陈崇本——嘉庆二年（1797）清宗室成亲王永瑆购得——道光六年（1826）归山东诸城刘燕庭——同治三年、四年（1864、1865）乐平黄琴川获得，后归江苏宗源翰——光绪三十三年（1907）入满洲端方宝华盦——民国十八年（1929）为日本中村不折收藏，现藏日本东京上野书道博物馆。

如果说每一次流传都有耐人寻味的故事,那么薪火相传就是对书法珍品的传承,也是一种对传统文化情怀的延续。文化终究是人的文化,人是书法的直接体悟者,更是文化生生不息的传播者。

三、再现了书坛巨擘的个性题跋

《西岳华山庙碑》除了苍莽混沌的书法格调外,长垣本上八十则"题跋"则是另一种独到的文化表达,这些题跋者多是书坛巨擘,题跋本身也具有十分重要的鉴赏价值。如明代礼部尚书王铎、礼部侍郎钱谦益,清代的何绍基、成亲王永瑆、翁方纲、铁保等。尤其是清代中期以后碑学兴起,文人士大夫的不同流派进一步强化了尊古原则,碑石的斑驳点画被奉为圭臬、视为典范,因而他们的题跋既有个性感受和诠释,又有各显才艺的简练布白,如同游走在真草隶篆的书法长廊,仿佛引导读者重返历史现场,细细品赏千年前的巅峰之作。

碑拓是一个师造化、得心源的辑汇过程,也是书法史发展演变的参照坐标,穷数年光阴来提炼编辑,无疑是一条嘉惠学林、再现遗产的传承之路。

强跃君是个求知欲很强的人,又崇尚实业、鄙视浮华,他追寻汉代碑拓的遗产,遵循浩瀚书学之准绳,将《西岳华山庙碑·长垣本解读》在当代出版,不仅对书法艺术有传承意义,而且可供广大学人进一步研究,提供更为广阔的学术视野,展示汉代以来的书学经纬,显微阐幽,延伸历史,从而迈入书法美学的遗产殿堂,这是可喜可贺的文化追求,谨为序。

《西岳华山庙碑·长垣本解读》序,文物出版社 2017 年

跨越图像史影的艺术界沟

——《图像·历史·艺术丛书》总序

从原始岩画到汉画像石，从宗教雕塑到佛寺壁画，从墓室壁画到传世书画，从青铜器物到玉器牙雕，从纺织珍品到漆器古具，从陶瓷器皿到琉璃珐琅，从玉器精品到金银制品，从殿堂建筑到民居艺术……这些文物不仅是艺术长廊中的稀世珍品，也折射反映着时代变迁和社会发展形态，因而带领世人走进瑰丽璀璨的历史殿堂，不仅是一部文物史、艺术史，也是一部社会史、人类史。

近年随着神州大地上考古发掘新出土了无数艺术珍宝，图像的艺术史作为一种视觉历史和文化遗产的汇合，也在中华学术界重新振兴起来，既拉近了艺术考古与文物图像的距离，也促使人文科学研究焕发出新的生命活力。

一

从转换历史角度看，一张张文物图片虽然只是史海粒尘，从中却可以窥见凝缩为图像后承载的意义，从信赖文字的记言叙事走进图像的传情达意，图文互动阐释进一步加强了历史的追踪与解读。图像叙事更为直接真实，即使选材受到限制也会因直观性而妙趣横生。因而我们惊讶甚至惊叹图像史料解救了正统史学的困境，化解了许多学人的心绪焦急，促进了萎缩的学科生机，有着艺术历史独特的价值。

图像史料是历史现象的最佳解说者，因为它能将人们用文字难以描述清楚的事物、人物清晰展现,避免或减少因理解歧异而造成的不解、误解及错解。一幅幅历史图像可以使读者一目了然、茅塞顿开,不仅能为历史作证,而且使许多文字无法延伸的历史场景被拉近了距离,似乎能感受到历史的体温、苦难、悲怆,也能感受到当时人们的欢乐、喜悦、狂放。图像带来的历史细部和生动震撼,会让历史从僵硬的文献史料中走出来,成为我们认识历史的一个新起点。

文物作为图像史料在历史叙事中一直具有重要地位,虽然"碎片化"的零散文物不可能建立一个首尾贯穿的历史图景,文物图像只能证明历史的多样性,或当作历史脉络的证据,但也具有极高的审美艺术价值。例如汉代画像石中的神兽与羽人讲述着当时政治形态的神化历史,南北朝宗教中的地狱与魔鬼的图像很容易使人联想到社会战乱与动荡恐惧的历史,唐代昭陵六骏让人感受到的是李世民的勇敢与突厥视死如归的葬俗。如此种种艺术作品,再次说明文物图像也担负着传递人们如何生活的物质文化和社会行为的证据,当时的画家就是扮演着史家的职责,用绘画艺术记录下令人回味的景观。

二

从艺术审美看,文物图像作为古代遗存的艺术精品,能流传至今在当年或许就是艺术创新,才能吸引后世体味美学的精神享受,这就启迪我们认识到目前的读图时代、影像时代的发展趋势,无论是文物图像还是艺术影像,都会映衬出黑白文字的相对苍白与容量局限,上万字的文字描述可能比不上一幅文物图像的生动再现。

一本历史著作除了要通过各种资料还原古人当时的精神世界,还要再加入立体形象的文物图片,从而使全书浓缩生动,有了独特的视角与鲜明的细节。特别是一些首次公布的文物图像,不仅显现出要挖掘历史秘史的重量,而且透露出审美大潮带来的心灵激荡。正如人们所说"唐人走马打球,宋人钓鱼赏花",表现的艺术主题随着时代也有变化。

作为一种艺术载体,文物图像是一个时代文化的记载。我国古代向有"左图右史"的传统,但受书写载体和印制技术所限,"二十四史"却未能收图入史。通过图像,以图明史、以图证史、以图补史,不仅可以为印证史实提供直观证据,也可以形象地展示当时的艺术风貌,补充僵化的文字史料,有着文字史料所不能替代的特殊作用,有益于重构古人的生活空间,丰富了研究的角度和途径,提高美学审视的眼界以及借鉴参照的思维。图像虽然不能证明历史发展的前因后果,也不像枯燥的文字那样去做结论性阐述,但是有着足以令人们在强烈的感性印象之后,再去理性思考历史真相的分量。

历史图像作为物质文化和社会行为的见证,可充当一种艺术史料或者历史珍档。它风姿绰约却有着历史叙述的能力,可直观地道破文献无法单独负荷的历史重量,足以勾勒出一般文献无法描述的人间世态,从而带来一种崭新的研究视角。

三

一个世纪以来,许多文物图像展现的历史图景,不断地引起国内外学术界的关注,不仅借助比以前更广阔的视野、更具穿透力的视线,来展现他们对艺术和历史的理解,而且往往能从这些艺术细节中寻找出另类的历史。

学者们将图像视作符号语言,分析图像内所呈现的文化模式,已是目前一种研究途径,甚至被人们称为"人世镜像,社会百态","行文写春秋,图像感天地"。图像史料进入历史学、考古学、艺术史、美学等专业研究的眼底,尽管是一些零散碎片,但从微观角度入手进而复原历史的宏观视野,因而被一些学者高度评价为拓展图文互动的新纪元。

用历史的图像叙事,用文物图像印证编年史,文物图像与历史文献携手共同道出诸多无法单用文字道尽的事件,展现出细腻又富趣味的历史活剧,所以人们迫切渴望珍贵的图像能从考古发掘中不断面世,以便探讨沉匿隐秘的历史,追求更为真实的原貌。然而,要把图像史料解读成为历史证据绝非易事。真理踏错一步就是谬误,要防止人们随意推理想象,无限放大离奇的故事,所以图像常常会成为一柄双刃剑,有着可能判断失误也可能伤害原创作品的风险,因为图文互动的阐释和细节的分析，都有赖于作者依据历史文献合理地鉴别诠释。

面对由文物实体转化为图像史料的趋势，我们鼓励学林高手和年轻学者独具慧眼，揭示真相、唤醒灵魂，期盼他们在文物图像中缀合还原古人的生活场景，更感谢他们贡献出一部部新颖、鲜活的历史艺术著作，不但要摆脱那种炒剩饭式的应景之作，而且要使人们产生共鸣和思考，让广大读者换一种眼光看世界，重新审视令人眼花缭乱的历史。

2012 年是文物出版社成立 55 周年，长期以来从事艺术历史的编辑都非常重视文物图像的搜集还原、推陈出新，因此决定推出"图像·艺术·历史"学术丛书，目的是为更多的读者涵养胸襟、陶冶性灵提供园地，也欢迎学者们将成熟的精品力作推向世界，拓展与提升学林的品位，让历史借助图像的书写而获得新的魅力，这也是我们大家共同的愿望。

《图像·历史·艺术》丛书总序，文物出版社，2013 年

富矿：赏字落墨与人文碑林

2017 年是西安碑林创建 930 周年的纪念之年，北宋元祐二年（1087）浩帙巨刻的开成石经移入碑林，从此一批批碑石、墓碣、塔铭、经幢被逐年收藏，碑林遂成为我国时间最早与碑刻收藏数目最大的文化殿堂，既有从东汉至近代的珍贵石刻 4 000 余件，时代序列沿袭完整，书法真草篆隶俱备；又有许多享誉海内外的珍贵石刻艺术品，如令人叹为观止的昭陵六骏、超凡绝尘的佛道造像。碑刻与石雕相映成辉，书法与艺术相得益彰。

人们常常爱将碑林博物馆视为中国书法的宝库，其实忽略了它文化遗产的重要价值，这里原是唐代皇城紫微星闪烁之地、宋代学子汇聚的府学之堂，西安碑林绝不仅是陕西的文化遗产，更是整个中国和世界的文化遗产。大秦景教流行中国碑上的十字架和古叙利亚文、陀罗尼经幢上汉文和尼泊尔文的合体、苏谅妻马氏墓志铭上汉字与巴列维文相称，如此等等，无不显示其世界遗产的鲜明特征。

每次到碑林博物馆考察拜访时，我总是有种敬畏的心理，有种自卑的情结，不仅仅是"碑版有残铭，览古仰空名"，更是仿佛听到李白《草书歌行》的朗诵声：

> 少年上人号怀素，草书天下独称步。墨池飞出北溟鱼，笔锋杀尽中山兔……吾师醉后倚绳床，须史扫尽数千张。飘风骤雨惊飒飒，落花飞雪何茫茫。起来向壁不停手，一行数字大如斗。恍恍如闻神鬼惊，时时只见龙蛇走。

又似乎天壤之间依稀能听到杜甫吟诵《李潮八分小篆歌》：

苍颉鸟迹既茫昧，字体变化如浮云。陈仓石鼓又已讹，大小二篆生八分。秦有李斯汉蔡邕，中间作者寂不闻。峄山之碑野火焚，枣木传刻肥失真。苦县光和尚骨立，书贵瘦硬方通神。

自古以来号称"书法家"浪得虚名者很多，但是在这些真正的书法大师墨迹留痕面前，我们无言以对，沉默静思，只能仰慕不已，赞由心生。迈步走进碑林展室，从秦汉至宋元，中国书法史上各种书体、各个时代的许多代表性的碑刻都保存在这里，犹如经典排列成行，篇篇精彩绝伦。即使有些原石惜无存，但从后世翻刻本中仍得以窥其原貌。小篆有秦李斯《秦峄山刻石》（宋摹刻），是传世的最早翻刻。隶书中代表性碑刻是东汉《曹全碑》，以其成熟、优美的风格成为历代学习隶书的典范。《熹平石经》是汉灵帝时议郎蔡邕等奏求正定六经文字后的石刻，碎块残字极为珍贵。行书名品唐怀仁集王羲之《大唐三藏圣教序碑》、颜真卿的《争座位碑》皆是风骨神韵独成一家的精品。楷书中欧阳询《皇甫诞碑》、颜真卿《多宝塔感应碑》《郭家庙碑》《颜勤礼碑》《颜氏家庙碑》、柳公权书《玄秘塔碑》《回元观钟楼铭并序》、虞世南《孔子庙堂碑》、褚遂良《同州三藏圣教序》皆是历代学习楷书的圭臬。而草书则以《智永真草千字文》、怀素《千字文》《圣母帖》、张旭《肚痛帖》为世所重。这些稀世珍品均具有极高的史料、文字、文学、艺术价值，不仅为碑林博物馆烘托出浓郁的文化氛围，也为汉唐故都长安赢得了不可多得的声誉与地位。

碑林博物馆书法艺术中心王冰先生多年来沉浸在这座书法宝库中，赏碑论书得地利，近水楼台先得月，体悟易深，有益于临摹书法创作。他精选一百方名碑汇编成《西安碑林名碑书法艺术赏析》，书中所述百方名碑均来自原碑原拓，有九十方就展陈在博物馆之中，读者翻阅此书如有幸亲自与原碑对照学习，从用笔、结字到布局章法，不绝如缕的时代搏动就在手间笔下，真是受益匪浅、享受无比。

一般来说，书法碑帖多为原大割裱，行气全无，而此书展现整拓之风神与精气，既有整体原貌，又有局部特写；既适合高等院校书法艺术鉴赏，又适应书法团体教学实践；既可以依碑讨论诸家书法创作，又可以阅读论述艺术思想碰撞，可供学习书法者开阔眼界，拓展见识，交光互影，克服眼高手低的毛病，祛除识书局促的弊端，从而迈向更高的宏伟的国家艺术殿堂。

《西安碑林名碑书法艺术赏析》序言，文物出版社，2017 年

第五章

发掘被埋没的历史侧面

遇到每一部心爱的图书，就像与某个时代心仪的美人艳遇一样，令人爱不释手。特别是当一本书让你感同身受时，更会引起我们强烈的心理共鸣，这肯定是一本值得留念的好书。读书可能不会改变人生的长度，但一定可以改变人生的宽度，或许读书也不能改变人生的起点，但绝对会改变人生的终点。

在同辈人当中，我的阅读量不是很大，但每一部有深度的著作，都值得我们认真阅读，因为不仅有思想分享，往往也是知识的汇集，这是我们理想的图书。

官爵直径：古代选官制度研究的背后

在秦汉这幅古老而又叠合的画卷上，已留下了多少学者的辛勤心血，以至于后来的研究者大有"山重水复"之感。但西北大学出版社出版的黄留珠近著《秦汉仕进制度》，却是"柳暗花明"的一项新收获。作者对前人已做了大量研究的秦汉选官专题，不拘成说，在庞杂陈迹中披沙拣金、钩沉发微，重新作出了有益的探索。此书在学术观点、主题论证以及研究手段上蕴含了许多独特的见解，值得称举，在此奉展给学术界同仁。

一

长期以来，史学界对秦汉仕进制度缺少系统的整体性研究，切近说来，比较科学的秦汉史研究已经走过近一个世纪的历程，可是连一本系统研究具有开创之功的秦汉时期选拔官吏制度的史著都还没有，这当然会影响学术研究的发展。但历史的性格绝非层层相袭，而在于生生不息的思考，学术研讨流别万殊，目的则在洞见社会发展变迁的共同规律。事实上，关注现实是中国史学的优良传统，正是在这样的学术思想提挈下，作者开宗明义提出了"供现代各级干部参考、借鉴"的命题，这也是此书用心纵横的独到之处。作者指出，在我国历代统治阶级治理国家的经验中，肯定有一些是属于人类共同的经验，就仕进制度而言无疑是一个突出典例。在开创社会主义现代化建设新局面的历史时期，进行关于古代仕进制度的研究，看看前人在选取、任用人才方面的失败教训和成功经验,对今天社会更好地选贤任能、合理使用人才具有重要的借鉴意义。

基于上述观点,作者从历史前进的高度着眼,深入发掘过去与现在相反相成的对立统一关系,在具体观念上进一步指出:"秦汉时期,是我国古代社会剧烈变动后出现的第一个比较稳定的、各方面都具有开创之功的历史时期,当时的地主阶级还比较富有生气,他们在选拔人才方面的某些做法,至今来看亦不失其合理之处。"作者根据秦汉的特殊情况,较准确地发掘了其历史性范畴及含义,并为全书的全面论证打下了坚实的基础。这种独到和精思之处,还表现在他没有仅仅拘泥于考证具体问题,而是系统地、综合地研究,从而推究出仕进制度的本质。如他在概括秦仕进制的主体时,既注意了仕途各自的兴衰变化,又注意了相互间的杂错交融,揭示了"重客""重军功""重法吏"的特殊色彩,分析了前两"重"大大促进了秦的兴旺发达和统一事业的完成,而后一"重"虽然对秦的法治曾起过一些积极作用,但最后却被绝对化、极端化,无疑是给秦的灭亡注入了一支溶解剂。又如在综观两汉仕进诸途径时,不仅用粗线条的浓墨重彩划分了我国封建时代仕进制度的两个阶段,而且用工笔细毫提炼出其原始性、尚武精神、先选后考、选考不分和盛行辟举的特点,从而看出两汉王朝正值我国封建社会历史链条的开头环节,与封建经济基础相适应的上层建筑尚有较广阔的发展余地,尤其是各项政治制度的完善、复杂程度,同封建社会中后期总体相比有较大的差距,呈现出当时所具有的独特格局。作者的这些见解,不论是对秦汉史还是对整个历史学科的研讨原则运用,都具有一定的意义。

二

作为历史专著,作者不仅对上述基本观点有一定创获,而且在主题论证和具体考辨上也博采众长,独树己见。

首先,该书弥补了前人对秦仕进制度的研究不足,在史料奇缺、各种论著每每"语焉不详"的情况下,论证上力求纵横贯通,利用出土的秦简和出土的器物铭文顺理成章地讲清秦选官全貌。如作者利用出土的大批青铜器上的铭文,进一步证实秦在商鞅变法之前,继承了周代的世官制度。又如国外汉学家对秦军功授官爵的具体数量关系考辨很细,但作者也通过数量分析,指出此种数量关系在执行时有一定的灵活性,"如果仅仅拘泥于军功大小与授官爵高低之间的纯数量关系研究,是远不能揭示秦实行军功授官爵制度的历史真面目的"。在作这些论证时,作者为了避免那种狭隘的认识和孤立的研究途径,在立足于秦的基础上,进一步打破空间和地域的界限,把对秦选官制的反思延伸到春秋战国,在联系和统一的总体上,比较地看待秦仕进制度。书中在谈到秦荐举的特点时,比较齐、晋、楚三国以荐举选官的情况,在前人研究基础上,具体指出它们在突破宗法制方面,都没有秦迈出的步伐大,而秦在一定程度上突破了宗法制的藩篱,大胆举用本宗族及本国之外的人,从而造成了大秦人才济济、称霸诸国的兴盛局面。

其次,该书对前贤已多次缕析的汉代仕进制度辨有特色,析有新意。因为在这一部分中至少面临着两重困难:一是资料比较丰富,却需要透过种种杂乱的表象以探其"真貌";二是研究、成果较多,却需要对各派不同观点的来龙去脉用力琢磨。这二者当然是统一的,但都没有达到完善的地步,这些弱点和漏洞,恰好成为作者另辟蹊径、反证诘难的立论。例如著名史学家劳榦将东汉初茂才变为岁举科目的材料误引出处,结果后人袭抄,以讹传讹,影响甚大。作者对多种文献研讨后,纠正了这一谬误,使研究的科学价值得到进一步升华。又如两汉之世三百五十余年间,共举孝廉约七万四千余人,这是两汉察举最主要的常行科目,以往的史学家下功夫才林林总总地列出百余人,而作者涉猎碑刻,广为收罗,汇考了三百多人,足见用功之深。但作者并不满足于此,而是在校订基础上,对两汉孝廉家世、资历、任用情况作了深刻分析,认为"两汉的举孝廉制度,实际是一种变相的官贵子弟世袭制"。最后,又从总体上对举孝廉制度的利弊作了分析。所以,作者由小到大,寻究离析,将两汉选官清理出一个斐然可观的"仕进"机体,带有重新创造研究的性质。

再次,作者在全书论证中,根据不同情况分别恰当地运用了传统的文字学、训诂学等手段探幽稽玄,有助于解决史实上的疑点和难点。如甘肃出土的秦公簋铭文中有"胤士"二字,孙诒让、郭沫若诸学者作解纷纭,而作者依据陈直先生的考释,征引文献资料,追根溯源,博引征取,力证"胤"字作承续之意。又如作者通过秦器铭来考证秦工官系统由吏入仕的嬗变,系统地归纳整理了已出土的秦器题铭,并联系战国时燕陶器玺印题铭,逻辑地精简了论证过程,作出"工→工大人/丞→工师"这样的秦工官升迁关系的推测,给人一种淋漓洒落、浑然一体的感觉,增强了学术价值。在这本书中,作者还紧紧抓住辩证法这一理论枢机,依次探求秦仕进途径,既按生产方式发展的演变来分期,又按保举、军功、吏道、通法、征士等多种规程来辨析;既指出其新仕途朝气蓬勃的发展原因,又指出旧仕途的局限衰落;既考察了秦仕进制度在秦统一全国前的积极意义,又分析了其制度在秦统一政权后的深远影响。这样从辩证而统一的基本范畴中,揭示了秦汉仕进制度的特殊结构与真貌。

三

掩卷遐思,《秦汉仕进制度》不仅是第一部比较完整的秦汉选举志,而且这部难得的学术专著可说是目前学术界关于秦汉研究新眼光的成果,尤其是秦仕进制度部分,实属填补空白,具有筚路蓝缕之功,为中国古代史研究领域增添了色泽与生机。

诚然,书评不是哗众取宠的广告,无须讳言,由于该书的探索性质,使之在一定程度上还不可能一举铸就十全十美的形态,其中有个别论题或论点不无更慎重考虑的余地。如作者在谈论王莽新朝时仅仅以郊哭拜官和以图谶求官这些应急措施,就认为当时整个选官制度是"旷世奇闻"的"奇观"。这显然没有深入探讨波谲云诡的历史背景,没有错综条贯新朝的政治制度,而是沿袭了旧史家的观点,匆忙地得出了结论。另则,从整体来看,有些尚需施展发挥的章节显得比较一般,没有理论上的深化,如能把马克思主义理论同中国古代历史实际结合起来,做些融会贯通的研究,则仕进制度的典型性就会揭示得更深刻。

　　总之,由于各人着眼的角度不同,见仁见智,而人们对历史的认识和反映历史实际的学术发展,也永远不会止步,正因为如此,白璧微瑕,不能苛求,我们殷望作者在该书再版时,继续耕耘思索,补充改进,使历史研究获得永不枯萎的活力。

《西北大学学报》1987 年第 4 期

连缀片段：武则天的新天地

武则天研究是唐史乃至中国古代史领域里难度较大的课题之一。难就难在这位女皇思想比较复杂，生活道路比较独特，为政手段多变；由于历史尘雾的蒙染和历史资料的不足，她的生平、人品和个性，遭受到不少误解和歪曲。要真正做到知人论世，还她以庐山真面目，进而对她的一生作出科学的评价，殊非易事。

最近几年来，运用传记文学形式，专门描绘武则天阴险毒辣、生活奢靡、个性刚烈等方面的书层出迭见，例如《武则天外传》《三女乱唐》《女皇武则天》《风流武媚娘》《武则天传》《则天女皇》等等，从不同的角度作了一些有益的探索，但也有过于渲染甚至编造史实的。真正侧重于考证、论析和思想评鉴的纯学术著作似乎还很少见，特别是将学术性和可读性结合起来，运用传记题材，寓分析说理于描绘记述之中，采用夹叙夹议而又展开一定历史画面的论著极少。在这方面，胡戟先生进行了辛勤的探索与尝试，他的《武则天本传》，就是一部能够帮助人们比较全面透彻地理解武则天的传记体学术著作，这部书准确而生动地刻画出武则天的精神世界与独特形象，使读者在波澜起伏的阅读中清晰地认识传主，激发起进一步研读武则天的浓厚兴趣，故此书成为读书界十分抢手的畅销书，近七万册刚上架即告售罄。

胡戟先生是近年唐史学界有影响的武则天研究者之一，已在国内学术刊物上发表过多篇有关武则天的论文。在撰写《武则天本传》时，他将平素积累的研究心得融化在文笔流畅的叙述和严谨求实的论析说理之中。虽然他没有标榜什么"新"的研究方法，但表现形式却很独特，使读者眼前浮现出一个完整而非片面、历史而不空泛的武则天形象。全书 14 万字,据历史次序划分为 26 章,每个章目都选用了高度概括而又富于形象性的短语,从而画卷般地展示了武则天的生命历程与政治道路。在行文中,作者力避平直枯燥的记叙与板起面孔的议论,而尽量采用引人入胜的描写、合情合理的推断和生动活泼的说理,同时又杜绝缺乏历史依据的虚构和联想,注意科学性与可靠性、思想性与启示性。凡此种种,使得全书叙述与论析相协调,文采与学术相适应,成为武则天研究中别开生面的佳作。

如同国内外已有定评的一些优秀的人物传记那样,《武则天本传》在描述传主的政治成就和思想个性时,深入地讨论了她成长的特定历史背景和政治环境。该书并非泛泛地交代传主的生平,也不贸然地对其人登上政治舞台作简单的价值判断,而是努力从时代特征、社会风貌、家庭环境、生活经历、人格理想等多方面进行综合性的分析,在立体交叉的历史大舞台上刻画出作为当时"社会关系总和"的武则天其人的完整形象。

首先,作者令人信服地指出武则天的家庭出身对她后来的发迹和一生的政治性格有深刻的影响。家庭给武则天的,一方面是当时宦游于上流社会的荣华富贵,另一方面是过去沉迹于下层民间的寒门根底。荣华富贵滋养了她无限的权势欲,寒门根底使她饱受流俗的鄙视攻击。在一个极重阀阅的门阀社会里,她这样寒门新贵出身的人政治前途是坎坷有限的。正像在大开了的希望之门前横着几是无法逾越的障碍。这境遇刺激着武则天,她那追逐最高权力、要支配一切的欲望和冷酷不择手段地报复一切的心理并存的独特的女皇性格,就此养成了。

在以后的各章中,对于影响武则天政治道路和生活道路的种种客观因素,作者都进行了详尽的介绍和印证,并通过笔记小说与正史资料的互证,全面而具体地勾画出武氏一生的历史。例如关于唐高宗果敢地迎娶了曾是父妾身份的武则天,一千多年来人们有各种各样的解释和评论,无论是太宗卧病时达八年之久的暧昧关系,还是感业寺中忌日行香的思念,作者既不为旧说所囿,又不决然否定一切旧说,而是去伪存真,推出自己的新结论。书中罗列了隋炀帝与隋文帝宣华夫人陈氏、唐太宗与齐王妃杨氏间都有过类似的"乱伦"关系,说明"当时北方少数民族就有子娶父妾、寡妇改适大伯小叔的风俗"。"这些渊源于原始婚姻制度的风俗,由于当时民族融合的媒介,也影响到汉族,特别是隋唐皇室这样有少数民族血统的家族。"作者奋力扫荡了过往强加于武则天身上的污水,认为隋唐青年妇女不愿顺从终身守寡的礼教清规,这样更人道一些。作者还具体考证了李贤不是武则天亲生,而是其姊韩国夫人所生的疑案,剖析了大量史料,从多方面论证了武则天与李贤母子间争权的矛盾冲突,对比了唐高宗对李贤的钟爱和武则天对李贤的薄情,使李贤生母的谜底得以揭晓,结论公允平实。

如果说,辨别史料是许多武则天研究者所曾充分注意或不同程度地解决过的话,那么对武则天内心世界的探讨和对其个性特征形成演变过程的描述,则是本书的一种开创和显著特色了。作者通过对武则天灵魂奥秘的揭示,找出形成武则天政治权欲的主观方面的因素。这种努力是相当成功的。比如在第六章谈皇后废立中,分析了武则天狠心掐死亲生女儿,栽赃王皇后的"下策",促使了李治与王皇后感情的完全破裂,"目的虽然是达到了,自己也付出了惨痛的代价,她亲手葬送了长女的小小生命。后来几十年中,她不知有多少次暗暗为这小生命祈祷冥福,并加倍地怜爱小女儿太平公主,以慰藉自己永远不得安宁的良心"。这样把丧失人性还原为人的忏悔的分析,使人回味无穷,更深刻透视了武氏的心扉。又如在第十一章的逊位之议里,由于中书侍郎李义琰等人的反对,唐高宗提议自己"逊位"后由武后"摄政"的提议未能实现,武则天"看到皇帝态度已变,便没有发作,事情表面上平静地过去了。她有足够的耐心——政治家必需的耐心——去等待新的机会。但这次流产的事变种下了武则天做皇帝的心思,竖立了她一生奋斗的目标"。这样钻头觅缝后的心态论析,不但让人们认识了武则天精神世界的全貌,而且加深了对其悲剧根源的理解。此外,作者指出武则天在称帝前后两个阶段里大开诏狱、滥用私刑、运用酷吏执行恐怖政策,不单是出于加强政治控制的目的,还有她打击门阀士族鄙视攻击寒门庶族的自卑心理。她在称帝后,继续大搞酷吏恐怖政治,由于李唐宗室反对派的势力已被摧毁,滥刑不仅打击了反对派官僚,还殃及百姓,这阶段的八年中一共用了三十八人为相,"每人的平均任期仅为一年,比上阶段里平均任期二年零二个月还短得多,这在封建社会宰相史上也是罕见的",表现出武则天"疑天下人多图己"的变态心理,不管这种变态心理是由于社会精神因素,还是妇女生理因素,都反映出武周特定时代的血腥政治氛围。对这不太光彩的一面,书中严肃地揭示了武则天作为封建专制帝王残酷、黑暗的权势者心理,又指出了她有限度地任使酷吏,还经常纠正冤假错案,"遵循着政治家处事一切留有余地的准则,有意留下几分光明,给人一些生机希望"。这样,褒贬适度,从中可以理解通常难以理解的武氏心态,刻画出一个思想、性格中充满矛盾的活生生的人。

说到武则天的用人,过去一般都比较注意她所提拔并悉心保护的国家栋梁之材,如狄仁杰、姚崇、宋璟、张柬之等人。作者则有自己独特的见解,他认为,武则天用人培植了一批又一批亲信,如永徽显庆年间的许敬宗、李义府,乾封以后的北门学士,临朝称帝时期则有酷吏、诸武和薛怀义等,但这些人只是驾驭全面的工具,她并不把全部权力交给这些人。作者重点条分缕析了宠幸二张的原因,指出武则天以张昌之为奉宸令揽用文学之士,以张昌宗为修书使尽收天下学士,"是想以二张为核心再召集起一批文士,形成一个新的亲信的政治力量"。所以尽管朝臣们对二张曾两次群起而攻之,武则天还要冒天下之大不韪,不怕树敌,死死维护二张,"显然,仅以二张是这位年迈八旬的老太太的男宠是解释不清的。答案只能从政治方面去找,武则天需要一支亲信可靠的力量作为维持自己统治的工具"。作者进一步用确切的事实证明,在废王立武之争后,淘汰了许敬宗、李义府一伙;恐怖政治中消灭了曾依靠过的北门学士那批人,而后又贬杀了酷吏;依靠佛道的僧侣又不能实现政治统治,而本家诸武又极不得人心,武则天手下始终没有形成一个比较稳定的政治核心。找来找去,只有二张是靠得住的,他们不仅出身平平没有可以挂齿的政治背景,而且是以幸臣身份受到进用,只能服服帖帖不敢顶撞,这就是武则天用他们为亲信的重要原因。作者这样的研究,有着一种论辩的气势,但又显得心平气和,将过去那种庇护男宠、淫乱不已的传统说法,变为一种严肃认真的学术讨论。

应该说,这一看法更符合武则天晚年的实际,因而也更有说服力。尤其是作者以武则天在五王政变、中宗复位后的境遇变迁、思想演变和晚年性格发展为线索,指出"对于武则天这样为权力追逐了一生的政治人物,失掉皇权是不堪忍受的痛苦,她骤然变衰老了、憔悴了"。"精神一垮,已是风烛残年的武则天身体跟着就彻底垮下来了。""虚岁八十二的武则天凄凉地死在上阳宫的仙居殿。遗制:去帝号,称则天大圣皇后。王、萧二族及褚遂良、韩瑗、柳奭亲属皆赦之。如果这确是出自她本意的遗嘱,那是为安慰自己的良心罢了。被酷吏陷害的人们在她临下台时已被赦免,这最早的也是最后的一批冤家也终于在临死前赦免了,她不愿再同他们结冤于阴间地府。"这段优美精彩的文字描述和心理分析,读了叫人感到真切,扣人心弦。尽管对武则天晚年的所作所为还可以讨论,但在这个论题上发前人所未发的行智展示,本身就是一种创见,对于我们更全面、更科学地理解武则天的一生变化有很大的启发作用。

当我们肯定《武则天本传》在揭示传主的心理世界方面所取得的成功时,还要顺便指出,多年来,我们在研究历史人物时,以较多的精力去进行社会政治、经济和文化等外部因素的论述与印证,这当然是完全必要的,但如果忽略了对历史人物的思想嬗变、个性气质、生活情趣、内在发展动力及成因的探讨,忽略从心理角度去理解历史人物、现象及进程的由来和意义,许多重要问题就无法得到圆满的解释。《武则天本传》在这方面的成功尝试,不但丰富了武则天研究这一专题,而且对于在历史研究领域中如何进行多角度多层次的研究、开拓新的思维空间,增添了有益的经验。

除了作为一个风云人物的详细传记而存在的价值之外,此书还可以称为一部有特色的考证之作,作者在描写武则天生命历程的每一个重要阶段时,都相机插入对这一阶段历史之谜的揭破,将众说纷纭、莫衷一是的疑案阐明得头头是道,或寻流溯源,或抉幽开微,或辨误纠谬,或详加评介,无不言之有据,论断精当。除上面所说的寻瑕辨伪外,又例如作者对于文明元年(684)的废太子李贤案,详细考证了丘神勣是擅杀李贤还是奉武则天之命逼杀的,反驳了郭沫若先生"李贤之死出于裴炎的阴谋"这一看法,郑重地提出:"所说李贤死于裴炎的阴谋,没有任何史料依据。从我们对裴炎的总的认识作判断,裴炎是不会产生害死李贤的阴谋的。试想,裴炎的外甥去扬州发动起兵,奉一假李贤为号令,而同扬州起兵合谋推翻武则天的裴炎却在那时派人杀了李贤,这是怎样的一种逻辑矛盾。"这样透辟的分析，使人颇多受益。作者还在第五十章"裴炎之死"事件中，不仅论证了裴炎没有参与扬州起兵事件，而且是一个性格刚烈、"竟无儋石之蓄"的廉洁官；裴炎是受遗诏辅政的社稷元臣，虽然他曾帮助武则天废掉同自己有冲突的唐中宗，但他仍是李唐皇室的忠臣，"裴炎以他掌握的权力和武则天的皇权对抗，裴炎的存在妨碍武则天独断独行。裴炎不仅屡次表现得极不恭顺，不肯按照武则天的意思办事，甚至公然趁扬州起兵之机，要挟武则天下台。于是武则天不能容他了，给裴炎安了个谋反的罪名将他杀了"。这样深入的论析，应当说是切中肯綮的。从这数例，可略见该书学术价值之一斑。

武则天作为中国封建王朝史上独一无二的女皇帝，今天已是一个不容易，甚至不可能完全看透的历史人物，对她的研究是一个千古永新的历史命题。不过，我想传记的作者写此书的初衷，并不是单纯为了褒扬武则天的历史功绩，更不是为"立传"而立传。他是想通过武则天的一生思想行事的真实记述，给人们以启迪、借鉴，使读者从传主身上吸取历史的养料，从历史感中增强对现实社会的反思。正像作者在全书结尾中所说的："古人对武则天的毁誉褒贬大凡是从仁义道德观念出发，有许多甚至仅以她是个女性的角度论是非。由于传统史学眼光的局限，很少从包括社会经济发展在内的各项政绩上全面作评述，甚至这方面留下的资料都很少。"因此，既无法勾画出那个历史时期的全貌，也难于对武则天有确切的评价。"我愿史家们放弃到自己的研究为止便穷尽了真理的奢望，让武则天这个无论让你喜欢还是让你嫌恶的女性，永葆她自有的历史魅力。"

无可讳言，一部著作毕竟不能穷尽对武则天的全部研究，《武则天本传》作者坦率地宣称："历史的迷雾和那段本来就充满传奇和神秘色彩的历史，使我们今天实在难明其真面目。""要科学地解释这样一位女性在中国封建政治舞台上活跃近半个世纪的复杂历史，尚有许多难点，有待于更多的探讨研究。"所以本书的探讨还有需要进一步充实并从更多方面加以考察的地方，也有个别地方因缺乏材料依据，或由于已有材料开掘不深而造成的缺憾。比如第九章武则天参政初任用的外廷班子中，有一个重要人物袁公瑜，作者在《千唐志斋藏志》的墓志里偶尔失检，沿用了汪篯先生"家世无考"的结论，并进而认为袁公瑜时受许敬宗遣诣黔州，逼长孙无忌自缢，"此后殆因不久人世，事迹失载"。对袁公瑜郡望、家世及其后半生宦海沉浮的经历，学术界已有人作了分析（见《跋武周〈袁公瑜墓志〉》，武汉大学《魏晋南北朝隋唐史资料》第 8 辑）。这一细节搜觅的疏忽之处，如能捕捉补充到，并且有分寸地加以叙述，就会进一步加深对武则天时期上层集团内部斗争的认识。又如第三章唐太宗的重要武将李君羡冤死于"女主武王代有天下"的流言，作者怀疑李君羡是"被窜于碎叶"的李白一房的先祖，并认为"因为天授中虽然平了冤案，但神龙初返回时又换成李家天下，唐太宗定的案就翻不彻底了，只得'潜回广汉，因侨为郡人'。在毗邻武连的青莲乡诗人悄悄安了家"。但学术界一些专家用训诂方法考证出流行的李白是武则天神龙初五岁时入蜀的说法，乃由于将"神功"与"神龙"混讹的缘故，并指出从魏显、李阳冰、刘全白到范传正所提供的直接或间接李白口授与其子伯禽手书先世谱牒，都证明李白生于唐代蜀中锦州章明县，即今四川江油县境内（见《文史杂志》1987 年第 6 期）。试想，连"神功"与"神龙"都搞混了，李白先祖又无流窜碎叶之确实证据，"不能翻案"岂非落空之言？像这种无其他资料可佐证、研究界又有争论的地方，与其推测假想，不如虚笔带过似更稳妥。最后，关于武则天与群臣之间的矛盾以及武周四十余年的政绩，书中对逃户问题、科举考试等的论辩固然可信，但仅仅停留在肯定武则天本人这一步似嫌不足，作者如能运用社会心理学对士、庶阶层群体心理差异在更广阔的角度上加以发掘和阐释，那么就更能反映社会政治风云与武则天本人之间的内在联系。还有，书中对武则天的弱点及酷吏政治造成的恶劣影响评析太少，对一些事件细节分析中流露出作者的某些偏爱，我想就武则天的整个形象而言，论述甚至批判她的消极之处，未必会有"抹黑"之嫌，反而会给读者以"人无完人"的丰满印象。不过，这些仅仅是白玉微瑕，而且由于我本人对武则天并无专门研究，仅凭感觉妄说好歹，所提出的问题也许并非《武则天本传》的问题，不揣谫陋，提出来向胡戟先生及海内方家求教。

皇宫影子里的残阉人世界

摧残人性的宦官制度在中国延续了几千年，虽然古代世界如希腊、罗马、埃及、土耳其、朝鲜等国都曾有过役使残阉人的历史，但就人数众多、时间长远、规范完备、制度严密而言，中国在世界上则是绝无仅有的。

宦官作为"皇帝的影子""皇权延伸的侧面"，这一特殊的热点现象引起许多人的兴趣，目前专门描绘宦官阴险毒辣、淫秽奢靡、篡政害国、蠹民为烈等方面的书层出不穷，有些甚至在"可读性"名义下过分渲染残阉人的性饥饿、性荒诞、性变态，但真正侧重于考证论析、系统总结的纯学术著作并不多见，尤其是将人性毁灭与制度典章结合起来的历史专著尚无一本。令人欣慰的是秦汉史专家余华青先生积数年之功，终于推出了一部洋洋 40 万字的大著《中国宦官制度史》(上海人民出版社，1993 年)，弥补了这一学术领域的空白。细读此书后，我认为它有以下几个鲜明特点。

一、观点新颖，引人入胜。全书第一章就开宗明义地指出中国宦官所具有的基本特征，即国家政治制度与君主专制集权承认的正统性，王朝更迭却从未中断的延续性，从中原汉族政权到辽、金、元、清诸少数民族政权的扩散性，以及宦官本身发展而自成体系的完备性。这样提纲挈领地抓住了宦官在中国始终存在的奥秘，不仅是出自维护皇宫内男女之间净洁的实际需要，也有体现君权政治尊严与国家统治机构的象征意义，宦官生存合理的"豁免权"亦不言而喻。作者不同意片面地夸大宦官在政治上的危害作用、孤立地将宦官视为乱政误国的罪魁祸首，而认为应当把评价整个宦官制度与评论具体宦官人物两者区分开来，上层宦官的政治危害与下层宦官的积极作用不可同日而语，如秦代宦官赵高编撰的《爰历篇》、汉代宦官史游编撰的《急就篇》，都为当时的文化教育事业作出过贡献，至于蔡伦造纸、毕岚发明翻车、程昉治理黄河、郑和远航等等，更是在历史上占有重要的地位。

二、注重人性，回味无穷。作者从人性的角度分析被宫刑阉割后宦官的心理状态，指出残阉人身体惨遭伤害，精神蒙受痛苦，在"乡党戮笑，污辱先人"的伦理观念和社会舆论下，陷入一般人所不齿的卑贱境地，必然产生强烈的屈辱感和自卑感，一方面导致了大多数宦官平和驯服、安分守己、胆小恭从的性格倾向，另一方面也刺激了部分宦官喜怒无常、恃强凌弱、多疑猜忌等敏感行为，甚至有着浓烈的报复意识，滋生出种种残忍虐待、滥施淫威等变态扭曲手段，向正常人或无辜的人发泄自己的不满报复。但也有相当人数的宦官常常通过埋头致力于科技文化活动来排遣内心的痛苦和寻求精神寄托，如司马迁遭受腐刑变为宦官后，加深了他对人生意义的理解和忍辱负重的信念，终于写下了千古绝唱的《史记》。对这些残阉人内心世界的探讨，既是合情合理的，又是人性还原的分析。

三、内容丰富，脉络清晰。全书共有八章，以时间为经、朝代为纬，把中国历史上的宦官与宦官制度有机地连络起来，显示出宦官萌芽、发展的轨迹和各个时期的特点，特别是对一些不太被人们注意的朝代的宦官娓娓述来，令人耳目一新。比如早期的宦官从严格意义上讲，是不能称其为"官"的，只不过是一种纯粹受过宫刑的家务奴隶，其基本来源是战俘和罪犯。直到西周时期宦官制度才正式确立，但还远未完善，随着君主宗法制的发展，天子宫禁日趋严格，宦官职责加重，内廷依赖程度也被增强，这才促成宦官的职掌被框定为一种与王权相匹配的制度。又比如五代十国时岭南地区的南汉政权宦官数量曾高达两万人，这个地处一隅的百万人口小国就宦官绝对数量而言，开创了人口比例中阉人之最。而且南汉进士状元、僧人道士和百官朝臣都得先受宫刑然后才能入仕为官，一时宦官之多蔚成大观。

四、既述且议，发微探真。该书在考证历史文献不足和精审史料歪曲方面下了很大功夫，同时不断渗透进自己的评论见解，以追求学术的价值和理论性的分析,反映了作者不因袭、不苟同的执着精神。例如秦汉宦官干政擅权是古今学人研究透彻的问题,但作者独辟蹊径,从秦汉宦官机构中的少府系统与大长秋系统入手,指出国家政体本身就为宦官典领尚书、参与大典、掌管禁军、执法刑狱等方面铺平了合法的道路。这一独具慧眼的分析,不但启发开阔了读者的思路,也有利于重新认识旧史家单纯从道义激愤上评价宦官。

五、义理深入,自成一家。从全书章节评述来看,作者善于作长焦距和广角镜式的扫描,而不是浮皮潦草地简单罗列史料、繁琐排比。如第七章概括辽金元三朝宦官制度的共同特点时,一针见血地说明这三朝少数民族建立的政权本身均无使用宦官的传统,因而在王朝创立之初都抑制了宦官势力的发展,但随着"汉化"进程,却不同程度移植承袭了中原汉族王朝宦官制度,说明传统政治观念的熏陶不以人的意志为转移。有趣的是,这三朝中许多宦官并不全是汉人,还有高丽人、女真人等补充担任,可见残阉人的世界是五花八门、纷纭复杂的。作者对此找出规律性的经验,足以作为警世的恒言。

宦官从躲藏在皇宫背后走到政治舞台的前面,暗含着中国封建专制王朝的强盛与衰落,也是世界文明史中的一个毒瘤,直到现在,宦官所造成的消极文化仍不时出现,这是值得我们阅读此书时思考的。

《浙江学刊》1993 年第 3 期

字里行间所见的风流才子纪昀

纪昀是清代乾嘉学术界中的著名人物，"天下望之若泰山北斗"，其学术地位可以想见。然而，在人们习常的观念中，纪昀仅仅是一位博洽多闻的大学者，一位长于目录学的编纂学家，一位喜谈狐鬼的文言笔记小说家，一位著名的文论家、史评家，对于他同时又是一位足以代表一个时代的思想家的地位，却很少注意。周积明先生慧眼独具，将纪昀作为一位思想家加以研究，其视野的转换，带来纪昀研究的新突破。

《纪昀评传》分为上下两篇，上篇描写纪昀一生非同寻常的经历，委婉入微；下篇展现纪昀思想的各个侧面，规模恢宏。上篇下篇相互呼应，生动展示了纪昀的精神风采与十八世纪中国文化的特定形态。

作为一部有识力、有创见的学术著作，《纪昀评传》多有可称道之处。

第一，在中国文化的流变中准确把握传主的历史定位。

"中国思想家评传"丛书为200余位思想家立传，每一位思想家在中国文化的流变中都占据一定的位置，代表着特定的时代精神。作者依据中国文化流变的大势，将乾嘉时期的中国文化定义为"中国古典文化穴结时代"，将纪昀作为代表这一时代的思想家，识见独到。

长期以来，人们往往称清代文化为熟极而落、盛极而衰，这些概念实际上远不如"穴结"二字到位，所谓"穴结"者，乃"源流大备""万物会归"之意，其间又无可避免地包含着旧形态的山穷水尽、难乎为继以及新形态的萌蘖。但主流不在后者而在前者。十八世纪中国文化确确实实表现出这样一种回溯力强、带有总结历史意味的穴结性特征，其方方面面在本书"导论"中有深入细致的铺叙。就全书结构而言，"导论"中有关十八世纪中国文化穴结性的讨论十分重要，它是全书的辐辏，也是这一时代思想家的坐标。

将十八世纪定位为"中国古典文化的穴结时代"，其代表人物当然不可能是戴震与章学诚。尽管戴、章两人的思想具有战斗性和前卫性，但就全面表现十八世纪中国文化的本质特征而言，他们实在是条件有限。而纪昀则因历史的机缘，"一生精力瘁于《提要》一书"，对清乾嘉前的学术文化进行了大规模的总结。作者精当地指出这场总结的性质和意义说："这是一场站在传统的立场上以修正传统和完善传统为宗旨而展开的总结，是那一时代正宗儒者从特定文化理想和文化观念出发进行的总结，它既包蕴着中国学术文化生成、流变的轨迹，又潜藏着中国传统学术心态以及十八世纪文化精神。"（第10页）正是这一反思思想史、学术史的巨大文化工程，使纪昀当之无愧地成为那一时期文化思潮的代表性人物，跻身于中国古代思想家的行列。在这里，作者的眼光是透彻的，把握时代和历史人物的文化定位是准确的。正是因为慧眼独具地把纪昀与他所从属的时代放在中国文化流变的大势中加以考察、定位，《纪昀评传》获得了独特的视角和深广的思想深度。

第二，娴熟运用文化分析方法。

《纪昀评传》的作者兼治历史学和文化学，传统的历史学与年轻的文化史学相结合，使本书不仅严谨厚实，而且有全面透彻的文化分析。例如纪昀总纂的《四库全书总目》，自问世以来便被作为一部目录书看待，围绕《四库全书总目》的研究因此也沿袭勘误、补正、考核、纠谬的朴学路数。作者却指出，作为人类文化活动的产品，《四库全书总目》绝不仅仅是"纲纪群籍""辨章流别"的阅读工具，而是必然地包含着"目的取向""价值取向"以及主体的创造性，因此，纠谬补遗是绝不可能深入《四库全书总目》的堂奥的。这些充满文化分析精神的论述，不仅赋予《四库全书总目》新的价值意义，而且在开掘《四库全书总目》研究新路径的同时，具有一般方法论上的启示。又如作者分析纪昀的经世实学论，从传统价值理念的积淀、时代精神的影响、群体与个体文化心理的作用等方面层层剖入，从而揭示了纪昀经世观念中"一种人的心理""一个时代的心理""一种种族的心理"交流汇聚的文化底蕴。由于娴熟运用文化分析方法,作者无论是叙说纪昀曲折起伏的一生,还是展示纪昀的思想侧面,总是流溢出一种文化意味,《纪昀评传》一书亦因此于厚实中透出灵气,于严谨中溢出哲理,于传统"评传"体裁中显示出史学范式转换的动态。

第三,新意迭出,富于创见。

纪昀研究是清代人物研究中的一个薄弱环节,作者为纪昀首次作评传,又兼有文化史家的眼光,故多有新内容的开拓,如论纪昀的经世思想、社会思想、理学批判、西学观念、批评方法与批评风格、学术文化,论及其对传统学术的大总结,皆是前人所未涉及的空白。对于既有的纪昀研究成果与相关问题的研究,本书一方面积极加以吸收,另一方面根据自己的研究所得作出辨正。例如,对于乾嘉时期的文化走向问题,作者提出新的见解,认为乾嘉年间,经世实学思潮并没有沉寂湮灭,而是以一种"变形之象"表现出来,其特点是:淡化社会批判精神,突出"崇实黜虚"的价值取向。纪昀的思想便很典型地表现出这一点。而十八世纪经世思潮的特定形态实际上是中国实学思潮中不可或缺的一环。又如,以往论者皆将纪昀看作汉学的代言人,作者仔细辨析纪昀的思想及文字,发现纪昀虽有"扬汉抑宋"的倾向,但他更多地是比较汉宋两学,指出双方各有短长,并将"兼采汉宋、泯灭门户"作为传统经学发展的理想路径。本书第二章论述戴震与纪昀的关系与冲突亦颇有意思,为戴震作传者不可不读。

作为中国古典文化穴结时代的代表人物,纪昀的历史使命是对以经、史、子、集为表现形态的传统学术文化加以全面反省与总结,其思想的广阔面可以想见。难能可贵的是,作者在各个领域都能开阖自如,从容议论,从而显示了较为深厚的学术功力与广阔的学术视野。此外,该书既保有史著厚重沉稳的风格,又在文笔上洒脱生动,令人读来余味无穷。

人文咸阳新方志的价值

　　九州大地上没有两个完全相同的地区，每一个地区或城市都有自己的人文特点，都有自己的历史渊源，也都有值得研究的地方特色。而记述各个地区历史、现状和社会文化现象的则只能是一般所谓的"地方志"。

　　地方志即"地情"总述，它是一个地域政治、物产、文化、军事、地理、交通等各类特征与精髓的汇总，为该地的未来发展提供历史的依据。正因如此，地方志保存和汇集着当地文化成果的大全，有着独特的人文价值。

　　近年来，随着新编地方志的大量成书与出版，其浓郁的人文气息也引起了世人的瞩目，但像新编《咸阳市志》内蕴这么丰富、特点这么鲜明、卷册这么连续的，环视宇内，实属少见。当我翻阅《咸阳市志》第四卷《文化卷》(92万字)和第五卷《人物卷》(100万字)时，不仅感到耳目一新，更重要的是使人对咸阳从古到今可以有一个文化上、群体上的全局认识。如果说地方志的人文价值越来越被人们所看重，那么它所提供的确切而宏博的历史资料和现实信息，也使人们能明确地捕捉到和把握住一个地域的发展途径和未来对策。例如现在各地在经济建设中都亟需吸引外资，但投资者多不信当地领导夸夸其谈，而往往钟情于地方志，相信地方志书的记载是建立在比较科学的基础上的，从地方志上可一览投资环境，确定投资项目。所以，地方志的作用和价值，实难估量，不可小瞧。

　　《咸阳市志》中的《文化卷》和《人物卷》，无疑有其不可替代的人文价值，其分门别类，排序归位，不敢说是衔珍串珠，起码从宏观处着眼，脉络清晰，遍数家珍，拾遗补阙，又落实具体内容，拂尘去垢，通过比较简练的文字，令咸阳的历史重新焕发出光彩。

一、《咸阳市志·文化卷》的特色

志书编纂者站在历史的制高点上，仰视俯瞰，归纳分析教育、科技、文化、新闻出版、文物、卫生、体育、方志、民族、宗教、民俗、方言诸方面，提高了志书存史的价值。在诸编中，我认为"文物编"和"民俗编"撰述最有特色，因为古老的历史曾经长期地厚爱过咸阳，从而使这块土地举世瞩目。

咸阳境内的古文化遗址分布，数量多，层次高，从远古时代的聚落遗址到先秦与秦国都城邑宫殿遗址，无不具有很高的历史价值。特别是秦在此立都达144年之久，留存下了丰富的文化内涵，如被列为全国重点文物保护单位的秦咸阳城遗址、众多宫殿离馆遗址、郑国渠首遗址和直道遗址，而古墓葬更是如俗语所云"金圪塔，银圪塔，比不上咸阳原冢圪塔"。境内仅属于国家重点文物保护单位的古墓葬即有七处，省级以下的古墓葬达一千多座，占陕西文物登记总数的五分之一，其中秦汉到隋唐的帝王陵墓就有二十五座，约占陕西帝王陵的三分之二，著名的如汉高祖刘邦长陵、汉武帝刘彻茂陵、唐太宗李世民昭陵、唐高宗李治乾陵等，近年考古发掘的汉景帝刘启阳陵和北周武帝宇文邕孝陵皆是世人瞩目的重要墓葬，大多都已成为旅游胜地。

"文物编"的编纂者显然清楚咸阳文物的优势，浓墨重彩地记录了以古墓葬为中心的各类石刻珍品，既有石雕碑碣，又有青铜器、陶瓷器、玉器、金银器以及罕见货币、壁画等，有些根本不为外地人所了解，如咸阳市边防村杨谏臣墓出土的唐开元二年彩绘胡服女俑，胸前朱书"阿谏"二字；长武县枣园乡出土的"昆仑奴"黑人舞俑，全身动感造型极为优美；兴平县出土的兽面纹玉铺首，是茂陵陵园内建筑门扉饰物，也是国内发现的西汉最大玉雕铺首；而咸阳渭城区隋独孤罗墓和唐贺若厥墓出土的二枚东罗马查士丁尼二世金币，更是使人仿佛看到丝绸之路上"胡商"艰辛跋涉进行中西贸易的情景。

文物所表现的人文价值，有些是人们所熟知的，有些则还不被人们所了解，但编纂者不失之简,不失之杂,将其串为千年历史之链珠,确非易事,有益于人们将它们一一置放在当时历史的、艺术的、文化的大背景中去细细品咂,从整体上提高了这部方志的学术价值。

"民俗编"更是蕴含着国情、乡情教育的社会功能,作者尽可能地详细记述一地一域的民情风俗,融天地人事物诸种民间习俗于一体,不仅存史之需,而且吸引世人向往这片神奇的土地。咸阳境内不少风俗习惯,无论是生产习俗、生活习俗,还是礼仪习俗、节日习俗,皆有自己独特的人文精神。从夏商时期周人就开始在农牧活动中"风俗以厚",懂得了移风易俗的重要性,秦民更是厚重质直、忘生轻死,奠定了以后陕西人质朴淳厚、崇尚节烈的传统风俗。

令人感兴趣的是,"民俗编"紧扣历史渊源来载录咸阳境内的风俗习尚,如"秦俗以二月二日携古乐郊外,朝往暮返,谓之迎富"(《天禄阁识录》),就可能与古代春秋两季祭祀谷神有关。武功县民间酿酒坊每年农历九月廿七都要奉祀祖师杜康,每逢酿酒原料入瓮或出酒时,工匠们都要跪拜祖师的神位。咸阳丧葬服饰中讲究一般人死去后要以黑纱布掩盖脸面的习俗,作者据乾陵陪葬墓出土的刘浚墓志铭指出,开元十七年刘妻临死前感叹"古有失行者,耻见亡灵,所以用物覆面。后人相习,莫能悟之",可证以布遮脸的习俗由来已久。秦都区、渭城区一带的人们奠祭亡灵,礼宾先生往往诵读《诗经·小雅·蓼莪》三章,证明这种孝子悼念父母的礼仪已很久远。尤其是本编中记录的长武县民间小字挽幛的基本格式,不仅幛文歌功颂德的字数较长,而从相公、芋元两乡的文化环境来看,多为隋唐文化遗迹,故这种小字挽幛当起源甚早。

"民俗编"作者还搜集了大量的民谚民谣,许多为外地人莫知。彬县民间流传的《摇耧歌》唱道"脚踏胡基于摇耧,眼睛用来定稀稠,嗑耧慎防夹耧匀,地头根茬多留种",将旧时用耧播种的生产习俗纤悉备志。永寿县民间歌谣控诉包办婚姻唱道:"十七姐,七岁郎,夜夜睡觉抱上床。说他夫来年岁小,说他儿来不叫娘。等到郎大姐已老,待到花开叶已黄。"礼泉县民间的生育禁忌,流传有《出生破月歌》:"正蛇二鼠二月牛,四猴五兔六月狗,七猪八马九羊头,十月鸡儿架上愁。冬月老虎满山游,腊月老龙不抬头。"农历六月六的曝晒节,家家户户要曝晒衣物以免虫蛀,旬邑俗谣:"天上日头光光,百虫晒得惶惶。天上日头圆又圆,地上百虫都晒完。"如此民谣还有很多,活生生地将咸阳境内各县区的民风习俗和盘托出,表现了繁富浓郁的文化内蕴。

二、《咸阳市志·人物卷》的特色

"人物卷"的编纂,采用了人物传、人物录和人物表三种形式,而立传人物和入录人物的判定,以其在历史上贡献或影响大小为标准。但如何反映以往的历史,记人能否准确客观,则是一道难题,而且令人尴尬的事实是,"人物卷"许多人物并不是咸阳市境内的当地人,如商鞅、张仪、魏冉、范雎、吕不韦、甘罗、李斯、赵高、陆贾、司马相如、董仲舒等都是如此,如何把这些人物编进咸阳地方志,不仅涉及人物评价,而且关联到是否有包揽、夸大本地历史之嫌。历史上杰出人物流动变迁很大,他们不是僵死呆板的枯骨,任意置放于一个地域不再移徙,这确实是修史编志中一个非常值得研究的问题,如果把所有到过咸阳的人士都归纳列入"人物卷",那可能既繁杂又浪费篇幅,反而给人以不真实感。

自然,要求一部方志完全局限、拘泥于咸阳地域,的确是太困难。令人可喜的是,"人物卷"编纂者在处理这些问题时,采取了大视野的修志方法,主要以人的活动地域为界限,力图给人注入新的活力,达到"资治、教化、存史"的人文目的。

在"人物传"中,作者编集了一些过去不被人们所瞩目的人物,如秦咸阳县令阎乐、生于阳陵(今咸阳渭城区)的西汉大臣王温舒、生于茂陵的西汉武帝时丞相石庆、出生于武功县杜陵的汉武帝时名将苏建,汉成帝时丞相王嘉为平陵县(今咸阳秦都区)人,西汉末年以任侠闻名的原涉为茂陵人,东汉古文经学家杜林也为茂陵人,等等。在中国历史上,从秦汉到明清咸阳境内涌现出了众多的名人志士,不管是政治家、军事家,还是史学家、文学家,都为咸阳的历史添上了辉煌的一笔。

在"人物录"中,编纂者也搜集汇编了许多出生于咸阳的著名人物,如唐代名僧释法旷、唐代隐士田游岩、唐代文学家富嘉谟、唐代书法家苏灵之、唐代小说家苏鹗、明朝廉官段信、明朝名臣张原、明代著名学者文在中等等。作者还注意到属于社会下层的一些名人,如清代书画家马震,清代艺术家周元鼎,清代秦腔艺人韩吉祥、常福堂、二楼子以及武术家赵武、安吴寡妇周氏,等等,这些人物的收录,无疑为研究咸阳地域的社会史提供了珍贵的材料,也打破了传统的只给皇帝、贵臣立传的模式,以使读者更具体地了解社会发展真相。

在"人物表"中,编纂者从咸阳实际出发,分为《二十五史中的咸阳人物表》《咸阳明清进士表》《咸阳民国时期军政人物表》以及当代人物诸表,使人一目了然,纵览古今。特别是明清时期咸阳的进士人数之多,令人惊叹。我认为,用表格形式来汇集各类人物,固然有简单略粗的弊端,但也有提纲挈领的长处,如果能对一些重要人物再作钩稽爬梳、抉择去取,或描述评论,就会更加卓尔不群,令人赞赏。

新出版的《咸阳市志·文化卷》和《人物卷》虽有较高的价值,但是要想引起社会足够的重视和发挥应有的作用,还需要方志办人士认真转变观念,重新认识如何发挥方志出版后的两种效益,变被动为主动参与各行业的建设。

其一,应当改变将地方志封存于图书馆、档案馆的做法,不能只等待别人来使用翻检,而是要参与各县区和省市的地情研究,把志书中的宝贵资料变为经济、文化建设的现实信息,不仅使政府官员有兴趣关注,而且要使广大群众翻阅使用,更好地发挥社会效用。

其二,要改变志书完成即大功告成的思想,要积极为社会服务。我们固然不能使典籍商品化,但可以志书中有价值的内容为依据,提炼出社会亟需的各类信息,为咸阳的建设和发展作出贡献。

《陕西地方志》2001 年第 5 期

第一眼：中国审计史的可喜成果

　　中华书局近期出版的《中国古代审计史话》（以下简称《史话》）一书，是方宝璋先生十多年焚膏继晷、兀兀经年、潜心研究中国审计史的一个重要成果，具有相当的学术价值和现实意义。

　　审计的重要性近些年来已为人们所深刻认识，而对审计史的研究却相当薄弱，迄今在我国学术界还少有人问津。作者筚路蓝缕，独辟蹊径，沿着历史学专题化、边缘化的方向作了可喜的尝试。作者依据翔实的史料，并综合应用审计学、历史学、法学、政治学、经济学的理论和方法，第一次全面、系统、详尽地论述了先秦至明清中国审计产生、演变和发展的历史，在许多方面填补了国内外有关审计史研究的空白。

　　从历史学的角度看，一部历史著作水平的高低，很大程度上取决于有关史料的收集、整理和应用。众所周知，中国古代文献浩如烟海，皓首难以穷尽。特别是作为一部在新的领域里带有开拓性的专著，其发掘史料的艰苦更是不言而喻。作者知难而进，检核群书，爬梳抉剔，探赜索隐。

　　从书中所引史料可以看出，作者翻阅的史料至少有数百种。其中有卷帙浩繁的"二十四史"、实录、"十通"、《资治通鉴》《续资治通鉴长编》等；有详载历代典章制度的会要、会典、会典事例、律例、事类、则例等，如《七国考》《唐会要》《宋会要辑稿》《光绪会典事例》《唐律疏议》《庆元条法事类》《元典章》《大明律例》《清户部则例》等；有门类复杂的百科性类书，如《册府元龟》《太平御览》《玉海》《古今图书集成》；有原始的文书档案，如居延汉简甲乙编、敦煌文书等。除此之外，作者还有选择地查阅了一些子书、文集。总之，作者倾注了大量的心血，检索了治古代审计史所必需的绝大部分古文献。

作者不仅收集了丰富的史料，而且以深厚的功力，对史料进行考辨，去伪存真，由表及里。《史话》由于体裁的限制，对此不能很好地展开，但作者在另一部专著《中国审计史》（由台湾洪叶文化事业有限公司出版）中，则有不少新意迭出而富有说服力的辨析，如对史学界长期众说纷纭的夏禹时代的"会计"，宋代审计司、审计院的置废分合等，均提出了符合历史实际的结论。

在本书中，作者在广泛占有大量史料的基础上，参考当代审计学理论，构筑了中国审计史的理论框架。作者综合考察了纷繁复杂的史料，高屋建瓴，富有创见性地总结出中国古代审计的内容划分，大致有三种不同类型的审计活动，即对财政财务收支的审计、对官吏经济上违法乱纪的审计纠弹、对官吏经济政绩的审计考核。中国古代审计的基本方法有查账法、查询法和比较分析法，而且经常是三种方法兼用。中国古代审计史大致可分为五个阶段，即夏商西周为萌芽期，春秋战国秦汉为初步发展期，魏晋南北朝为演变期，隋唐五代宋为成熟期，元明清为衰落期，从而揭示了中国古代审计史发展的规律。

在考察中国古代审计的特点时，作者独具慧眼，提出了一些独到的见解。如作者认为在封建专制主义中央集权制的制约下，中国古代中央的审计职能分别由御史监察部门、司法部门、财经管理部门、官吏考核部门等兼职执行，在地方由各级行政长官或高级属吏兼任，审计职能与监察、司法、财经管理、考核管理、行政职能混在一起。中国古代统治者把很大部分审计职能置于监察机构的统辖之下，作为吏治的一个重要方面，这是封建国家在审计上的一大特色。

这里值得一提的是作者踏实、严谨的学风。该书作为专题史著作，贯通时间长，涉及面也较广，作者以一人之力要在一段时间里完成殊非易事。据我所知，《史话》和《中国审计史》是作者十多年来孜孜不倦于中国审计史断代甚至是个案研究成果的总汇。作者共发表了 50 多篇有关中国审计史的论文，大至恢宏，如《中国史研究》登载的《中国古代审计史概论》；小则入微，如《中国经济史研究》刊登的《宋代审计院考析》。作者师从宁可教授，完成了 30 多万字的博士论文《宋代财经监督研究》。由此可见,《史话》是在长期坚实的研究基础上完成的。这种学风值得提倡。

要把一部叙述著作写得深入浅出、生动活泼、具有可读性并非易事,作者在这方面进行了可贵的努力。《史话》避免了学术著作容易产生的术语连篇、艰涩难懂的毛病,把本来比较枯燥、专业性强的审计史内容尽可能通俗地娓娓道来。作者在引用史料时,也注意到选择带有文学色彩的描述来说明问题。如在说明唐御史弹劾对经济上违法乱纪的官吏具有一定的威慑作用时,作者从大量的史例中选用了《旧唐书·温造传》所载:"李祐自夏州入拜金吾,违制进马一百五十四,(侍御史温)造正衙弹奏,祐股战汗流。祐私谓人曰:'吾夜逾蔡州城擒吴元济,未尝心动,今日胆落于温御史。吁,可畏哉。'"

经世致用是中国学术的优良传统。在当今反腐倡廉、端正党风的形势下,该书的现实意义是重大的。总的来说,该书对建设具有中国特色社会主义的审计制度具有一定的历史借鉴作用。书中的不少论述对目前的廉政建设也有参考价值。如古代为了防范官吏以更隐蔽狡猾的手段贪赃枉法,在审计纠弹官吏赃罪时,在性质的认定上从严。为了使审计监察人员更好地履行职责,唐代在考核官吏的"四善""二十七罪"标准中,对审计监察人员提出了"明于勘覆,稽失无隐""访察精审,弹举必当"的要求。作者以史为鉴,从历代审计的实施效果中深刻总结出:"审计对肃清吏治能起很大的作用,但不是灵丹妙药。相反,吏治的良窳决定着审计效果的好坏。"

目前,作者仍辛勤耕耘于中国审计史这块园地,正在撰写中国近现代审计史。愿不久的将来,作者取得更丰硕的成果,我们期待一部贯通古今的中国审计史力作的问世。

第六章

掩卷之后的共鸣之音

在形形色色的书海里，我们每天都会选几本感兴趣的书思考，思考书中的启蒙，思考作者的用意，思考周遭的一切可能。我们总是希望书本能帮助我们穿透历史表象，解剖纷繁复杂的世界，闪现包容性的人文关怀，既能帮助我们形成一种批判性思维，也能滋养读者的心灵，更能用锐利的视角看待世界的进步。

全景式的梳理，就是为了回溯历史，思考当下。

中国文物考古类期刊应更多全球分享

在新中国文博事业五十多年的发展历程中,文物考古类期刊始终是一个重要组成部分,其作为一种文化载体也显现着独特的学术魅力。然而,留心的读者和同行都会注意到,文物考古类的学术期刊发行量一直不高,多则几千份,少则几百份。学术期刊曲高和寡、知音难觅似乎是一种普遍状况,影响最大的《文物》月刊每期发行近 9 000 册,已是独占鳌头的佼佼者。

近二十年来,我国文物考古类期刊随着考古发现、文物保护、社会收藏等事业的发展,相继创刊出版,目前公开出版的连续性期刊已有 20 多种,还有 30 余种定期或不定期的内部资料性刊物。由于有各级部门的"小灶"优惠和资金支持,使得刊物质量如何、发行量多寡都不会影响其生存,因此普遍缺少"优胜劣汰""生存危机"的忧患意识,缺乏民族性及与世界交流接轨的努力,至今没有一种面向世界的海外版或英文版文物考古类杂志。

当然,全世界各国对非营利性学术刊物都采取补贴出版的保护措施,如美国每年用于补贴学术期刊的经费就高达 64 亿美元,但就其性质来讲,是向全球大规模地推销以自己为"中心"的文化,补贴目的就是以一种"交流"形式向外宣传,趋于全球化的扩张。我们应该注意这种态势,凸显自己个性,要使根深叶茂的中国优秀文化遗产受到世界的了解与重视,否则补贴资助文物考古期刊就收不到应得的回报。

据世界期刊协会和其他国际权威质量认证机构提供的信息,我国社科期刊有 20 余种排名在世界同类期刊 500 强的前 50 名。按照 2000 年的统计,世界各国出版的文物考古类重要期刊有 1 000 多种,而我国仅有《文物》《考古》《考古学报》等数种期刊榜上有名，尽管这个数字不一定准确，也有对方轻视中国学术研究的原因，但从自身水平来看也有我们专业研究刊物综合水平不高的差距，缺少"黄钟大吕"。与国际知名学术期刊相比，起码在传载科研信息、推进知识增值上，做得还很不够。这与我们所处的文明大国位置也不相称。

创新是一个民族的灵魂，也是文物考古类期刊谋求发展的必由之路。按照国家对学术期刊"创一流，创名牌，创特色，走向世界"的要求，目前我们还很难达到，因为语言交流、档次划分、出口渠道、论文水平、专业偏窄等因素，被国内外重要检索系统收录的文物考古类刊物至今屈指可数。如何提高期刊的使用价值、缩短发表周期、拓宽国内外读者面、提高期刊被引频次和影响因子、不断提供专业信息资源，仍需统一的政策导向和权威性的数据价值评判。如果举行全国文物考古类期刊评比，或划分级别，我们不能没有量化标准和行业规范，也不能只邀请一些专家凭印象随意投票定级，必须制定评判量化标准，这需要国家文物局组织协调并向国外推荐，利用国际有关权威认证机构的整体质量标准，制定出我们自己的公认指标。

就学术前沿和信息交流而言，世界上80％的重大考古文物发现和影响深远的科研成果，都是通过学术期刊这个窗口公布与传播的。促进和推动学术研究发展，不仅是文物考古类期刊的使命，更是它给予社会的最终回报。但作为一个国家文物考古工作事业综合实力的标志，我们的文物考古类期刊至今还没有量化其对社会的贡献率，没有建立科学的评价体系，仅以办刊五十余年的《文物》月刊来说，其出刊540多期，刊发文章达13 000多篇，作者达2 000余人，培养和造就了许多学术界的优秀专家。如今《文物》已是海内外学术界影响最大的中文期刊之一，从二十世纪九十年代起一直是所有中文期刊中出口量位居前列的杂志。但这份有声誉的学术期刊还没有成立独立的杂志社，做不到自收自支、自负盈亏，缺乏激励走向世界的管理机制。

学术期刊的命脉无疑需要薪火相传的文化积累，一般认为名学者、名作品、名刊物三位一体，互相促进，才能使学术期刊蓬勃发展，但大多数文物考古类期刊目前很难做到如此完美，各地"全、散、小、弱"的格局和千人一面的趋同模式也很难达到高层次的定位,流于一般化的情况比较普遍,况且没有严格的质量评估指标体系,不容易形成健康有序的竞争环境。即使我们已发布了一些不落人后的达到国际学术水平的科研成果,也因渠道不畅而未能引起海外同行与国家有关部门的重视。

与国际著名学术刊物办刊思路相比,我国大多数文物考古类期刊资料性强,学术性弱;登载的发掘简报多,研究成果少;消息简介多,跨学科研究少;国内会议多,国际译文少。这些容易给外界造成自我封闭、过度保护或墨守成规的滞后印象,如何通过专业刊物,以更积极主动的态度参与国际学术交流,拓展文博交流带动前沿课题的空间,这也是促使我们自觉地改变自身封闭状况的思考之一。

将眼光放之于全球来看,文物考古类期刊理应成为我国文物工作科研创新体系中的重要一环,成为一个弘扬文明、促进交流、催生新知、保护遗产的知识文化平台,同时在思维模式、选题策划、资讯沟通等方面加大对海外介绍、宣传中国历史文化遗产的力度。今年新闻出版总署提出要建设"中国期刊方阵",要创出10~20种有世界影响的名牌期刊,我们各类文物考古期刊应通过各种措施提高自己的品位和排名,高屋建瓴,容纳百川,强化责任感和使命感,逐步进入"双效"(社会效益、经济效益)、"双百"(百种重点社科期刊、百种重点科技期刊)、"双奖"(国家期刊奖、国家提名奖)、"双高"(高知名度、高学术水平)行列,最终争取有数种期刊进入这个第一流水平的精品方阵。

据新闻出版总署计财司统计,2000年全国共出版期刊8 725种,其中社会科学类2 089种,平均期印数6 628万册,要在这么茂密的学术期刊丛林中脱颖而出,确实要创新竞争。在未来5~10年中,我们应坚持先进文化的前进方向,紧跟时代脉搏,将中国文物考古类期刊办出个性特色,引入精品或名牌意识,发表新观点、新论断、新成果,提高被引率和影响因子,保证若干种核心刊物代表中国文物研究的最高水平,这需要我们不懈努力和积极探索,找出走向世界的具体举措,使其真正成为我们国家文博事业逐步与国际交流的加速器,展现中华民族历史文化遗产的魅力。

《中国文物报》2001 年 8 月 5 日

乱象纷起中追求文物出版的精致价值

　　文物出版是文博系统与文化行业创新成果的重要组成部分,是文物到文化遗产继承传播的必然结晶,它是历史经验总结和人类认识的高度凝练,并在一个世纪以来文物保护工作的长期演进中形成了自己的价值判断和价值目标,即文物出版行业独特的价值观:真实、珍稀、精品、权威,一种被社会普遍认可的价值判断标准。

　　文物出版社已经迈过五十五年的步辙,几代出版人与海内外文物考古、历史文献学者专家联手推出过成千上万的学术著作、精美图录,影响遍及世界五大洲。目前文物出版除了两三家专业出版社外,全国 200 多家出版社都出版了文物图书或是与文化遗产有关的图书,可谓皇皇盛世涉及皇皇巨著也。毋庸讳言,鱼龙混杂、泥沙俱下,伪冒盗版图书泛滥,赝品假货图书屡现,个人藏品私货充斥,鉴宝估价胡说八道,乱象丛生、杂音四起,对出版行业来说最大的问题是价值观混乱、价值观颠覆、价值观丧失。

　　文物出版的价值观决定着整个行业上万名科研人员的眼界、胸襟和 10 万全体从业人员的价值判断能力,影响着整个人文社会科学和文物科技保护的声誉,最终将决定行业乃至社会文化的发展方向、方式、高度与水平。文物出版社几十年来屹立不倒,就是一直贯穿着文化坚守、品位不降、精品战略,品牌是我们的生命线。

　　许多资深的老文物考古工作者语重心长地对我说,文物出版是整个文博行业的学术根基,反映着我国学术规范的水平和科研眼光,体现着一个国家的学术环境、学识水平与前沿动向,文物出版决不能引领不健康的出版风气。甚至一些拍卖公司的总裁、总经理也纷纷对我说,文物出版社决不能出版假冒赝品图书,你们是我们的参照物、坐标器、标准图,文物出版放弃底线就全玩完了。因此,一个有良知的出版工作者绝不能透支出版社的未来信誉、损毁出版社金字招牌、贬低出版社的良好声誉,即使发展文化产业也要守住文化底线,保持品牌、保持清醒、锻造精品、坚守宗旨,是我们不懈的价值追求。

半个多世纪来,考古发掘成果因出版而得以传播,文物专家学者因出版而得以传名,文博青年学子因出版而得以培育,文物博物展览因出版而得以留存,正是在这样一个传承文化的漫长过程中,熔铸成了文物出版行业本身所恪守的最高价值:弘扬优秀传统,打造传世精品;培育大师名家,扶持青年学子;不仅要在文化界引领科研方向,鼓励内容创新,还要在出版界坚持精品路线,推动海外传播。

但是很多人对文博行业内的自身价值还是讨论很少,处在经济社会转轨和利益多元化背景下,诱惑增多,发财手段多变,投机资本进入,致使不少人迷失方向,引发造假卖假者趋之若鹜,各种追名逐利的短期行为普遍出现,收藏理念错位,图录速成乱撰,文章炒作博名,以次充好、造假作秀、媒体发酵、无诚无信,甚至有一些原先著名的专家也晚节不保、业败名裂,从"金缕玉衣""汉代玉凳"到"青花热水瓶",教训不可谓不深,极大地伤害了中国文物的信誉和国家形象,被外国学术界和收藏界所讥笑。

几年来,我拒签了几十本"不靠谱"图书的出版,撤下了一些所谓鉴宝的"热销"选题,从热闹一时的玉器收藏到汝窑、钧窑、定窑等瓷器,从所谓海外庋藏的金银器到青铜器,从模仿名家的书画赝品到假冒古代的碑帖,从胡编乱造的牌匾到流传的文房四宝,从以次充好的明清家具到五花八门的青铜佛像⋯⋯尽管我们不是具体文物的鉴定家,但我们是历史常识的判断者;我们编辑不是学者,但应该有学养;我深知文物出版的动力不是来自盈利挣钱满钵,或是印刷设计技术进步,这都是浅层短视动因,最重要的动力还是来自价值理想的信仰,建立崇高的文化道德标尺,恪守着传承文化使命的责任,决不能做一些败德、败誉、败益的出版行为。

追求文物精品之传世、考古报告之存实、学术研究之存世、艺术创造之传承,无疑是激励我们编辑工作的座右铭。当前一些出版社连续推出了私人收藏的假冒伪劣赝品图书,甚至参加各类评奖,这种风气如果继续下去势必会进一步危害出版业的声誉,我们必须保持严肃的态度、严格的要求、严明的规范,不能降低出版的门槛,坚持正确的导向,把好最后一道关,注入学术精髓的活力。

文物是一个文化品牌,也是一个极具竞争力的文化经济实体,不仅成就了许多考古学家、历史学家、文物学家的学术名声和传世经典著作,而且其出版的价值观念一直是整个行业的核心理念。文物研究与学术出版是一对不可分割的兄弟,特别是出版离不开一流的学术支撑,而优秀成果也离不开专业出版的编辑、整理与校正,完美的文物图书正是这两者结合后的呈现,也是其存世与传播的意义。

文物出版既是文博系统经济"硬实力"的建设,也是文化遗产积累"软实力"的推手,它构建了文物公共服务体系和图书出版市场体系,特别是在推动中华文化"走出去""走进去"方面起到了其他种类图书不能替代的巨大作用,每年不管是版权贸易还是图书展销,都在海内外引起关注,为中国形象赢得了声誉,为中华民族积累下了物质和精神财富。

世界上冠以文物出版名义的出版社可能只有中国这一家,对这唯一的品牌我们决不能玷污它、毁损它,如果将文物出版搞得过度商业化、过度市场化,文化必然受到侵蚀而令人反感。我们承认文物图书的经济价值和合理利润,但不赞成把利润作为唯一检验标准,反对为了敛财丧失起码的职业道德。我们要巩固主阵地、当好排头兵、做好主力军,从"小而特"到"中而优"再到"大而强",打造文化系统的国家金字品牌地位,追求传世精品立言影响,增强文物事业立功实力,发扬古圣先贤珍惜声誉的立德风尚。这既是我们的承诺也是对读者的保护,期盼在未来真正迎来考古文物发展与文化遗产繁荣的黄金时代。

《中华读书报》2013年5月8日,本文引发的讨论被列为2013年十大出版事件,见《中华读书报》2013年12月25日

新传媒下文物图书的读与思

在数字化时代和互联网系统的环境下,文字、图像、音频、动画等构成的立体新传媒信息占据了年轻一代的社会,网络无疑对传统阅读影响巨大,特别是多媒体技术发展,让人们阅读便捷化、数据化、惬意化,快速浏览已成为一种常态。

但是纸质类图书是不能被网络、电视、电影等所替代的,在某种程度上还是阅读的标杆。这倒不是人们对纸质类图书怀有特殊感情,或是纸质性阅读更舒适,而是有些图书的厚重感、审视感与收藏性是电子书阅读无法替代的,最明显的就是考古文物类图书。

考古文物、古迹景观、简牍古籍以及相关图书都被通称为文化遗产"留守"产品,"留守"意味着连接学者与读者,要有共同的记忆,增进文化交流的理解,尽管它有着推动社会文化发展的能量,但是有可能被列入"死活读不下去排行榜",就如最近网络调查《红楼梦》等四大古典名著一样难以卒读。文物类图书本身就带有曲高和寡的味道,带有传承经典的珍重性,要求人人都在网上阅读文物类图书是不切实际的,我们什么时候见过满书店都是文化遗产类图书的国度呢?

人们爱说读文物书要静下心来慢慢体会、体味,因为我们与久远的古人对话,存在着巨大的隔阂,我们很难靠网络快速阅读去理解古人的所思所想,网络上那些二手改编的阅读能否满足我们求真求知的欲望,能否真正看懂找出过去的错误缺失,是否降低了经典原作的高度和思想的深度,都是值得人们思考的。

浅阅读的"消遣"与深读书的"收获",网络栏目的快速检索与反复阅读的深邃思考,是一个亟待解决的问题,如何搭建好网络技术下电子书与纸质书的一座桥梁,有待大家的努力。图书是一个产生与交流思想的地方,是一个深化思想的神圣地方,需要思考观察、想象思维和反思批评。正是一些最普通的学术著作类图书,表达着思想的魅力、思想的安宁和思想的专注。而这些学术图书是不会在网络上走红的。

作家王蒙先生指出:最深度介入人的思维的恰恰是语言与文字,如果人们阅读的不是文字,而是以其他感官为主要渠道的话,好处是热闹、舒服、容易接受,坏处就是思想浅薄、不用思考。我赞成王蒙的担忧与思虑,真正的经典图书是人类最严肃的思考,它让我们的心智不至于浮躁或麻木。图书不只是让人们收获愉悦、释放情感,真正的经典是有社会使命的,是人类最严肃的思考、最深切的关注,并不因为新媒体的投入而改变主题。

大家可能会慢慢体会到,唾手可得的知识往往会被迅速遗忘,而亲手翻阅思考过的知识却能铭记于心。唯有那些有趣味又有严密分析的图书才能令人难忘。电子阅读与文本阅读之间的悖论可能要持续很久,万古不变的只是内核,电脑联网首先是人脑串通,读书最关键的点还是内容。《百家讲坛》栏目在电视影像讲述后,为什么还要大量出版纸质本?《清明上河图》数字化卷轴技术动态展示后,人们还是要依靠文本图录对宋代城市生活进行感知与认同。至于许多出版社坚持出版纸质课本或辅导教材而不运用电子文本更是令人思索。这些充分说明新媒介只是一种传播渠道,而最终还是得依靠传统文本的支撑。

目前图书馆忙着数字化转型,出版社也忙着数字化出版,信息公司还忙着数字化拷贝生产,似乎数字化遍布世界各个角落,但是扫描复制的侵权盗版越来越多,无视尊重知识产权的复印抄袭也越来越凶。数字化只是一种便利的服务模式与服务理念,网络阅读也是快餐式、碎片式的浅阅读,它在图书搜索引擎、关键词检索、图片查找等方面确实方便轻松,比起细读慢思来说效率较高,但是浅阅读不是真正的阅读,数字化并不能代替真正的创新思考,即使古籍数字化的核心也不是信息技术而是文化内涵,古籍的基本原则与本质不会改变。我展望预言,新媒体的海量发展绝不会,也不可能完全取代传统文本图书阅读。

2012年中国数字化出版产值高达1 935.49亿元,是十年前的百倍以上,但是这些产值中绝大部分是网络游戏、彩铃、影视、门户网站广告等等,学术著作付费会员极少,狭义的数字出版盈利模式未能清晰,话语权和定价权都不在出版社,目前的薄利根本无法支撑出版机构转型。特别是文物类图书出版精品多、投入大、时间长、回报慢,没有国家牵头投入建成平台,能否突破瓶颈和寻找发展正途,都有待历史的检验。

我常想,文物图书的阅读是与古人世界最佳对视的眼神,也是漫游千年消逝历史后的凝视,阅读就是人类秘密生长的一对翅膀,即使新媒体高速发展也仅仅是一个载体工具,也不能超越人的思维接受。阅读只能是让生命之旅更加丰盈,让人生之旅愈加宽阔,文物考古类的文化遗产图书就是对人类历史长河的聚焦回顾与文明反思,其本身就有文献善本价值与版本收藏价值,随着时间的久远,将会更加显示出珍贵的文化价值。

我不是守旧者,赞成以开放性姿态创新传承文化遗产的通道,但我坚信:未来将是数字化新媒体与文本图书平分秋色、同舟共济的时代,任何一方都不可能完全吃掉另一方。新媒体只是手段,文化内涵才是核心。

《中国文物报》2013 年 7 月 17 日

大学博物馆的文化名片

——读《西北大学历史博物馆藏品集》

一座高校的博物馆往往是这所大学历史发展的标志，也是一所高校的身份证或文化名片，因为它所收藏陈列的文物是这所大学文化遗产的积淀，寓意着高等学府春华秋实的人文背景，是几代学人辛勤耕耘的硕果与见证。北大、北师大、南开、复旦、川大、中大、南大等著名高校都有自己的博物馆。尽管在全国2 100多座各类博物馆中，这些高校博物馆所占比例很小，在全国1 200多万件文物藏品中，它们的藏品数量也不多，等级也不高，但高校博物馆毕竟有自己鲜明的特色和亮点生辉的灵性，具有薪火传承、文化积累的菁华魅力。

有人曾说高校博物馆是埋在校园里的金山，这座"金山"并不因为藏在深闺、形式枯燥、门可罗雀、经费短缺而失去其特色、褪尽其光彩。文物出版社最新出版的《百年学府聚珍——西北大学历史博物馆藏品集》就是很有文化品位的一本图册，读后使人感到高校博物馆不仅是该地域代表性文化的汇聚处，也是一所高校文化的记忆方式之一，更是我们民族文化遗产的一个窗口和培育历史考古专业人才的基地。

西北大学位于唐长安城内太平坊遗址之上，与皇城含光门一街隔望，当时太平坊内有实际寺、定水寺和许多达官贵人的住宅。对中日文化交流作出过贡献的著名高僧鉴真和尚曾于唐中宗景龙二年(708)在实际寺受具足戒，从而成为律宗大师。三论宗创立者吉藏、净土宗实际创始人善导以及很多高僧大德也都在这里弘扬佛法，留下了文化的遗存。1992年西北大学文博学院考古专业师生对校园进行了勘探和发掘，发现了寺院房址、壁画残片、石雕菩萨头像、石经幢顶和残碑、开元通宝等，为此专门设立了"校园出土文物陈列室"，成为该校历史博物馆内一个独具特色的专题陈列，与南京大学博物馆收藏本校出土文物一样美誉海内外，备受考古文物界注目。

西北大学历史博物馆的前身是 1939 年建立的教育部西北艺术文物考察团文物室，在风雨如晦、战乱动荡的岁月里，以黄文弼、王子云等教授为代表的考古学者不畏艰险，发掘搜集了西北地区大量的考古文物藏品，整理积累的历史文物为以后的学术研究奠定了基础。经过几代学者的不懈努力，今天藏品丰富的博物馆已发展成为中国西北地区时间最早、规模最大的高校历史博物馆，馆藏不同时代的各类文物标本 2 万多件，其中三级以上文物 130 余组/件，接待了数万名海内外参观者，其作用已远远超出了一般教学科研范围。

在二十世纪五十年代，中国高校中只有北京大学和西北大学设有考古专业，当时西大作为教育部直属的 14 所综合型大学之一，确是人才汇集、英俊辈出，毕业的学生中有许多人成为我国考古文物界的佼佼者，称赞其为祖国培养了一批批栋梁之材毫不为过。然而，陶醉于被别人尊为"金字招牌"的喜悦之中，往往就会消磨应有的忧患意识和批判精神，盲目戴上迷信的枷锁，固守传统因循守旧也会积攒种种弊端并把自己送上"病床"。一所大学、一个专业的建设发展并不都是立竿见影的事情，无论是积极影响还是消极后果往往要在几十年后才见分晓，缺乏明确的发展目标，缺少"立人""用人"之根本大计，再加上一次次政治运动的伤害与内耗，失去了海纳百川的胸怀，必然会一步步走向衰落，这种病症的危机至今还在中国高校中普遍存在。

目前，全国高校中有 16 所院校设有考古、博物馆以及文物保护等专业，也有一批颇为珍贵又具有特色的高校博物馆，这是我们文博事业发展、储备人才的重要基地，也是各个高校的文化名片和校园学术窗口。但需要注意的是，这张文化名片背后隐藏着严重的危机和浮躁的环境，甚至偏离了它本来的价值取向。特别是当前中国高校正处在改革的十字路口，如果对这些专业和博物馆仔细观察或透彻反思，就会发现种种缺陷与不合时宜之处，有的汲汲于谋生之事，有的营营于应对之策，本来是意在发展考古、文博专业的一些国家高等教育措施，如职称评定、学位申报、学科设置、科研立项、成果评奖以及基地评估等，被许多非学术的因素干扰异化，所谓的"量化管理"只重形式不看内容，只看数量不顾质量，以致弄虚造假、抄袭剽窃、东拼西凑、滥竽充数时有发生，功利主义使那种老一代学者的卓然独立品格和精神气质所剩无几，潜心学问、心无旁骛的精品力作也很难寻觅，而最让人难过的恐怕是培养了一批批技工、匠人式的学生，无法培育出具有一流水平的考古学家、博物馆学家和文博名家，这才是高校文化名片背后真正的悲哀与无奈。

今年中国一些大学陆续迎来自己的百年华诞，读罢眼前这本西北大学的《百年学府聚珍》，如同有一种回顾百年沧桑的感悟和反思，其中不乏围绕西大而展开的青春记忆和浪漫情怀，但更多的是一种时过境迁后的咀嚼与回味。风痕日影，精神阵痛和灵魂质问使我再次感到作为一所学校的文化名片，不只是这所高校的炫耀点缀，不只是装潢门面的矫饰，而是文化精粹的传承。名片上所体现的良好学术声誉，是一所大学衍衍不息的生命，但愿每座大学都能使自己的名片纯洁无瑕、异彩四射、永葆青春。这也是我对西北大学等这样一批百年高校最真诚的祝福。

《中国文物报》2002 年 7 月 26 日

淬过文字之火的碑林故事

——《西安碑林故事》序言

西安碑林博物馆是中国最早开始收集"国学"石刻文物的汇聚地,近千年前的古人虽然没有现代文物保护意识,但建在文庙府学泮池旁边的碑林由此拉开了华夏记忆、守望、传播的帷幕。九百余年来的历史演变波谲云诡,碑林经受了雨淋日晒、战乱动荡的洗礼,今天终于"化育"成为一个梳理文明的"国学"殿堂,展现的不仅是师与生的融洽、教与学的融合,而且也是心与神的融会、思与行的融化。

如今来到西安的中外行游客人,要想追溯思恋千年的古城,往往爱走进闹中取静的碑林"国学圣地",听那娓娓动听的哲思、书法、博物等一系列故事。如果说"故事"是文学体裁的一种,侧重于历史发展过程的描述,那么强调情节的生动性和连贯性,则离不开喜闻乐见的口头讲述。讲故事的人因而成了最受关注的"明星"。

碑林博物馆讲故事的"巾帼旗手"贺华女士,长期沉浸在这人文古典环境之中,她编写的这部《西安碑林故事》,通过对碑林最精华的事的记忆和讲述,描述了千年来古代社会的文化形态,引导着人们走进曾经是东方明珠的长安城。故事有多种形式,有跌宕起伏,有悲欢离合,但都是人类对自身历史的一种记忆行为,传播着一定社会的文化传统和价值观念,对铸造我们民族的自信性格有很大作用。

碑林博物馆有着以"史"为鉴的基本陈列与以"艺"为重的专题展览,存放千年的碑碣铺开场景后让人眼花缭乱,古文语言艰涩,古典字形不识,很多观众慕名而来却遗憾地看不懂,这就需要静下心来找到与古人和艺术对话的途径,这个对话的主持者就是讲解故事的人,启迪人们以全新的角度去重新认识过去的世界。

当你面对一幅幅曾经在书法艺术史书中看过的名作,讲解人清脆的声调会帮助你更深刻地理解原作的精神。走在古代碑碣刻石之间,讲故事人的朗朗诵读声,又会让你读过的历史生动地浮现在你眼前,更引发你的怀古幽思。所以讲故事不是那种适合幼儿心理特点的"寓教于乐",而是开启智慧、丰富头脑、积累知识,更多地是通过对文物细微准确的描述,开一树花,增一瓣香,润一片心,使人们的想象更加丰富斑斓、视野更加开阔。

其实,在碑林讲故事远远不止是提升古文能力和想象思维,因为在碑林石刻上没有过多的心理描写、大段对话和繁复细腻的景物描写、人物刻画,但是面对历史,需要对故事中的人物或事件作公允评论,有历史味,有精气神,并使碑刻上的人物鲜活起来。

翻开这部讲故事的图文书,从历代整修的"往事如歌"引入"文庙访古",站在碑亭下聆听着唐代石台孝经的故事,这座"访客第一碑",是风流倜傥的唐玄宗李隆基亲笔所书的碑刻,其中教育全国士民以孝治天下的文字隐藏着背后的故事。喜好书法的观众沿着"篆书拾遗"步入"隶书采英",著名的《峄山刻石》《三坟记碑》《仓颉庙碑》《熹平石经》《曹全碑》全都历历在目,更为普及的行书、楷书愈为观众瞩目,《怀仁集王羲之三藏圣教序碑》《道因法师碑》《同州圣教序碑》《多宝塔感应碑》《颜氏家庙碑》接踵而来,"草书觅珍"里的《肚痛帖》《断千字文》《争座位稿》均是后世仰慕的千古之作。

在碑林观赏一件件碑刻碣石,听着讲解就像聆听一场精彩的演说,就是着迷一段故事的心动,讲解员会运用各种手段,来有重点地讲述故事、传达思想或表述感情。为什么这件碑刻重要,要放在展室中央?为什么这件造像会用复杂的艺术雕刻手法?这些讲解逻辑的运用就像电影的导演,用感人的艺术手法讲故事。

在碑林博物馆当然不是唱着挽歌看墓志,也不是怀着忧伤默念祠堂碑刻,但是历史上各个民族留下的刻痕铭记仍让我们心动,使人仿佛荡漾在民族融合的蓝天下。尤其是"丝绸之路"带来的"胡番之风",书写着夺人眼目的篇章:《于仙姬墓志》记述了北魏时期西域于阗国主的公主嫁到中原的故事,《米继芬墓志》记述了中亚粟特米国人的家庭景教信仰故事,《苏谅妻马氏墓志》用波斯婆罗钵和汉文双语记述了入华波斯人苏谅在唐朝神策军任职以及和妻子马氏信仰祆教的故事。闻名世界的四大名碑之一大秦景教流行中国碑更是碑林博物馆的镇馆之宝,碑文讲述了基督教东方教会入华 150 多年的历史,彪炳传教之事不忘初心,至今还有欧洲基督教徒来此拜谒,抚碑流泪。

贺华就像一个碑林故事的传播者,她把深入浅出的口头讲解汇集成一本通俗易懂的图书,动嘴、动情、动心,把讲好这些故事作为自己的使命,深度关注着碑林的每一件文物,将口头讲解汇入民间文学的大河,将对中华文明悠久历史和宝贵价值的认识变为大众史学的解读,从而在博物馆的公共空间和观众的公共生活中留下难忘的记忆。

今天,随着我国社会经济的进步与发展,国民日渐富庶,走进博物馆的人越来越多。但是,很多观众在导游引导下匆匆走过,只在大门前拍照留念便离开,不仅对碑林珍贵碑刻文物的前世今生漠不关注,就是对"昭陵六骏"这样伟大的艺术作品也熟视无睹。我们的物质条件越来越优越,但精神却极度粗糙而苍白,给人留下"人傻钱多没文化"的暴发户印象。如果说我们过去因为贫穷没有文化,有着不懂得欣赏和理解历史文化的国情,现在我们必须改变"物质上的贵族,精神上的乞丐"的这种局面。为了摆脱这种低下面貌,还有什么比徜徉在博物馆里听着故事提高文化素质更美好呢?

更重要的是,当你读着这本不算厚重的图文故事书时,会感到与讲故事之人面对面的知识浇灌,你可以站在碑刻原作对面,感到古人的心跳和大师的神交,博物馆提供的是一种在别处绝对找不到的独特体验,是网络虚拟世界里触摸不到的慢体验,你的精神灵魂会超越现实静静地飞翔起来。中华文明拥有五千年的历史,拥有像西安碑林这样令人羡慕的文化遗产,读着这样一本本贯穿着文化自信和自觉意识的故事书,会使每个读者都深深地爱上中华文明这片沃土,牢牢地扎根在这片热土之上。这就是我喜爱这本书最重要的理由。

《西安碑林故事》序言,陕西人民出版社,2017 年

西市博物馆收藏的大唐墓志

我在北京收到寄来的胡戟、荣新江主编的《大唐西市博物馆藏墓志》上中下三册,厚重如砖石,不禁感叹万分,在一个浮躁通病流行的社会,在一个电子趣味信息占据眼球的汪洋世界中,看到这类需要思考定力的图书,可谓"沉甸甸的收获""沉甸甸的心情"。

"沉甸甸的收获"是因为由北京大学出版社出版的这部书收录墓志500方,包括志题、解题、拓片、录文等。胡戟先生前言《走进隋唐人的精神世界》,洋洋近4万字,从不同角度作了阐释,有叙述有评介,该说的差不多全说到了。这部墓志整理时共有80多人参与这项工作,北京有66位,这么多的学人有兴趣参加整理编辑注释,纠谬匡正,厘清正误,历经五年着实不易,其中甘苦与辛劳真不容易。我主持的《长安新出墓志》出版也曾历经数年,有着类似的体悟,所以听后委实佩服赞叹,称为"厚礼"名副其实,所以我说是沉甸甸的收获。

"沉甸甸的心情"是因为还有大量的墓志流散于各个地方、各个单位,仅就古城长安来说,西安碑林博物馆最近收藏200多方,关中民俗博物院收藏200多方,陕西考古研究院汇集的《西安高阳原出土墓志》200余方,都是利用考古现场在墓道里拍摄的照片,真实感权威性都特强,我们正准备出版。西安其他考古研究单位还存有不少,有些珍稀程度很高,如突骑施王子墓志、奚族质子热瓖墓志,与这次大唐西市博物馆收藏的回鹘王子墓志同样具有重要价值。至于我刚刚看到的有比井真诚墓志记载日本还早的祢氏墓志、隐太子李建成等名人墓志,以及正在发掘整理的郭子仪家族墓地所出墓志,大家都在翘首以待。如何收集整理研究确实需要进一步下功夫，更需要静下心来慢慢琢磨，因而我的心情是沉甸甸的。

今天参加会议听了诸位发言，我有"祝贺、祝愿、祝福"三点感想。

首先是"祝贺"。大唐西市博物馆藏墓志顺利出版。大唐西市博物馆共收藏900多方墓志，这次选辑了500方，主要是陕西、河南、山西地域的隋唐墓志，北朝和宋元明还有待进一步刊布。以前我们对宋元墓志不太重视，现在这些墓志提供了不少信息，有助于史学界重新认识和评价当时的历史，因此期望进一步填补空白、惠及学界。

其次是"祝愿"。全国文史学者应该继续携手合作、团结攻关，拿下墓志、简牍、石刻、碑幢等出土文献类的古籍整理科研项目，我们现在正处在一个出土文献千载难逢的大好机遇期，很多原先不可想象的文物重见天日，陈寅恪等老先生也未遇到这样的机遇；当然现在也是一个文物损失流散最严重最坏的危机期，需要抢救保护追索，需要抢购弥补传承，保证传统文化再传的香火不绝。

第三是"祝福"。大唐西市博物馆应继续定好坐标，保持特色，推陈出新，增加活力，为全国学界连续提供不可多得的珍贵资料，如果能纳入国家文化繁荣与发展大局中，更是添彩增光，不光要"收进来"还要"走出去"，例如所藏的珍稀墓志可以在日本等国家举办一个大型展览，让盛唐文化圈影响扩展至东亚地区，与世界接轨。

整理墓志类的出土文献需要汲取穿越时空的智慧，需要理解千年前墓志所蕴含的思想、观点和价值观，需要品味千百年大浪淘沙后人类的思想精华，这才是人类进步的阶梯。当然，墓志作为逝者的追悼词，不少阿谀奉承之词和吹捧不实语句需要我们在解读时格外注意，不能过度解释和随意发挥。

文物出版社作为国家文物局的一个存世留档、宣传出版、外宣各国的部门，作为一个近六十年的国家级出版品牌单位，每年出版300多种图书，几乎一天一本，但是我们更期望出版流传后世的经典著作。现在全国每年新出30多万种图书，有多少垃圾书、跑马书、惑众书、无聊书不言而喻，我愿和大家共同提高门槛，坚守底线，将"努力"变为"助力"，加强引导正确的学术规范路线，展现我们大家的科研成果和文化创造,希望今后多多联系、互相交流。

一座有历史文化底蕴的城市也应是一座历史文化图书飘香的城市,经典的好书蕴含着永恒的力量,西安从广义上说应该是这样一座城市。溢美之词捧场之语我就不说了,最后谨向胡戟先生以及参与《大唐西市博物馆藏墓志》这三册图书出版的学人表示我的敬意,谢谢诸位嘉宾和各位同行。

2012 年 11 月 28 日《大唐西市博物馆藏墓志》首发式发言

民族考古的互动与文化交流

距离 2015 年 5 月召开的第二届民族考古文物学术交流会转眼就过去了两年，这两年来中央民族大学文博系作为一级学科建设又取得了不少新的成果，我参加学科建设评估深受鼓舞，在经费紧张、条件艰苦的情况下还这么努力。作为国家急需的民族考古与文物研究应该是非常重要的，特别是在当前国家边疆建设和"一带一路"建设中有着重大的意义。

因为从事考古文物研究的人总是作为学术领域新发现的前导，带动新的前沿领域与新的学科发现，这是我们的幸运与机遇，也是我们的使命与责任。近些年来民族考古文物有着许多新发现和新成果，因而也受到国际上的广泛注意。考古研究为中国的历史发展、疆域治理提供了依据、奠定了基础。现在从东海到南海，从西域到中亚，国外都有不同的看法，所以我们的考古如果没有坐实，往往会成为外国攻击我们的杂音与噪声。

美国耶鲁大学历史系韩森教授出版的《新丝绸之路史》在国际上影响很大，否定汉唐有丝绸之路，被国外列为亚洲研究的必读教材。但我们没有回应，甚至不敢反驳。长期以来我们自娱自乐惯了，对外国的学术动态又封锁封闭，人家批我们，我们自己居然不知道。

因而我一直主张不能为了考古而考古，北大李零教授与我讨论考古的目的究竟是什么，考古是发现还是发明，究竟是人文学科还是自然科学。现在科技材料超过了人文解读，实验室数据能代替文献古籍吗？很多人不愿下功夫读书，任意解读，把考古变成猜测。北京大学科学家声称已经找到了约 4 000 年前黄河上游地区被一场特大洪水淹没的证据，依据对积石峡洪水的模拟重现神话传说大禹治水和夏朝建立的推测，将传奇变为真实的事件，并且将黄河上游积石峡洪水与二里头文化中的洪水联系起来。中美合作考古成果居然是在西安米家崖发现了五千年前的啤酒，还有什么女娲头骨、黄帝炎帝城，等等。

中央民大在民族研究方面有着很好的人文基础，再加上考古文物研究，语言学、人类学、社会学诸方面的结合，必然会取得新的突破。比如说很多人都去了碎叶，说是李白出生地，但是对碎叶的研究我们并没有取得进展。突骑施长期控制碎叶城，不研究突骑施的历史就无法研究碎叶城，但是我们目前连一本突骑施史的专著都没有。我非常期待中央民大撰写出版一本突骑施史。因此考古和文献绝对是不能分开的，靠猜测得出的结论是经不起历史检验的。老先生批评中国一些学者跟着西方调子跳舞，急功近利，丢了自己严谨的传统，值得我们反思。

现在乡愁记忆、天网工程、考古公园一个项目接着一个项目很多，但民族考古与文物研究确实很重要，同样研究难度也很大，需要我们共同努力，作真正的传承与创新。

2017年4月8日第三届民族考古与文物学术交流会致辞

西夏文化全景中的侧影

　　千年来，延绵不断的古烽燧、戍堡、敌楼、营寨、关隘、卫所与雄伟壮阔的长城连成一条线，将狭长贺兰山下的"党项人"与身处农耕带的"中原人"隔开，使得我们总是以中原王朝正统的视角去看待塞外游牧的生活，总是以中原优势文明心态去看待边疆戎狄的文化，总是以难以突破的夷夏观去看待四周族群。传统诗书礼乐之邦的华夏王畿束缚固定了我们的天下观，对西北族群建立的政权总爱用藩属、羁縻的地理空间和政治秩序去理解。

　　现在确实到了改变我们看法的时候了。因为宁夏社科院的许生根教授推出的《西夏文明全景：大英藏黑水城文书解读》丛书即将面世，带给了我们许多意想不到的收获。

　　众所周知，党项族的西夏与氐族的后凉、匈奴族的北凉以及赫连勃勃的大夏，都是西北地区显赫一时的王国。公元1038年，党项族利用宋、辽对峙无法顾及的间隙，摆脱了对吐蕃、回鹘和宋朝的臣属关系，于兴州（今银川东南）建立起东尽黄河、西界玉门、南接萧关、北控大漠的独立王朝，并在这2万余里的幅员中与宋、辽、金等强邻对峙189年之久，创造了中华文明中独特的分支文化。

　　在这片辽阔广袤的土地上，近一个世纪来最引人瞩目的就是始建于公元十一世纪初的黑水城，这座西夏王朝设在北部边境的重要军事城堡，是河西走廊通往漠北的必经之路和交通枢纽。公元1227年成吉思汗的铁蹄将西夏践踏毁灭后，鉴于黑水城极为特别的战略地位，仍然在这里驻防有大量军队，继续固守着西北的军事、经济、文化重镇。但十四世纪因战乱浩劫、黑水河改道等诸种原因，黑水城终究被狂沙飞石吞噬,成为荒无人烟的寂静死城。

当二十世纪初西方探险家来到这里时,他们发现黑水城位于东西方交通要道上,有着丰富的多元文化元素,残留的十一～十三世纪的文书记录着欧亚大陆的联动,于是碎片也被收罗殆尽,被迫不及待地带回欧洲,从而引起了国际学界的关注,这就是大英图书馆珍藏的黑水城文书。

透过这些第一手记录文书,我们才知道了自己最初对党项印象的肤浅,才认识到我们并不了解真正的"西夏"。这其中有西夏马政文书,是历史上遗留下来的唯一一件游牧民族马政文书。有西夏军籍等级文书,首次使人了解到游牧军事力量的管理状况。有谷物文书,是真真切切边塞生活与仓储补给的写实史料。有出土榷场文书,是历史上遗留下来的唯一的西北边境贸易文书。尤其是西北榷场一度是世界东西方商业的中转站,是欧亚大陆东部多种货物的集散地,也是丝绸之路陆上交通线的重要贸易点。

然而,随着学者们的观察越来越广、思考越来越深,解读也越来越展开五彩斑斓的图卷。许生根教授通过文书描绘的中古西北边疆社会侧影,既有边塞垦殖拓荒的戍卒身影,又有汉人西迁农业文明的扩散;既有粮草消耗的真实记录,又有谷物输入对边塞供给的支撑作用;既有马草料文书的原始记录,又有西夏承袭宋官牧制源流的比较;既有完备的军械装置登记,又有军籍文书反映的征兵及兵种状态。如此种种,都激发着我们的思维向周边四散,校正着我们大脑中原有的西夏游牧管理体系,启发着我们对宋夏辽金边境堡寨互市产生新思考,"居民生资唯榷场,南客北客相经商"。宋夏抚蕃策略与边境贸易的真相浮出水面,榷场文书的考释不仅显现出贸易的管理,更重要的是说明了通往巴格达国际贸易的兴衰命运。其中最具有理论色彩的问题就是游牧民族在世界历史发展进程中的作用,以及他们与农耕民族的关系。

对黑水城文书考释解读这样"死功夫"的贡献,应该而且必须受到学界的重视。出土文书的记录有着官方不纳入史书的细节与碎片,但是不加修饰的记录比史书的撰写更具有现场感,而且超越史书,往往成为宏大叙事中最为生动的文字,具有记忆遗产的文本价值。由此,我们还想到了农业成为西夏的主导生产类型,那么游牧与农耕世界的关系是否应该重新进行梳理呢？游牧民族从事的商业贸易为古代欧亚世界的联系所作的贡献是否应该得到更多重视呢？我们无意推倒历史纵横发展的传统理论,而是希望对长期以来学界奉行的正统理论进行修订和补充,进而完善我们关于人类历史波澜壮阔发展的宏观思考。

我每次看到西夏文物,总不由得有一种苍凉悲怆的历史感迎面而来,毁于战火的废墟、破烂衰败的驿镇、偏处一隅的村落、阴冷凋敝的古墓、载体失魂的庙宇,就是正在积极"申遗"的西夏王陵,虽然被称为"塞外戈壁上的金字塔",但这座有着九个帝王、近二百个陪葬臣僚的陵园,也曾被蒙古大军的兵火毁为碎片,未能幸免。这不仅是家族史、国族史的变幻,还勾连起我们透视时代的历史思量。

正是在各种军事较量和各种文化的冲击下,包括位于丝绸之路要冲上的黑水城,使得党项族的西夏同时也对四周的文化产生了巨大影响,仿如汉字的六千多个西夏文字,河西走廊汉藏兼收的佛教艺术,品类繁多的西夏工艺物品,遗留下的西夏文民间契约、经书,反映社会生活的木版画,都一一展示在博物馆陈列里,仿佛余风犹存,影响不灭。我们无法穿越时空去复原西夏王国其原貌,可是通过出土文书这类文化遗产的珍稀品做到真实地"重生",借助历史学家和考古学家的配合、努力,借助黑水城文书和历史典籍的结合,将西夏独特的画卷展示在世人面前,是责任也是承担。

《英藏黑水城出土社会文书研究：中古时期西北边疆的历史侧影》序言,新华出版社,2018年

包容提升的"长安学"与长安学派

地方文化是彰显一个城市特色的独特名片,一个城市如果没有高雅的学术与其紧密相连,没有具有独特位置与魅力的学派存在,很难突出一个城市的历史文脉与文化特色。学术,让一个城市获得尊重的理由,也凝结着地域的历史性格,是一种富有魅力的地域财富。

近几年来,一些学者仿效"敦煌学""吐鲁番学""徽学""孔学""故宫学""法门学""黄河学"等名称,提出要建立"长安学"。从新学科建设来说,这是加强地方文化热潮的又一品牌打造。此前西安历史地理领域已有专家建立了"西安学"研究会,并开展若干活动。杭州城市建设领域也有专家拓展了"杭州学"研究会,恢复以西湖美景为中心的南宋都城景观。我感到,发掘中华民族之根,接续核心文化薪火,广开文脉源头活水,建立这个"学"或设立那个"学",在争议中逐步达成共识都是可以的,至少秉承精神基因、彰显中华标识、增添城市文化资源,从宏观上说是不会误判、错判的。

但是,从众多地域"学"的实践来看,空洞无物有之,挂牌虚名有之,极端理解有之,虎头蛇尾有之,受到的挑战接踵而来,有的甚至难以为继,不了了之。因此,我认为以"长安学"命名一个研究项目仅仅是初级层次,关键是上升到一个学派的远播弘扬,如果以"长安学派"命名,更能为城市地区的文化建构添色增辉,因为学派往往会与传统、底蕴、层次、品位直接联系,会凝聚、树立、造就一批大师级的学者,这比简单设立一个"学"更有档次、更为长远。

长安有以石鲁为代表的"长安画派",有以柳青为代表的长安乡土小说直到陕军东征的文学流派,有以西影"黄土风情"为代表的曾经风光一时的电影艺术流派,但是在学术上从来没有高扬起一面"长安学派"的大旗。长安有3 000多年建城史,1 600多年建都史,曾经文人名士云集,虽然历史不可再现,可是学术传统也无还魂、难以自傲,这无疑值得我们反思。

我想到桐城学派不仅是清代影响最大的散文流派,也是清代理学的一派中坚力量,桐城学派为安徽南部这个小城市带来了极高的知名度,使得桐城地方特色成为全国古文科举波澜的一角,一代代桐城学派的学人通过在各地书院的讲学活动,宣传程朱义理为官方哲学,突破了地域的局限和时间的限制,顺应了当时的文学、学术大势,从而使以桐城的名义展现的学术主张,超越了一时的地域风光,扩展了地方的文化美名。

所谓"敦煌学"也是如此。二十世纪以后,没有海内外学术界对敦煌文书的重视、解读、研究,仅仅依靠敦煌石窟壁画、泥塑也不会产生世界性的影响,敦煌文书中各民族、各种宗教以及与中亚、波斯有关的史料具有吸引人的魅力,所以敦煌学给这座河西走廊上的小城市带来了巨大的影响,超越了地域的限制。很多人不知道甘肃,但知道敦煌。这也是学术给地方城市带来的文化影响,并转化为地方文化产业的发展动力,敦煌飞天甚至成为佛教和中国文化的符号。

学术历来是阳春白雪,学者掌握着学术资料,但是由于学者们不擅长将其普及简化为社会所需,常常惨淡经营;又不会转化为政府部门急需的智库,常常被束之高阁。设立"长安学"只是一个试图发展地方文化的切入口,怎么将切入口变为突破口,或将突破口变为着力口,还需要我们将古代与现代紧密联系,将研究与转化紧密联系,将文化与创新紧密联系。

我认为,使一个地方学派获得超越地域的名声,走出自我封闭的局限,在中国和世界上彰显学术特色,是我们扎根丰厚土壤的前提。传承践行一定需要"天下"的胸怀,需要以"中国心、全球脑、世界观"来扩展我们的视野,"中国心"是指富有家国使命情怀,"全球脑"是指东西对比、取长补短,"世界观"是指理性洞察、充实新知。目的就是希望学者专家扎根地域本土又有远见卓识,开阔视野,激发起智慧灵感。有人抨击现在科技经济常常使人成为单一的不懂得高度思考的专业动物,而文史哲才能帮助我们从历史角度、全球角度分析解决问题,有更宽广的世界观,心胸远大才能懂得世界大事,具有可持续发展的应对之道。

我不想在文科理科分工上作过多评论,只是仅就"长安学"或是笔者提倡的"长安学派"作一点关注话题。

一、学术结合实际,互相汲取营养,学者要将"文化使命的学术自觉"与领导群体"发展城市的责任认领"结合起来,形成城市的气质、地域的自信,无论课题怎样艰深,无论专业如何偏窄,都能探讨未来的方向,都能全面提升长安地域的人文素养,增强地域文化创新性发展的底气与骨气。

二、积极参与对话,参与城市建设。研究"长安学"离不开对一个城市的依赖、对一个地域的辐射、对一个朝代和国家的扩展,在扎根地方的同时,告别内陆封闭思维,东走西向,北驰南下,跳出地方圈子对长安、关中进行反观。要认识到秦兵马俑不是陕西的而是全人类的,丝绸之路起点也不是西安的而是欧亚文明交流的线性遗产。

三、激活传统文化,传播展示特色,有必要将文化产业列入长安学研究开发系列,目前学术与产业的链条往往被市场经济的重锤砸断,重新连接亟需学者直接参与。各地博物馆、文化艺术创作中心等,制作的影视作品常常以穿越为主题,雷人离谱;而文化仿制品又偏离历史,张冠李戴,粗制滥造,"长安学派"的学者有能力、有必要纠正引导它们走向正途,努力拓展学科的优势和合理的应用。

四、平等适度竞争,惠及不同学科。"长安学派"不仅仅是历史、考古、文物的学问,也是文学、艺术、语言的学问,不是简单叠加,而是不同学科多元分工,大局融合自成一体,标志性意义的成果一定要成系列地不断推出,代表长安学的重量级成果要赢得海内外的认同、肯定,不能用保守的小农意识自傲自得、自说自话、自我满足。

五、不隐恶遮蔽、回避历史教训,要注意"长安的伤痕"。研究究竟是什么原因阻滞了长安文明在宋元以后的延续,汉长安两千年与唐长安一千五百年来的繁华与衰落,从高楼甲第到废墟遗迹,从思想活跃到僵化保守,需要精细阐释、凝练沉淀。

　　长安学的建立有着很好的资源基础,但长安学派的高扬则是一个漫长的过程,万万不可急功近利,学派的发展本身就是一个城市文化不断改写形象、确立形象的过程,是文化符号输出与吸纳的过程,是文化辐射力和影响力昭示的过程。学派促进着文化品位的骨脉提高,激励着一代又一代学人的创新理念,特别是文史的力量对人的影响是潜移默化的,它不可能立竿见影改变社会,但是它能使人的心灵变得更加丰富美好,使人的头脑更加充满智慧。只有集成已有成果才能推进学术创新,只有扩大国际交流才能开展跨学科研究,在历史研究、文物考古以及文化遗产等领域形成中国特色的学派,长安学才能最先为事业发展提供理论与学术的支撑。

　　长安学研究一定要超越地区史的研究模式,突破故步自封的思维定式,打破门户之见的藩篱,向跨地区、跨民族、跨文化、跨国家的互动型研究模式转变,这是真正的学术增长点。当一个以地方为名的学术派别走出了自我地域的范围,积极发挥自己的独特价值与作用,它的名字才会更加彰显于世,更会赢得社会的广泛尊重。

《长安学研究》第一辑,中华书局,2016 年出版

2014 年 11 月 22 日

书意过眼：中国古迹探访三十年

　　日本吉村信先生是一名医学博士，他的中文名字叫"吉贺"，令我想起唐代沿着丝绸之路来到中国的景教传教士"佶和"。佶和是基督教东方教会聂思脱里派的波斯主教，据《大秦景教流行中国碑》记载他来到长安，既擅长医疗又懂得天文，天宝三载(744)曾与十七名传教士一起到兴庆宫为唐玄宗演唱圣歌，从而大显身手、青史留名，在中西文化交流史上留下一笔。而我们眼前的吉贺（与中文佶和同音）则是一个同样对中国古迹文化有着挚爱的老先生。

　　三十年来，吉贺一次次来到中国，所至遍及大江南北，走访了许多中国人都没去过的地方，但他不仅仅是观赏风景，还追寻古迹和博物馆，这使我非常感动。文物是承载着厚重历史的物质实体，也是人类共同的文化遗产，唤醒和重构它们是我们共同的使命与责任。吉村信先生延续了日本千年来"仿唐"的人文气息，观摩了丰富多样的古迹场景，它们是蕴含着文化记忆的历史符号。

　　让人意外又惊叹的是，出生于1947年的吉村信先生虽然已经七十多岁了，他的职业是一名医生，但有着写作的"灵性"，有着与古人对话的能力，他将多座中国的古城勾勒出来，将写病历、编医嘱的医学之笔转换成介绍中国文化古迹的锦绣之笔。从中国著名的"四大石窟"敦煌、云冈、麦积山、龙门到世界遗产炳灵寺、克孜尔和库木土喇石窟，为了描述中国佛教艺术的起源，他还两次专门去了印度埃洛拉石窟和阿旃陀石窟，感悟各处的不同，探寻中印文化的异同。每一处古迹的特点，作者都娓娓道来，错落有致地呈现在不同篇章中，它们俨然成为书中不断闪烁的亮点。

他的中原之旅，从长安到洛阳，从成都到长沙，不管是映入眼帘的唯美胜景，还是古朴庄严的寺院道观，在他的笔下均渗透着过往的历史，浸润着文化底色。当然他最爱探寻的还是历史博物馆，在北京中国国家博物馆驻足观看一件件至尊国宝，仰韶人面鱼纹盆、大盂鼎、汉犀牛尊、针灸画像石等令他产生无尽遐想；在陕西历史博物馆凝神注目唐墓壁画珍品实物；在西安碑林博物馆膜拜大秦景教流行中国碑、开成石经；在秦陵博物院拜访被誉为二十世纪最大发现的兵马俑雕塑；在汉阳陵地下遗址博物馆巡视那些裸体男女俑；在洛阳博物馆吸引眼睛的是千奇妙工的青铜器和唐三彩人物；在甘肃博物馆欣赏青铜制造的马踏飞燕；在山东博物馆赞叹汉简《孙子兵法》；在河北博物院了解观察酷似西亚的"错金银双翼神兽"；在上海博物馆、南京博物院、荆州博物馆等都留下自己的感悟，特别是那些震古烁今的精美文物，使他浮想联翩，一篇篇介绍文章随之而出，写着写着就写成了一本书。但他不是撰写考据严谨的史学论文，而是将观访叙事与情感发挥相互契合，更容易让读者产生强烈的共鸣，可读性和故事性使读者兴趣大增，而绝不是"催眠读物"。

吉贺先生还是一个善于让诗篇熠熠生辉的文人，自幼接受过传统诗歌的熏陶，每到一处他都会吟诗诵歌，既有汉语唐诗也有日本俳句，语言的诗歌性表达着优秀的诗心，古迹景观融合着数首诗歌。《云冈》"魏佛暗掐指，客思昔荣华"，《敦煌》"石窟暗中睡，飞天独飘荡"，《鸣沙山》"月牙泉上明月辉，异客怀念西域事"……犹如一颗颗珍珠镶嵌在文章中，耀眼而不觉炫目，对仗而又参差变化，错落而又不失工整，尽情展示着作者中华古典诗词的艺术灵感和日本俳句诗歌的深厚功底，更让整篇散文的景物描摹充满了诗歌雅兴和蕴藉情致。

我们爱听他说自己有咏诗歌之乐，为了"中国古诗而舍命"，息息相关地追踪杜甫之路，从巩县杜甫故里到成都杜甫草堂，写诗时频用古意，浓缩精华，便于朗朗上口，如临其境，使旅游且行且吟的经历浸染上囊古括今的底色，让中日的读者都感叹万分，赞美不已。

吉贺先生为了做到图文并茂，将他拍摄的成千上万张图片都公布在网站上，既有宝贵的文物图片也有古迹遗址照片，洋洋洒洒，琳琅满目，让更多的日本朋友点击进入艺术和文化的长廊,共享中国优秀的传统文化,共享东亚的悠久文明。

吉贺先生是一个土生土长的日本人,七十多岁了仍将曹操的《龟虽寿》当作座右铭,在旅途中拼体力,在旅游中谈养生,在饮酒中讲仙境,在饭桌上幽默解读汉字菜名,随口说出来的都是零金碎玉,能把古人与现实连接起来,加入自己的生活感受,纯真犹如孩童,浪漫包含善良,仿佛是一个"好玩的老儿童"顽皮地告诉大家怎么"游中国"。他对中国文物古迹的热爱超越了民族、国家、年龄的限制,摆脱了多个学科的制约,用听得懂的语言转化成文字,通过面对面的鲜活语境,实现了历史记忆和精神价值的思考,为东海隔岸相望的中日两国人民谱写了一曲文化交流的畅想乐章。

《中国古迹探访二十年》,光明日报出版社,2017 年出版

走进人类昨天的文献世界

——《出土文献研究》重新出刊词

中国地下出土文献作为古代文明的真实记载,历经千年风雨沧桑而不朽,留存于当代,经考古发掘终见人间,这是古代社会政治、经济、法律、军事、文化的复述与再现,也是许多文史典籍遗缺未收的新史册。

二十世纪中叶以来不断有大量的甲骨、石片盟书、骨签、简牍、封泥、帛书、纸质文书、碑石、墓志、题记刻石等资料出土。与战国诸子哲学思想史有关的湖北荆门包山楚简、湖北荆门郭店楚简、上海博物馆藏楚简等,与秦汉史有关的山东临沂银雀山汉墓竹简、长沙马王堆汉墓帛书、安徽阜阳双古堆汉墓竹简、湖北江陵张家山汉墓竹简、河北定县八角廊汉墓竹简、甘肃居延汉简和敦煌悬泉汉简等都轰动一时,又与魏晋隋唐史有关的长沙走马楼吴简、敦煌吐鲁番文书以及大量的珍贵墓志碑刻等皆反响强烈,还有与边疆史地有关的楼兰尼雅简牍、罗布淖尔汉简、新疆各地的佉卢文简牍等让人们大开眼界,不仅使整理者应接不暇,也极大地开阔了研究者的学术思路。

但要走进人类昨天的文献世界,了解几百年乃至几千年前人们形形色色的生活并不容易,甲骨碎片的考证困难、残简断牍的文字艰涩、零散帛书的记录难懂、碑铭刻石的隐喻异译、纸质文书的拼对组合,有许多难解之题等待人们去攻克,绝非是现代人随意轻松翻阅的普及读物,首先需要一大批专家学者整理爬梳,破译解读。正是在追寻、复原和传承中国古代文明的兢业精神鼓舞下,从事出土文献研究的专家学者青油孤灯、夜以继日,核校一个个别体异字,录入一行行古语天书，其中辛苦付出的劳动血汗不亚于创新工程的科技工作者，从而产生过诸多考镜源流、辨章解难的大学问家。

每个时期的学术研究都有其前沿，这个"前沿"往往是由一些重大的出土文献主导和决定的。出土文献的发现、整理和研究近年已成为专门学问的热点，成为国内外学者集中讨论的焦点，也屡屡成为全社会人们关注的视点。过去学术界曾有一批全国一流的出土文献整理和研究专家学者，他们不仅是文化的象征，也是重要的文化资源。但在当今国内学术界急功近利、浮躁喧闹的风气下，出土文献整理研究队伍青黄不接，学术带头人匮乏，目前仍有一批学者孜孜不倦地固守着自己的阵地，坚持到底守护着这个专业领域，从而形成为数不多的学术重镇，中国文物研究所出土文献与文物研究中心就是其中的一个。二十世纪七十、八十年代这里曾经群贤毕至、精英荟萃、著述宏富、成绩卓著，直到现在还是不可小觑的全国出土文献整理前沿阵地。这里的工作者得前辈学者薪火相传之脉，掌握着各地最新发掘的出土秦简汉牍、魏碑唐刻的整理动态，从编联复原、文字解读、书写勘误、词义考释到异文对校、辨章源流、历史研究，编著出一部部学术界亟需了解的第一手资料成果，方便了国内外学术界同仁的研究、切磋与交流。没有他们的校勘辑佚、整理训诂，就不可能让地下文献瑰宝展现在世人面前，就不可能全面把握古代文明发展的脉络。

毋庸讳言，艰辛守望出土文献的学者们往往因整理成果不能及时发表而困惑，因无经济效益回报而羞涩头痛。1985 年以来《出土文献研究》时断时续已出版了五辑，尽管得到了学术界的赞誉好评，但因经费困难而令人遗憾地暂停出版。中国文物研究所乘全国文化体制改革试点工作东风，肩负我国文物保护和出土文献整理研究的历史使命，向搭建国家文物研究中心的平台迈进，在经费不充裕的情况下，决心继续出版《出土文献研究》第六辑，并将其作为一个精品连续出版物延续下去，这无疑是一件为中国学术发展作出贡献的好事。

华夏大地近年不断涌现出新的出土文献"亮点"，湖南长沙走马楼三国吴简、湘西龙山里耶秦简、湖北九连墩楚简等都是价值巨大的历史文物，全国抢救、保护、整理与研究的任务越来越繁重，学术界也是一派百家争鸣的气象，结合语言文字学、文献目录学、地域文化史、古代思想史等领域的学术将会更加繁荣、蔚成大观,这都促使我们要加快对出土文献整理与研究队伍的建设,加快出土文献整理与研究的成果连续出版,这个趋势不应减弱,亦不会衰落,需要我们紧紧抓住机遇共同承担起这一历史责任。

近八十年前国学大师王国维曾说过,"古来新学问起,大都由于新发见"。他列举当时的四个重大发现是"殷墟甲骨文字、敦煌塞上及西域各处之汉晋木简、敦煌千佛洞之六朝及唐人写本书卷、内阁大库之元明以来书籍档册"。当今出土文献之数量可谓百倍、千倍于以前,更需整理与研究者付出艰苦努力,向深度、广度拓展,作出自己的贡献。本辑收入汇集了海内外专家学者的 20 篇新作,特色非常鲜明,上探秦汉脉络,下究元明碑刻,有许多是原创性研究成果,也有不少是对前人结论的重新斟酌,还有一些是要继续深入探讨的课题,但愿能给学术界提供更多的信息和研究的空间。值得欣慰的是,很多学者拿来最好的稿件支持编好这一辑,为弘扬祖国文化尽一份绵薄之力,为历史文化遗产的传承续写新篇,上海古籍出版社的编辑也对本辑编纂付出了大量心血,对此,我们表示诚恳的感谢。

《出土文献研究(第六辑)》序,上海古籍出版社,2004 年

文化遗产图书"走出去"大有可为

　　历史文化和考古文物类图书是文化遗产事业总体布局的重要组成部分,这类图书越来越成为民族凝聚力和创造力的重要载体与记录,成为国际上综合国力竞争的重要因素,不断丰富的文化遗产图书不仅是我国人民精神文化生活不可缺少的内容,而且也是"走出去"与世界接轨的一个发展新理念。

　　近几年来,文化遗产事业蓬勃发展,考古新发现、文物新研究、观念新改变,促使以文物类为代表的图书占据了历史文化图书市场的很大份额,一方面考古前沿高精尖类专业图书领域扩大,另一方面社会大众普及类文化遗产图书覆盖整个文化市场,所以"公开性""公众性"日益成为大家的共识,日益成为社会的财富。我们认识到文化遗产事业的发展应该具有高远的旨意和广阔的视野,定位于增强国家"软实力",摈弃一些低俗糟粕和娱乐化解读,通过文物品质、价值判断、思想传递、意义解读来阐述中国文化遗产的良好形象。

　　文化遗产是开展各国间"文化对话"的重要平台,有利于提升国家的亲和力和影响力,特别是在文化交流时,有益于不同文明之间、不同文化层面、不同精英之间的对话与合作,有益于拓宽跨越东西方鸿沟的视野。遗憾的是,我们现在各家出版社都注重"引进"西方希腊、罗马文化艺术的图书,但是却不能"输出"大量的中国文化遗产图书版权,双方出口的逆差数字仍是很大,还做不到"平等性",与我们号称遗产大国和出版大国的地位很不相称。如何更加积极地将中国文化遗产图书作为"走出去"的突破口,作为文化战略和外交大局中的先锋还需要认真思考。德国、意大利、法国、英国将文物保护项目作为外交文化的重点领域,政府直接赞助出版了一些颇有水平的图书,不仅保持了它们的"话语权"发挥,而且树立文化形象的做法非常值得我们借鉴。

我们发现,一本中国文物图录就是一个流动的博物馆,将中国文化的精华通过图书移动到世界上任何地方,是外国人接受中国文化熏陶的入口与台阶,也是中国文明的思想载体与历史年轮。有些不要语言翻译转换,就可加深海外文化界对中国的理解,从而把中国文化遗产所蕴含的民族精神、价值观念、艺术创造、思维理念、科学技术等推向世界各地。

文化遗产图书的出版是一种深度文化积累选择和弘扬传播的活动,它往往以"图文并茂""以图证史"的特点"潜入历史,化入永恒",因而受到海内外读者的欢迎。有段时间曾有人断言电子图书将代替纸质文本图书,现在经过实践看来这个预测还是太早了。尽管电子图书有许多优点,但网络上看书往往只是带来索引的快捷,很少能享受到画面震撼与对文物细部的品味,体悟不了书香的雅趣。人们已意识到"网络是工具,图书是文化",电子图书的销售并没有疯长,2009 年美国电子书只在图书市场占据一个零头的份额,特别是文化遗产图书作为文化艺术领域的产物还受到了保护。

全国一些大的综合性出版机构目前越来越重视文化遗产图书对外的基本方向,在考古文物、出土文献、古典建筑、书画珍品等方面注意外文的翻译与介绍,满足国内外学术界需要,鼓励作者和编辑精心选编,服务于国家利益的文化需要,弘扬中华民族精神的内涵,借助海内外图书展销等各类平台,进一步吸引外国出版机构将有意义的中国文化遗产图书向海外传播。

总体来看,各出版单位通过图书彰显中国文化遗产,使得中华民族的"国际形象"取得了积极效果,有益于逐渐消除随着所谓经济大国、工业强国的崛起而带来的"威胁论""强势论"。在大力推动中华文化"走出去"的过程中,多出版一些有品牌、有品位的文化遗产标志性精品图书,解决一些瓶颈性的制约,超越外来文化的窒闷，不能只看"文化资本"不看"文化价值"，只看"文化财富"不看"文化遗传"。确定国家工程公益性支撑的理念，不断加深国际合作传播我们的新成果，必将会开辟文化遗产事业更大的坦途。

2010年7月16日故宫博物院、《中国文物报》合办首届"紫禁城杯"座谈会发言稿

丝路"食语"与知味"私语"

　　中国古代贵族高官家宴会的食单、食谱著录者历朝皆有，平民百姓家烹饪的菜谱、食谱则很少，以中西方烹饪文化交流而命名的"丝绸之路"食谱、菜单更是史无前例，而且很少有人对此关注。

　　我们见到的古法制菜记载，独特且珍贵，有些底本还需点校、翻译、插图，否则犹如天书根本看不明白，因为古代食材、食物都离今人太远了，有的已经消失，有的名称变异，承载的历史信息和文化背景没有从御膳、厨房里走出后台，赢得众人的口碑。

　　饮食不是一种固化、石化的文物，而是一直在更新变化，是有生命力的，从厨房食谱到餐厅菜单都有演变，人们自古以来就很在乎口感滋味，更讲究"正宗"二字，留恋过去的味道。

　　我们现在川菜、鲁菜、湘菜、粤菜等地域的菜系，讲究不同的口味，但是这些奇妙的味道都离不开调料，调味品不仅决定着佳肴的味型，也与生活环境里的食材搭配密切相关。可是周秦汉唐各个时代的调味品是什么味道后人并不清楚，宋元明清的调味品有滋有味可其实来源也不了解，食客口味除与食材有关，更重要的是调味品稀奇古怪、种类繁多，很多闻所未闻的调味品造成了不同地域、不同国家饮食文化的差异，调味品从古至今的演变也在百年来的中西方交流中逐渐被人们关注。

　　早在一百年前，西方考古界为了了解农作物、畜牧业的食品起源问题，就开辟了植物考古、动物考古等方向，近年来中国考古也奋起直追，他们发现全球粮食、蔬菜、水果等作物有近 700 种，其中起源于中国的有接近 170 种，如粟、黍、稻、大豆、甜瓜、葫芦等，又从外国引进了小麦、玉米、甘薯、辣椒等食物品种；而对不同时代与饮食有关的调味品的加工和烹饪方法，也通过种种饮食残留物、遗迹实物和文献记录进行了梳理研究，让人们领略到历朝历代曾经拥有的食品原料加工与调味品的传入、流通、消费过程。

长沙马王堆汉代墓葬考古发现西汉的一个封侯，随葬的肉汤类食品就有 24 种，调味品则有 19 种，烹饪菜肴名称竟然达到 17 种 70 多款，饮食背后揭示出当时统治阶级穷奢极欲的生活。魏晋之后五胡十六国时期，不仅胡汉分野饮食区别很大，而且北方草原饮食与西域胡人饮食也有区别，史书上描写胡人茹毛饮血的蒙昧，赞美汉人烹饪珍馐食品，汉人讲究长寿，胡人追求强健，汉人饮食传统以粮食蔬菜为主，胡人对葡萄、椰枣的情结则代表了园艺的劳作。每逢节庆，各民族都必定要享受自己民族的菜肴，这不仅划分了东西方饮食，也成为不同族群划分的依据。

在丝绸之路畅通的繁盛期，唐朝外来的饮食无疑是最引人注意的，按照《大唐六典》卷十一记载皇宫里的尚食局制作御膳"随四时之禁，适五味之宜"，口味特别重要，食官、食医要从养生保健的角度合理调配，这本大典卷四也规定"凡天下珍馐供进之物，多少之制，封检之宜，并载于尚食之职焉"。唐代各地有口味贡，多达 200 多种，长安城皇家大内专门有口味库，并设有口味库使专门管理。当时食物名目繁多，唐高宗的"冰屑麻节饮"、武则天的"百花糕"、唐睿宗的"逍遥炙"、唐玄宗的"驼蹄羹""热洛河"、唐敬宗的"清风饭"、唐懿宗的"红虬脯"等等，有的是夏季冷饮，有的是鹿血灌肠，有的是烧烤熏肉，有的是煎烹野味，真是非常丰富。按照唐睿宗本纪记载，皇家水陆口味一千余种，"每色瓶盛，安于藏内，皆是非时瓜果及马牛驴犊獐鹿等肉，并诸药酒三十余色"。如果说贫穷限制了古代嗷嗷待哺的人民的想象，那么皇家食物的口味也是限制了史书的记录。

一般读者可能不知道，《大唐六典》是本中央朝廷制定的规章制度大书，对每个部门的膳食和食材都有详细记载，王公贵族、高门官僚不仅要满足腹中之饱，也要注重口中滋味，因而竭尽所能将餐饮堂食推向奢靡的高峰，每次宴会都是推陈出新、花样百出。

实际上，这部大典里记载的各地"土贡"就是"御贡"，就是宫廷特供。为了满足皇室口腹之欲，不惜让各级官吏当差付出种种艰辛，从不同地区搜刮奇珍异味。唐玄宗天宝年间，有个宦官袁思艺担任"检校进食使"，专门负责办理各地进贡的食品，当时"水陆珍馐数千，一盘之费，盖中人十家之产"，真是叹为观止，一盘而不是一桌的佳肴珍馐就抵得上十家中产阶级家庭的财产。

有人说"食在中国，味在丝路"，意思是说我们擅长将各种佐料与食材搭配融合，得益于古代外来的各种调味品，胡麻、胡椒、胡葱、番茄、洋葱等等不可缺少。唐代大诗人白居易描写的胡麻饼和日本入华的圆仁和尚眼中的胡麻饼，都是胡食胡风饮食浸润中原的标志性记载。中国是一个善于引进的文明古国，也是一个烹饪文化的大国，整理、梳理、辨析、研究自古以来的食物源流，从食品食材到口味调料，都饱含着人与自然、人与社会、人与健康的关系，关联着世界文化遗产的传承和弘扬。

人民大会堂西餐厨师长、烹饪大师徐龙，是一位遍览古今文献的"本草使者"，也是丝绸之路上行走交流饮食文化的使者。三十多年来他积累了许多人们不知的香料常识，胡椒、丁香、孜然、豆蔻、茴香、芥末、荜菱、胡卢巴等等，域外异邦引进的香料不仅丰富了中国的药草资源，而且在烹饪上混合各种香料远不止"十三香"。他所研究的内容将东方"本草学"与西方"博物学"对比融合，既勾起了人们的食欲，占据了民众记忆的一席之地，又寻找着科学的道理，餐桌上的饭菜重构出文化世界。尤其是他认为岁月变迁使饮食做法有着变化，但食料保存着传统影子，藏匿着许多不为人知的故事。

这本书中的香料植物大多是从科普的角度来介绍的，小处生动，大处深远，上编陆上丝绸之路，下编海上丝绸之路，无论是北方的胡荽、胡桃、胡瓜、胡萝卜，还是南方的槟榔、莳萝、砂仁、藿香，都有着源远流长的起源。书中植物科属配上植物对应的图片，结合调味品在烹饪佳肴时的深层含义，捕捉到外来的信息和植物学的考证，让读者近距离地感受菜香肉美离不开味道的刺激，无疑有着导读、引领的意义，确实是一本独特的图书。

我看着这些食材香料的记录，触动了我的心，常常有种超越时代的伤感，因为过去生活困顿，吃糠咽菜，有许多人为了短暂地吃饱饭，付出了沉重的代价，在饥饿痛苦中结束了自己的一生。现在虽然是餐馆遍地、饮食过剩的年代，但却出现了文化缺魂、人文少灵的"饥荒"。这本书邀请读者探索更多元的食品美，了解远方的来龙去脉，破解了前所未知的食物密码，寻找改变饮食生活的世界根源，无疑是睿智的精粹和心血的结晶。

丝路食语不是窃窃私语，而是一个永恒的主题，愿所有读者受益匪浅，获益终身。

为商务印书馆《丝路食语》而作

闭卷后记

阅读是人类拥有的美好行为,不仅获得知识建立信念,而且也会给我们带来生活的支撑和力量,阅读之后的书评更是我们的总结和点评,也是一种推广和外延。阅读与书评相辅相成,在我几十年的读书生活中,写书评往往就是铭心刻骨的记忆。

改革开放后,学术界出版的图书逐渐变得琳琅满目,很多作者和读者都感受到一种前所未有的繁荣,整整几代人盼望的学术研究能与世界接轨的好时机来了,坚冰打破,航道开通,"书呆子"写书、出书成了当时的风潮,尽管对知识分子还有一些政治偏见,甚至难以消除一些敌意,但是人们已经深切地意识到改写历史的春风吹拂着整个二十世纪八十年代。

也是从这个时候起,我们开始了系统的读书,开始尝试写专业书评,原来我们都是零敲碎打地读书,随着阅读量的增大,读书选择性越来越大,每个人的阅读史仿佛成了自己的精神成长史,而且原先桎梏学者独立思考的枷锁已经被打破,质疑书本成了保持独立思想的一个基本常识,真实性成为最核心的问题,更多地想让好书被传送推广。

如今读书、写书、编书、出书、荐书、销书的循环流动过程我都经历过了,而且我在大学读书做卡片的时代也已经过去了,计算机互联网使得人们便捷获取史料的功能令人瞠目,各种历史图书俯拾皆是,写书评分享作者的思想和知识,输出的同时也是最好的输入。

我感叹很多学者对自己的专业如数家珍,以罕见的洞察力、惊人的细节和独特的切入点,精准地把握了历史的脉搏,观察到一般人看不到的视角。近几年,用中国眼光看世界,用世界眼光看中国,已是学术界的潮流。不少人追寻根源的努力已使中华文明五千年的上限远远打不住了,文明的上限不断前推,不再是"文明的曙光",而是迈入帝国的门槛。

林语堂说过:读书,开茅塞,除鄙见,得新知,增学问,广识见,养心灵。同样的道理,书评,使人认识世界的眼界大大打开,从愚昧、无知、偏见和错误中解放出来。

在琳琅满目的书架中,并非都是值得垂青的经典著作,日渐流行的数字网络阅读并不能代替文本图书的阅读,人们获得的不仅是知识,而且是可以提供进取力量的精神。现在全国图书品种规模增长很快,"萝卜快了不洗泥"成为普遍现象,优秀与粗劣书评混杂,也俯拾皆是,如无人介绍,好的图书真的就湮没在书海里了。

学文史、研究文史的人好读书,学者们不仅要描述历史过程,还要解释历史过程,发掘历史事件背后的思想动力。思想是照亮幽暗资料库的明灯,历史学家把自己的思想带入历史解释中,使枯燥的史料有了解读的意义。

如果说阅读是人生不可或缺的呼吸,那么书评亦是不能缺少的滋润,我期望自己曾经写过的几十篇书评能使人们重新找回读书的兴趣,唤醒和激活大家的阅读情怀,让我们成为一个充满书香的社会,让书卷留声二万里,万类霜天竞自由。

2021 年 8 月 20 日于北京

图书在版编目(CIP)数据

书卷留声二万里：四十年书评文集 / 葛承雍著. —
上海：中西书局，2024
 ISBN 978-7-5475-2187-8

 Ⅰ.①书… Ⅱ.①葛… Ⅲ.①书评–中国–现代–选
集 Ⅳ.①G236

中国国家版本馆 CIP 数据核字(2023)第 210495 号

书卷留声二万里——四十年书评文集

葛承雍 著

责任编辑	邓益明
装帧设计	梁业礼
责任印制	朱人杰
出版发行	上海世纪出版集团
	中西书局(www.zxpress.com.cn)
地　址	上海市闵行区号景路 159 弄 B 座(邮政编码：201101)
印　刷	上海盛通时代印刷有限公司
开　本	787 毫米×1092 毫米　1/16
印　张	17.25
字　数	253 000
版　次	2024 年 1 月第 1 版　2024 年 1 月第 1 次印刷
书　号	ISBN 978-7-5475-2187-8/G・752
定　价	128.00 元

本书如有质量问题，请与承印厂联系。电话：021-37910000